東日本大震災からの復旧・復興と国際比較

福島大学国際災害復興学研究チーム●編著

Reconstruction from
2011 Tōhoku Earthquake and Tsunami

八朔社

はしがき

　東日本大震災から 3 年余りが経過した。
　当該大震災は，地震，津波に加え原子力発電所事故も発生した複合災害であり，東北の太平洋側を中心とした広域な範囲で経済・社会に大きなダメージを与えた。これまで復旧・復興に向けた様々な努力が払われてきたが，津波被災地を中心に住宅整備・まちづくりや生業・産業の再生など，復旧・復興に向けた本格的な取り組みはこれからが正念場である。
　自然災害としては未曾有のものであり，発災直後に停電，交通・情報インフラ断絶，エネルギー（石油等）不足が生じたこともあって，被災地での対応は混乱を極めた。一方で，東北の内陸や日本海側からのバックアップ，甚大な被災経験地域である関西からの地域広域連携による支援や新潟からの支援，自衛隊はもとより企業やNPO，ボランティアによる支援，さらにはアメリカをはじめ世界各国からの支援など，被災を契機に多様な地域や主体から，さまざまな支援が東北にもたらされた。
　そうした支援への感謝の先に，東北が自らを省みて，今後どのような姿を目指していくべきなのか，そのためにはどのような方向性や体制で取り組んでいくべきなのかを考えていくこと，そして被災やその後のあらゆる対応・対策を，他には無い独自の情報・ノウハウに転化していくことが，真にこの震災を乗り越えていく意味でも必要であろう。
　東北は，今般の被災経験・教訓の活用をベースとして，今後の防災・災害リスク対策充実や産業復興～まちの復興につなげていくことが重要なのではないか。その取組みは，東北のためだけでなく，今後，国内外の他地域で災害が発生した際に有益な情報・ノウハウとなり，東北が他の被災地域をバックアップする機能を発揮することにつながる，あるいはつなげるべきではないか。
　そのためには，複数県にまたがる圏域で被災し，広域あるいは国外からの

支援を経験した"東北"が，ひとつの活動体として一体となり，国内外の知見を結集して取り組むことが重要ではないか。

本書は，以上のような問題意識を基に，第1部では，福島・東北に焦点をあて，被害状況や震災後の経過についてのデータ整理・分析，文献調査及び被災地等のヒアリングを基に，東北の現状と，東北一体となった今後の復興の方向性やその実施体制について提言したものである。第2部では国内に，第3部では国際に，それぞれ視点を変えて同様の調査を行ったものである。

震災後の現況や課題の調査資料として，また，これまでの経過を踏まえた今後の東北の復興の方向性についての建設的な議論の材料として，本書が活用されれば幸いである。

　2014年3月

　　　　　　　　　　　　　　　　　　株式会社日本政策投資銀行
　　　　　　　　　　　　　　　　　　東北支店　東北復興支援室

目　　次

はしがき

第 1 部　データから見る東北地方の地域経済と復旧・復興

第 1 章　東日本大震災以前の東北 …… 3

I　概　　況 …… 3
1　地形，面積等　3
2　人口推移　3

II　産業構造 …… 6
1　第 1 次産業の存在感　6
2　第 2 次産業の集積不足　6
3　観光の位置づけの高さ　6

III　高速交通インフラ整備状況 …… 10

IV　海外志向 …… 11

V　企業の事業継続計画（BCP）への取り組み状況 …… 12

VI　インターネット個人利用率 …… 13

VII　各県の概況 …… 14
1　青森県　14
2　岩手県　15
3　宮城県　15
4　秋田県　16
5　山形県　17
6　福島県　17

第2章　東日本大震災の県別被害状況 ……… 19

I　東北各県の甚大な被害状況 ……… 19
1　災害（地震・津波）概要　19
2　被害概要　21

第3章　震災から3年経過後の地域経済 ……… 39

1　短　　観　39
2　鉱工業生産指数　40
3　農林水産業　41
4　商　　業　44
5　観　　光　45
6　企業倒産　47
7　設備投資　50
8　住宅着工戸数　51
9　公共工事請負金額　52
10　雇　　用　53
11　人　　口　54

第4章　震災から3年経過後の復旧・復興 ……… 57

I　復旧・復興の現況 ……… 57
II　災害廃棄物等の処理状況 ……… 58
III　復興まちづくり ……… 60
IV　震災関連工事 ……… 61
1　公共工事の状況　61
2　入札状況　61
V　ボランティアの状況 ……… 62
VI　被災時・被災後の対応の課題 ……… 63

1　発災直後（初動）　64
　　　2　復旧期　66
　　　3　復興期（今後）　70
　Ⅶ　有効な対応策 ·· 72
　　　1　発災直後（初動）　72
　　　2　復旧期　76
　　　3　復興期（今後）　77

第 5 章　甚大被災経験地域のノウハウと東日本大震災の被災地域に
　　　　 対する支援への活用 ·· 79
　Ⅰ　阪神・淡路大震災の経験の活用 ·· 79
　　　1　阪神・淡路大震災の概要　79
　　　2　阪神・淡路大震災後の復興について　81
　　　3　東日本大震災支援における関西広域連合等の取り組み　85
　　　4　阪神・淡路大震災の経験・教訓の有効性と，今回表出した課題　87
　　　5　今後の広域的な連携のあり方や重要と思われる施策・活動　88
　Ⅱ　新潟県中越地震・中越沖地震の経験の活用 ··· 89
　　　1　被害状況等　89
　　　2　中越，中越沖地震後の復興について　90
　　　3　東日本大震災の支援にかかる新潟県における主な取り組み　92
　　　4　過去の被災経験・教訓の有効性と，今回表出した課題　93
　　　5　今後の広域的な連携のあり方や重要と思われる施策・活動　95

　　　　　　　　　第 2 部　復興における諸アクターの役割 1（国内編）

第 6 章　東日本大震災被災地における移動ニーズとモビリティ ············· 99
　Ⅰ　乗合バス事業者による震災直後の対応と復旧状況 ·· 99

II　避難生活の変遷とモビリティの提供 103
　　　1　大船渡市　104
　　　2　南相馬市　106
　　III　避難生活におけるモビリティ確保の必要性 111
　　IV　次の災害に備え「転ばぬ先の杖」をデザインする 113
　　V　さいごに 116

第7章　復興戦略としてのスマートコミュニティ構築 119
　　I　スマートグリッドとスマートコミュニティの概念と定義 119
　　II　震災後のエネルギーミックスとスマートコミュニティ 120
　　　1　エネルギーミックスの変化とスマートコミュニティの登場背景　120
　　　2　世界のスマートコミュニティ動向　123
　　　3　日本におけるスマートコミュニティ構築事業　124
　　　4　スマートコミュニティ構築のメリットと効果　126
　　III　スマートコミュニティの登場による関連産業の変化 128
　　　1　スマートコミュニティへの履行による変化と対応策　128
　　　2　連携と協働を重視する経営戦略　131
　　IV　復興事業におけるスマートコミュニティの構築と地域活性化 133
　　　1　被災地域における復興プロジェクト　133
　　　2　被災地域におけるスマートコミュニティの期待効果　134
　　V　スマートコミュニティ構築の課題と発展方向 137
　　　1　スマートコミュニティ構築上の課題　137
　　　2　東北地域におけるスマートコミュニティへの提言　139

第8章　東北地方太平洋沖地震の概要と今後の地震発生の予測 143
　　I　東北地方太平洋沖地震の前震・本震・余震・誘発地震について 143

Ⅱ　モーメントマグニチュードと気象庁マグニチュードについて……148

　　　Ⅲ　アウターライズ地震について……150

　　　Ⅳ　首都圏直下地震の歴史について……152

　　　Ⅴ　南海トラフ地震と富士山の噴火について……155

　　　Ⅵ　今後の地震発生の予測……157

第3部　復興における諸アクターの役割2（国際編）

第9章　災害復興メカニズムと社会経済の調整パターン……161
　　　——レギュラシオン・パースペクティブ——

　　　Ⅰ　はじめに……161

　　　Ⅱ　社会経済システムの調整パターンと復興メカニズム……162

　　　Ⅲ　日本における民間主導の創造型復興メカニズム……168

　　　Ⅳ　中国における国家主導の成長型復興メカニズム……171

　　　Ⅴ　おわりに……175
　　　　　——地域主導の持続可能な発展型復興メカニズムの構築に向けて

第10章　ハリケーン・カトリーナの衝撃とニューオーリンズの未来……179
　　　——災害をめぐるグローバルな対抗——

　　　Ⅰ　地球温暖化とハリケーン・カタストロフィー……179

　　　Ⅱ　21世紀をめぐる戦場……182
　　　　　——新自由主義経済プロジェクトvs. 誇るべき第三世界

　　　Ⅲ　災害アパルトヘイトvs. 災害ユートピア……186

　　　Ⅳ　レジスタンスとレジリエンス，そして歴史・文化・記憶……191

　　　Ⅴ　住民による再建運動のグローバリゼーション……193

第11章　タイの大洪水に対する支援・復興活動 199
　　　　──諸アクターの役割を中心に──

　Ⅰ　タイにおける大洪水による被害 199

　Ⅱ　タイにおける大洪水に対する諸アクターの役割 203
　　1　感染症を防ぐ──タイ保健省・疫学局(Bureau of Epidemiology)　203
　　2　首都圏の水道を守る　204
　　　　──タイ首都圏水道公社(Metropolitan Waterworks Authority: MWA)
　　3　洪水に対する大学の使命　206
　　　　──チュラロンコン大学(Chulalongkon University)
　　4　日系企業とタイ政府をつなぐ　207
　　　　──日本貿易振興機構(JETRO)バンコク事務所
　　5　国際的支援の役割──独立行政法人国際協力機構(JICA)タイ事務所　210
　　6　国際協力NPOの役割──特定非営利活動法人(ADRA Japan)　211

　Ⅲ　洪水被害を予防するための取り組み 213
　　1　洪水対策マスタープランの策定　213
　　2　洪水を予測する　215
　　　　──「気候変動に対する水分野の適応策立案・実施支援システム構築プロジェクト」(IMPAC－T)

　Ⅳ　おわりに 217

第12章　大型自然災害からの産業復興と立地政策 219
　　　　──東日本大震災と中国四川大地震の比較を中心に──

　Ⅰ　はじめに 219

　Ⅱ　日本と中国における工業立地政策の展開 220
　　1　日本における工業立地政策の展開　221
　　2　中国における工業立地政策の展開　224

　Ⅲ　大型自然災害による工業の被害状況と新規工場の
　　　立地決定要因の変化 227
　　1　東日本大震災による工業の被害状況と新規工場の立地決定要因の変化　227

　　　　2　中国四川大地震による工業の被害状況と新規工場の立地決定要因の変化　230

　　　　3　大型自然災害からの復興に向けた産業立地政策と工業の復旧・復興現状　232

　　Ⅳ　むすびにかえて……………………………………………………………………238

第13章　ハイチ大地震とマクロバランス………………………………………………241

　　Ⅰ　ハイチの概要………………………………………………………………………241

　　　　1　二重統治の配置　241

　　　　2　中米，カリブ諸国の中のハイチ　242

　　Ⅱ　ハイチ大地震と防災力……………………………………………………………245

　　　　1　2010年1月12日のハイチ大地震　245

　　　　2　防災力と被害の関連　248

　　Ⅲ　マクロ経済，統治の不安定性と国際援助型復興…………………………………249

　　　　1　マクロバランスの赤字と海外からの援助　249

　　　　2　ハイチ復興の構図　251

　　　　3　国際援助の監視機関——HRFの役割　253

　　Ⅳ　日本からの復興支援——JICAの事例……………………………………………256

　　　　1　JICAの復興支援　256

　　　　2　道路整備の概況　258

　　Ⅴ　おわりに……………………………………………………………………………259

第14章　ソロモン諸島沖地震・津波の教訓……………………………………………261

　　Ⅰ　はじめに……………………………………………………………………………261

　　Ⅱ　2007年ウェスタン州・チョイソル州地震・津波………………………………262

　　Ⅲ　2013年テモツ州地震・津波の概要………………………………………………264

　　　　1　島民の津波への備え　266

　　　　2　発災時の住民の行動　266

  3　被害を軽減した要因　268

  4　次の災害への備え　269

 Ⅳ　教　　訓 ……………………………………………………………………… 270

第15章　スマトラ沖地震・津波被害とインドネシア …… 273
   ――アチェ復興プロセスを中心に――

 Ⅰ　はじめに ……………………………………………………………………… 273

 Ⅱ　スマトラ沖地震・津波とアチェ …………………………………………… 274

  1　スマトラ沖地震・津波の被害状況　274

  2　災害発生時のアチェの状況　277

 Ⅲ　緊急救援期：空前の国際支援 ……………………………………………… 279

  1　インドネシア政府の初動対応　279

  2　空前の国際支援　279

  3　国際機関による支援活動　281

  4　民軍協力　282

 Ⅳ　復興（復旧・再建）期――「災害からの復興」と「内戦からの社会再生」…… 284

  1　「ビルド・バック・ベター」　284

  2　「アチェ・ニアス復旧再建庁」の活動　286

  3　アチェ内戦の終結：和平合意履行からアチェ統治法の成立へ　287

 Ⅴ　おわりに――アチェ復興プロセスの評価 ………………………………… 290

第16章　東北の復興に向けて ……………………………………… 293

 Ⅰ　被災経験・教訓を生かした防災・災害リスク対策充実 ………………… 293

  1　東北一体となったノウハウ蓄積と対策構築　293

  2　東北立地企業の事業継続マネジメント（BCM）の強化　294

  3　東北一体となった災害時バックアップ機能整備　295

 Ⅱ　国内外の多様な主体との協働 ……………………………………………… 299

1　東北内外の知見結集の必要性　299
　　　2　国内外の多様な主体とのプラットフォーム形式　300
　Ⅲ　"産業復興"を"まちの復興"へつなげる展開················302
　　　1　防災・災害リスク対策と産業等のリンケージ　302
　　　2　被災経験・教訓の産業等への活用　303
　　　3　東北独自の"エッジ"の創出　308
　Ⅳ　総括──叡智を結集した復興へ································310
　　　1　方向性　311
　　　2　体　制　312
　Ⅴ　おわりに　313

あとがき

装幀：閏月社

第1部

データから見る東北地方の地域経済と復旧・復興

第1章　東日本大震災以前の東北

I　概　　況

1　地形，面積等

　東北地方は，太平洋と日本海の二つの海に面し，奥羽山脈を中心とした起伏に富んだ山地や多くの河川など多様な地形が構成されている。また，四季が明瞭であり，各地域に特色ある風土，歴史，文化が根付いている。

　東北地方の面積は，6万6952km^{2}で国土の17.7%を占めており，アイルランド（7万280km^2）に近い規模である。政令指定都市である仙台市は北緯38°に位置し，欧米と比較するとサンフランシスコやアテネとほぼ同じ緯度にある。また，東北地方の経済規模（域内総生産）は約3477億ドル（1ドル90円換算）で，ギリシャやデンマーク（約3400億ドル）並みの規模となっている。

　域内には，政令指定都市・仙台のほか人口30万人以上の中核市が6市ある。また，風土，歴史に根ざした特色ある中小都市が広く分布しており，各都市が日本の原風景と形容される豊かな自然や伝統ある地域文化と共生し，アイデンティティを発揮している。

2　人口推移

　19世紀末には，東北は関東に次ぐ人口を有していた。その後，わが国の工業化の進展に伴う東京等の大都市圏への人口流動等により，東北地方の人口比率は徐々に縮小し，地域ブロック別では1945年に第3位，1965年以降は九州に次ぐ第5位に下落し，2010年現在では，9336万人で全国の7.3%となっている。

表1-1 東北の概要

項目		時点	単位	全国	東北	全国比 (%)
面積	総面積	'10.10.1	km²	377,950	66,952	17.7
人口	総人口	'10.10.1	千人	128,057	9,336	7.3
	増減率	'10年/'05年	%	0.2	▲ 3.1	―
	就業者数	'10.10.1	千人	59,611	4,334	7.3
	第1次産業	'10.10.1	千人	2,381	387	16.3
	第2次産業	'10.10.1	千人	14,123	1,077	7.6
	第3次産業	'10.10.1	千人	39,646	2,772	7.0
産業構造	県内総生産	'09年度	億円	4,709,367	312,944	6.6
	第1次産業	'09年度	億円	66,592	8,537	12.8
	第2次産業	'09年度	億円	1,142,623	71,001	6.2
	第3次産業	'09年度	億円	3,600,037	241,707	6.7
	農業産出額	'10年	億円	82,551	12,527	15.2
	漁業生産量	'10年	千t	5,312	863	16.2
	製造品出荷額等	'10年	億円	2,891,077	163,479	5.7
投資	公共工事請負金額	'11年度	億円	112,249	14,225	12.7
	民間設備投資実績	'11年度	億円	155,317	7,821	5.0

備考：1．就業者数の合計には分類不能を含むため，産業分類の合計と一致しない。
　　　2．県内総生産と産業別県内総生産の合計は帰属利子及び輸入税等の関係で一致しない。
　　　3．四捨五入の関係から合計欄が一致しない場合がある。
出所：東北ハンドブック（平成25年度）（当行）より作成。

　近年の東北は人口減少ペースが特に高い地域となっており，2005年から2010年の間の人口減少数，減少率ともに全国ワースト10以内に宮城県を除く5県が含まれている。

第1章 東日本大震災以前の東北 5

図1-2 市区町村別人口増減率（平成17年～22年）

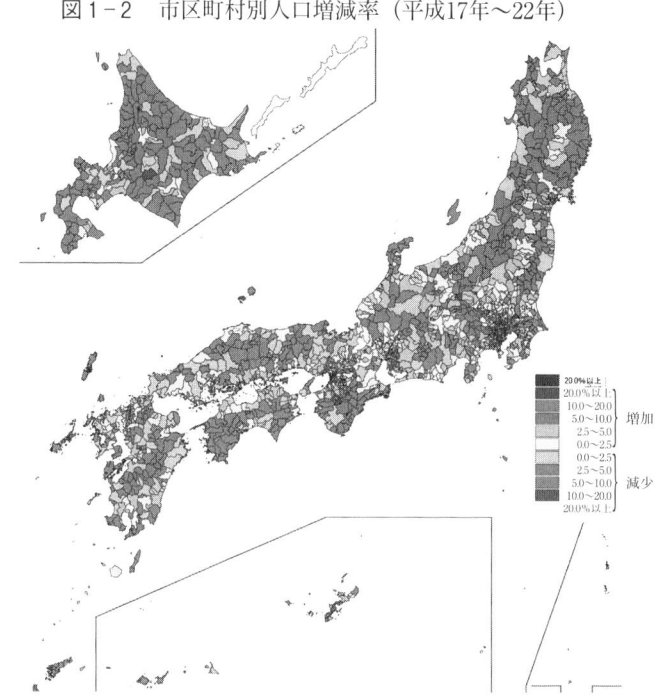

備考：人口増減率＝（（平成22年人口－平成17年人口）／平成17年人口）×100
出所：総務省統計局「平成22年国勢調査 日本統計地図」。

図1-3 東北地方の人口推移及び将来推計

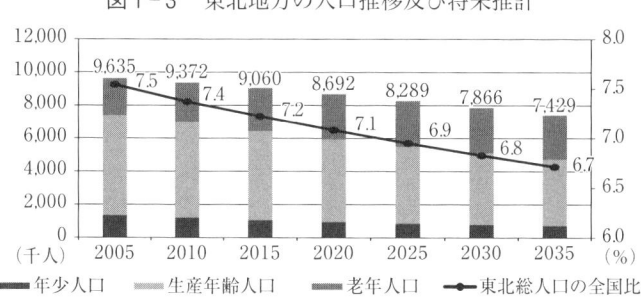

備考：東北総人口比＝東北総人口／全国総人口。年少人口，生産年齢人口，老齢人口は，それぞれ15歳未満，15～64歳，65歳以上を指す。
出所：国立社会保障・人口問題研究所「日本の都道府県別将来推計人口（平成19年5月推計）より作成。

II　産業構造

1　第1次産業の存在感

東北は第1次産業の就業者数，域内総生産，農業産出額，漁業生産量等の全国シェアが，全産業の全国シェアと比べてかなり高く，第2次，第3次産業と比較して生産額等の絶対数値は低いものの，存在感のある産業となっている。特に，青森県南部から宮城県中部にかけての沿岸地域は水産業が基幹産業となっているまちが多く，八戸，気仙沼，女川，石巻，塩竃など全国有数の水揚げを誇る港湾が存在しており，漁業・水産加工業の集積がある。また，林業に関しても素材生産量で全国の4分の1を占めるなどシェアが大きい。

2　第2次産業の集積不足

一方，第2次産業については，域内総生産や製造品出荷額等の全国シェアが各々6.2%，5.7%にとどまっており，全産業の生産額シェア（6.6%）に比して若干低くなっている。

高度経済成長期以降，高速交通体系の進展等に伴い，東北には電気機械を中心とする中央大手資本等の立地が進み，その下請け等で地場製造業も発展してきた。また，精密機械，一般機械や，第1次産業の集積を背景とした食品製造業，大手自動車メーカーの拠点化を背景とした輸送機械等の集積も進んできている。

3　観光の位置づけの高さ

広大なエリアの中に多様な景観，風土，歴史，文化と温泉地等を抱える東北は，古くから観光が基幹産業となってきたまちも多い。

震災前の東北の年間宿泊需要（延べ宿泊客数）は，概ね3千万人強で推移し，全国の約10%程度のシェアを占めている。

特化係数（表1-2）で見ると，第1次産業の存在感の大きさが特徴的に表

表1-2 東北域内総生産の産業別構成・特化係数

	2000FY	2001FY	2002FY	2003FY	2004FY	2005FY	2006FY	2007FY	2008FY
第1次産業	2.05	2.36	2.32	1.77	1.92	1.97	2.01	2.01	1.87
農　業	2.04	2.43	2.37	1.85	1.95	2.02	2.05	2.06	1.84
林　業	3.75	3.54	5.23	1.26	1.91	1.90	2.00	2.05	2.49
水産業	1.67	1.76	1.69	1.59	1.72	1.70	1.75	1.69	1.77
第2次産業	0.98	0.90	0.93	0.92	0.92	0.90	0.97	0.97	0.92
鉱　業	2.74	2.39	2.41	2.55	2.56	2.61	3.03	3.84	4.74
製造業	0.88	0.79	0.85	0.85	0.86	0.84	0.94	0.96	0.89
建設業	1.26	1.21	1.14	1.11	1.07	1.08	1.05	0.97	0.98
第3次産業	0.98	1.01	1.03	1.00	1.00	1.00	0.98	0.99	1.01
卸・小売業	0.91	0.94	0.91	0.89	0.85	0.86	0.80	0.78	0.78
金融・保険業	0.75	0.81	0.78	0.77	0.71	0.72	0.69	0.70	0.66
不動産業	0.93	0.97	0.95	1.09	1.05	1.06	1.06	1.07	1.11
運輸・通信業	1.00	0.97	0.97	0.88	0.97	0.96	0.93	0.94	0.93
サービス業	0.95	0.99	1.06	0.97	0.98	0.97	0.95	0.99	0.99
電気・ガス・水道業	1.52	1.43	1.38	1.34	1.43	1.47	1.54	1.56	1.77
公　務	1.30	1.43	1.46	1.41	1.46	1.49	1.47	1.49	1.51
合計（県内総生産）	1.00	1.00	1.00	1.00	1.00	1.00	1.00	1.00	1.00

$$\text{特化計数} = \frac{\text{その地域の当該産業の県内総生産構成比}}{\text{全国の当該産業の国内総生産構成比}}$$

備考：当該産業の域内総生産構成比と全国の構成比を比較するもの。1を上回るほど当該産業への特化度が高いことを示す。

出所：内閣府「国民経済計算年報」平成23年版，「県民経済計算年報」平成23年版。

れている。

　また，図表1-3～1-4で見られるとおり，第1次産業就業者は青森，岩手を中心に東北全域，第2次産業は山形，福島，第3次産業は宮城で割合が高くなっている。

　水産業，米作や果実等の農業，畜産業，林業の域内集積度合いの高さを背景とする第1次産業就業者の多さ，高速道路（東北自動車道）の整備進展に伴い地域内では先行的に工業団地等が造成された南東北（福島，山形），東北随一の大都市である仙台市を抱え，地域内外の企業の拠点が集積し，関連した都市集積（サービス業等）が進んだ宮城など，各地の特色が表れている。

　さらに1人当たりの県民所得を見ると，東北は低い県が多いが，言い換えれば産出品の付加価値の低さを示唆するものとも考えられる（図表1-5）。

図1-3　市町村別第一次産業就業者数の割合（従業地）

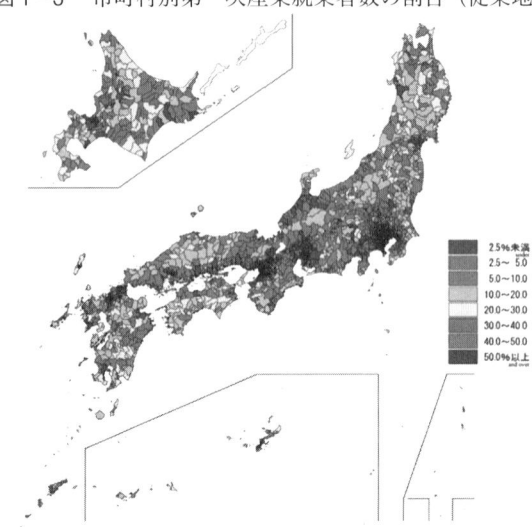

備考：第一次産業就業者数の割合（従業地）＝第一次産業就業者数／15歳以上就業者数×100
出所：総務省統計局「平成22年国勢調査　日本統計地図」。

図1-4　市町村別第二次産業就業者数の割合（従業地）

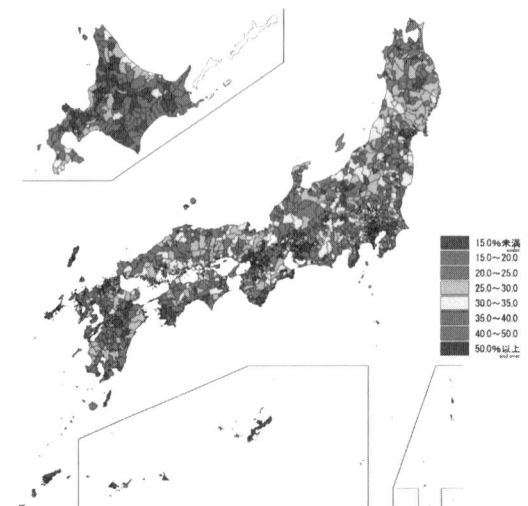

備考：第一次産業就業者数の割合（従業地）＝第一次産業就業者数／15歳以上就業者数×100
出所：総務省統計局「平成22年国勢調査　日本統計地図」。

第1章　東日本大震災以前の東北　9

図1-5　市町村別第三次産業就業者数の割合

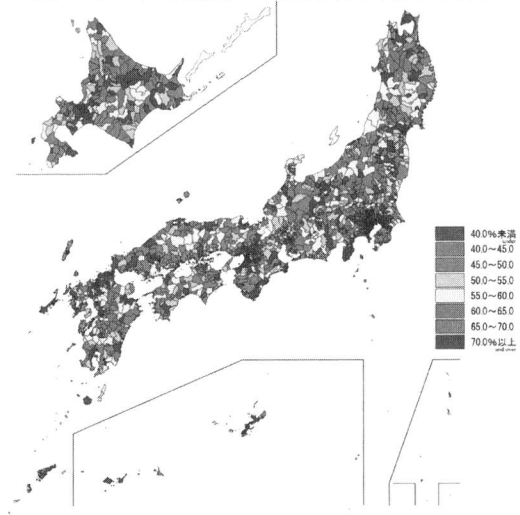

備考：第三次産業就業者数の割合（従業地）＝第三次産業就業者数／15歳以上就業者数×100
出所：総務省統計局「平成22年国勢調査　日本統計地図」。

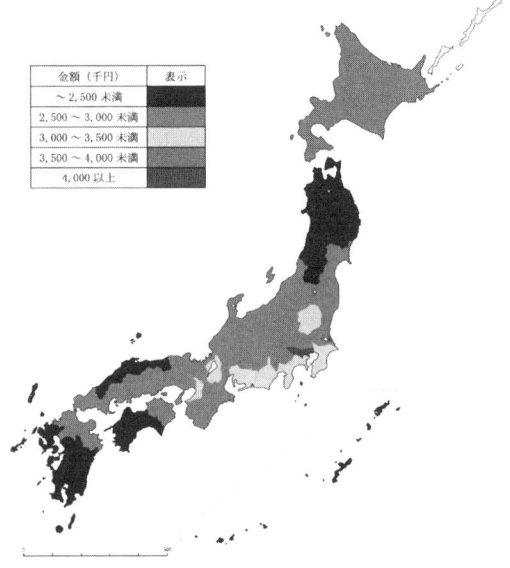

出所：二宮書店，データ・オブ・ザワールド2006。
http://www.chizuyainoue.jp/j_economy/income_per_one_person.html

III 高速交通インフラ整備状況

図1-6が2011年4月1日時点の高速交通インフラの整備状況である。

図1-6　東北の高速交通ネットワーク（2011年4月1日現在）

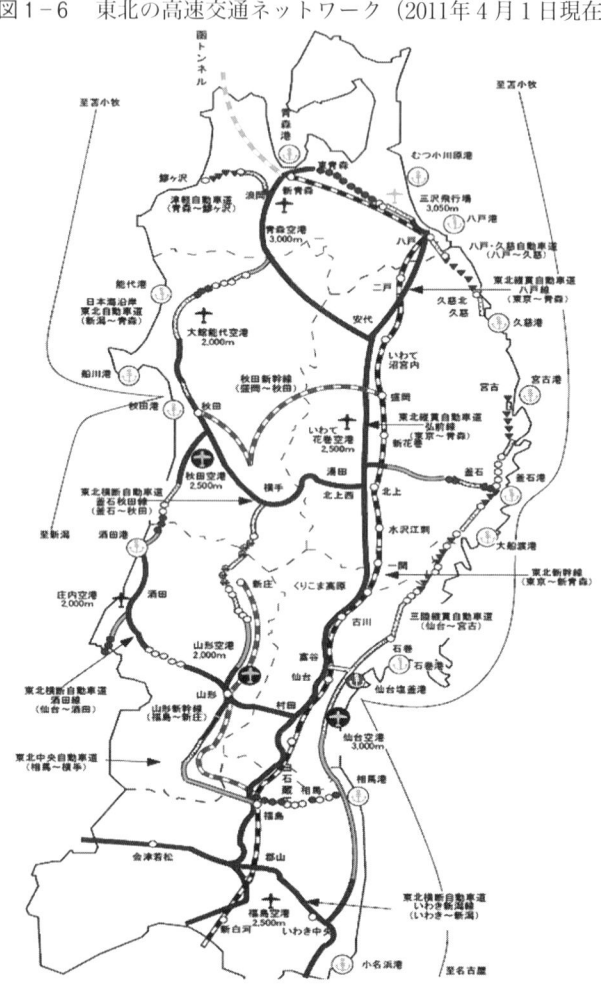

出所：「図で見る東北の運輸2011」（国土交通省東北地方整備局）。

1970年代から東北自動車道等の高速道路の建設が進み，1980年代以降には新幹線の整備・延伸がなされてきたが，太平洋側内陸の南北方向に比して，日本海側や，東西方向の地域横断的なルートの整備は進んでいない。

　また，計画されている高速道の一部区間のみが飛び地的に建設されたまま未整備区間が残る，いわゆる"ミッシングリンク"となっているエリアも散見される。

IV　海外志向

　表1-3に見られる出国率の低さ，表1-4の海外現地法人への出資件数の少なさ，表1-5にある国際線の少なさなど，東北の海外志向が低い傾向が窺われる。

表1-3　出国率比較

順位	住所地	出国日本人数	人口（日本人）	出国率
1	東京	3,199,428	12,623,619	25.3%
2	神奈川	1,781,473	8,846,903	20.1%
3	千葉	1,030,581	6,023,584	17.1%
〈全国〉		16,637,224	125,358,854	13.3%
33	宮城	141,554	2,325,744	6.1%
35	新潟	137,686	2,355,361	5.8%
(38)	(北海道)	(300,377)	(5,482,650)	(5.5%)
39	福島	106,641	2,012,016	5.3%
〈東北7県〉		565,414	11,622,290	4.9%
41	山形	53,265	1,161,087	4.6%
45	秋田	38,378	1,078,608	3.6%
46	岩手	45,818	1,322,417	3.5%
47	青森	42,072	1,367,057	3.1%

出所：法務省　出入国管理統計（2010年），人口は国勢調査（2010年）。

表1-4　海外現地法人に出資がある日本企業の本社所在地別出資件数

順位	都道府県	件数
1	東　京	15,190
2	大　阪	3,985
3	愛　知	2,416
4	神奈川	1,262
5	京　都	718
20	新　潟	96
26	宮　城	60
32	福　島	33
37	山　形	26
43	青　森	8
44	秋　田	4
45	岩　手	2

出所：「海外進出企業総覧2012」（東洋経済新報社）。

表1-5

路　線	仙台空港	新千歳空港
台　北	2	14
香　港	0	7
中　国 (北京, 上海ほか計)	10	13
韓　国 (ソウル・釜山計)	7	21
その他	2	4
計	21	59

出所：各空港HP等より作成。

V　企業の事業継続計画（BCP）への取り組み状況

　震災以前の当行調査によれば，東北の企業でBCP策定済みは5％，着手済みを含めても13％との結果となっており，全国の数値（各々6％，18％）と比較して相対的に低くなっている。

　また，防災計画すらない企業が約半数（48％）に上っていた（図1-7）。

図1-7　事業継続計画（BCP策定状況

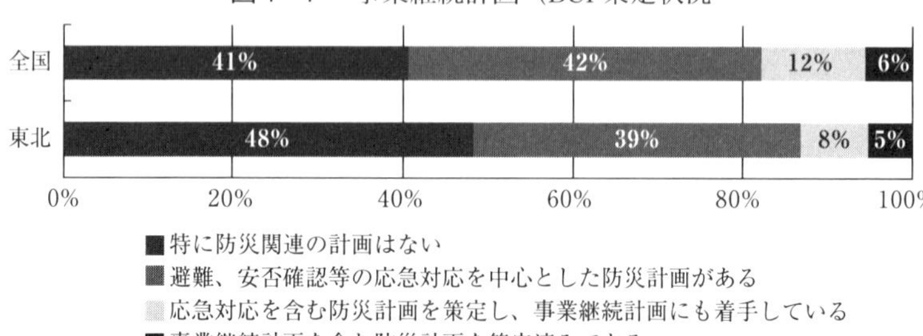

全国　41％　42％　12％　6％
東北　48％　39％　8％　5％

■ 特に防災関連の計画はない
■ 避難、安否確認等の応急対応を中心とした防災計画がある
　応急対応を含む防災計画を策定し、事業継続計画にも着手している
■ 事業継続計画を含む防災計画を策定済みである

出所：「災害リスク対策を通じた地域産業振興」（2009年2月　日本政策投資銀行東北支店）。

VI インターネット個人利用率

　県別・インターネット個人利用率（図1-8）を見ると，東北各県の利用率は，青森県，秋田県で70％未満，岩手県，山形県でも70～71％と，他地域と比較して総じて低い。これは，情報リテラシーの課題を示すと同時に，ICTを活用した情報発信力の弱さにつながる可能性を示唆するものとも考えられる。

図1-8　都道府県別インターネット個人利用率（平成23年末）

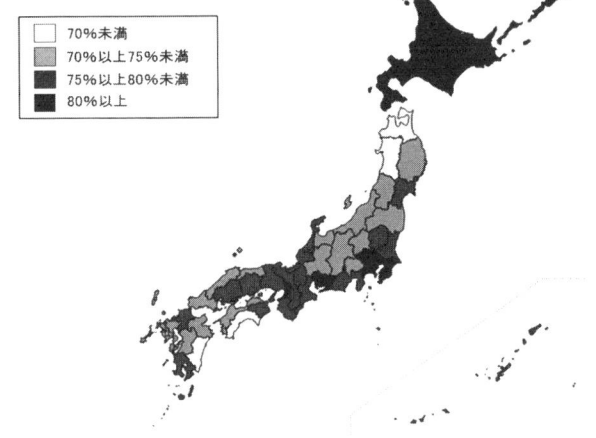

出所：総務省「通信利用動向調査（平成23年）」。

VII 各県の概況

1 青森県

・近年の人口増減率は，2005/2000の5年間の▲2.6%から2010/2005は▲4.4%と減少幅が拡大している。
・第1次産業の存在感が大きい東北の中でも，就業者数，県内総生産，農業産出額は随一である。主要品目別（2010年；以下各県同様）では，りんごが産出額全国1位，ブロイラーが4位などとなっている。食糧自給率（2010年度概算値・カロリーベース；以下各県同様）は，119%で全国4位である。
・製造業（2010年出荷額ベース；以下各県同様）を見ると，非鉄金属，食料品，

表1-6 各県の概況

	項目	時点	単位	青森県	岩手県	宮城県	秋田県	山形県	福島県
面積	総面積	'10.10.1	km	9,645	15,279	7,286	11,636	9,323	13,783
人口	総人口	'10.10.1	千人	1,373	1,330	2,348	1,086	1,169	2,029
	増減率	'10年/'05年	%	-4.4	-4.0	-0.5	-5.2	-3.9	-3.0
産業構造	就業者数	'10.10.1	千人	640	631	1,059	503	566	934
	第1次産業	'10.10.1	千人	81	76	53	50	56	71
	第2次産業	'10.10.1	千人	128	153	234	125	164	272
	第3次産業	'10.10.1	千人	413	393	747	321	337	561
	県内総生産	'09年度	億円	44,170	42,546	80,065	36,972	36,910	72,281
	第1次産業	'09年度	億円	1,810	1,565	1,315	1,098	1,242	1,507
	第2次産業	'09年度	億円	9,511	9,321	15,294	8,012	8,793	20,072
	第3次産業	'09年度	億円	34,447	32,761	65,666	28,797	27,821	52,216
	農業産出額	'10年	億円	2,751	2,287	1,679	1,494	1,986	2,330
	漁業生産量	'10年	千t	224	190	349	10	7	82
	製造品出荷額等	'10年	億円	15,107	20,991	35,689	13,176	27,559	50,957
投資	公共工事請負金額	'11年度	億円	1,862	2,793	4,701	1,050	1,328	2,491
	民間設備投資実績	'11年度	億円	1,768	517	2,079	579	436	2,442

備考：1．就業者数の合計には分類不能を含むため，産業分類の合計と一致しない。
　　　2．県内総生産と産業別県内総生産の合計は帰属利子及び輸入税等の関係で一致しない。
　　　3．四捨五入の関係から合計欄が一致しない場合がある。
出所：東北ハンドブック（平成25年版）（当行）より作成。

パルプ・紙が上位3業種となっており，八戸市臨海部等の大手企業の立地をはじめ，青森市，弘前市などに工業集積が見られる。品目別では，その他のフェロアロイ，さば缶詰などが全国1位となっている。市町村別の状況をみると，八戸市の集積度が高く，事業所数の22.5％，従業者数の24.1％，出荷額の34.4％を占めている。

2　岩手県

・近年の人口増減率は，2005/2000の5年間の▲2.2％から2010/2005は▲4.0％と減少幅が拡大している。
・第1次産業の就業者数，県内総生産，農業産出額，漁業生産量が比較的多い。主要品目別では，ブロイラーが全国2位，りんごが3位，肉用牛が5位となっている。食糧自給率は111％で全国5位である。
・東北自動車道，東北新幹線の整備等に伴い企業誘致が進み，自動車，電機・電子メーカー等の工場が立地した。特に自動車については，トヨタ自動車の東北拠点化進展等に伴い県内の生産体制増強等が進んでいる。
・製造業は，輸送用機械，食料品，電子部品・デバイスが上位3業種となっている。品目別では，過りん酸石灰，プリント配線板用コネクタ，消火器具・消火装置の部分品・取付具・附属品などの出荷額が全国で1位となっている。市町村別の状況をみると，事業所数の12.1％を奥州市が，従業者数の15.9％，出荷額の20.5％を北上市が占めている。

3　宮城県

・近年の人口増減率は，2005/2000の5年間の▲0.2％から2010/2005は▲0.5％と減少幅が若干拡大している。東北では減少幅が最少だが，全国平均（+0.2％）は下回る。
・第1次産業を見ると，農業は，平野部では米（全国8位）が主であるが，南部の沿岸地域では，県内では温暖な気候で冬季の晴天率が高いことを利用し，イチゴなどのハウス栽培が行われている。また，中部の松島丘陵（特に利府町）では梨の栽培が盛んである。高原地帯は高級和牛である仙台[1]

牛の産地となっている。
- 漁業は，石巻港（かつお，いか，いわし），気仙沼港（さんま，かつお，まぐろ），女川港（さんま），塩釜港（近海マグロ）など，全国有数の水揚げ高を誇る漁港を有し，松島湾や三陸海岸の入り江では，カキ・ホタテ・ホヤなどの養殖漁業も盛んであり，漁業生産量は全国2位となっている。また，県内の主要港は遠洋漁業の基地となっており，国内（北海道，四国など）だけでなく海外からも漁船が来港するなど，仙台駅，仙台空港に並ぶ宮城県の対外的な玄関口となっている。
- 製造業は，食料品，石油・石灰，電子部品・デバイスが上位3業種である。品目別では，コントロールユニット，鉛管・板，レーザーダイオードなどの出荷額が全国で1位となっている。市町村別の状況をみると，仙台市の集積度が高く，事業所数の18.0%，従業者数の14.8%，出荷額の27.0%を占めている。
- このほか，開業率・廃業率ともに全国8位であり，企業の新陳代謝が活発であることが窺われる。

4　秋田県

- 近年の人口増減率は，2005/2000の5年間の▲3.7%から2010/2005は▲5.2%と減少幅が拡大し，全国で最大の減少率となっている。
- 人口減少の影響もあり各産業指標における数値は低位にとどまっているが，米の産出額は全国5位，食糧自給率は171%で北海道に次ぐ全国2位となっている。
- 製造業は，電子部品・デバイス，食料品，化学が上位3業種となっている。品目別では，ラジオ受信機，その他の貴金属・宝石製品（装身具・装飾品を除く）の附属品，同材料加工品，同細工品，照明用・信号用ガラス製品などの出荷額が全国1位となっている。市町村別の状況をみると，事業所

---

(1)　みちのく三大牛：米沢牛（山形），前沢牛（岩手），仙台牛（宮城）
(2)　宮城の肉用牛は全国6位

数の14.4％，従業者数の16.9％，出荷額の22.7％を秋田市が占めているが，北部の大館市，沿岸部の由利本荘市，南部の横手市などにも集積が見られる。
・このほか，1人当たり住宅ストック全国2位，人口当たり犯罪認知件数は全国最低，小中学校の学力テスト平均点は全国最高など，生活・教育環境等が良好であることが窺われる。

5 山形県

・近年の人口増減率は，2005/2000の5年間の▲2.2％から2010/2005は▲3.9％と減少幅が拡大している。
・第1次産業の生産額等の水準は比較的低位に留まっているものの，さくらんぼ，西洋なしが全国1位，りんごが5位，ももが6位など，全国有数の果物生産県となっている。食糧自給率は138％で全国3位である。
・製造業は，情報通信機械，電子部品・デバイス，食料品が上位3業種となっている。品目別では，ラジオ受信機，その他の貴金属・宝石製品（装身具・装飾品を除く）の附属品，同材料加工品，同細工品，照明用・信号用ガラス製品などの出荷額が全国1位となっている。市町村別の状況を見ると，事業所数の14.6％を山形市が，従業者数の12.5％，出荷額の29.8％を米沢市が占めているが，鶴岡市，酒田市などにも比較的高い集積が見られる。
・このほか，平均世帯人数が福井に次いで多い。開業率は全国44位，廃業率は全国最低と，起業や事業展開に関して慎重かつ手堅い風土を窺わせるデータもある。

6 福島県

・近年の人口増減率は，2005/2000の5年間の▲1.7％から2010/2005は▲3.0％と減少幅が拡大している。
・第1次産業では，ももが全国2位，米とりんごが4位などとなっており，特にももは全国的に認知度が高い。食糧自給率は90％で全国8位である。

・県内総生産7.2兆円，製造品出荷額等5兆円など第2次産業の数値が比較的高い。製造業は，情報通信機械，化学，電子部品・デバイスが上位3業種である。品目別では携帯時計側，バリウム塩類が全国1位となっている。市町村別の状況を見ると，事業所数の15.5％，従業者数の14.9％，出荷額の19.0％をいわき市が占めているが，このほか郡山市，福島市，会津若松市にも集積が見られるなど，県内3地域（浜通り，中通り，会津）に各々集積エリアが存在する形となっている。

・このほか，第2次産業の総生産に占める純移出のウエイトが19.1％と，静岡，愛知に次いで高いことや，人口1000人当たりの観光宿泊者数が全国8位と高い水準にあることなどの特徴がある。

（蓮江忠男，大沼久美）

第2章　東日本大震災の県別被害状況

Ⅰ　東北各県の甚大な被災状況

1　災害（地震・津波）概要

・平成23年3月11日14時46分，牡鹿半島の東南東130km付近の三陸沖を震源とし，震源域が岩手県沖から茨城県沖に及ぶマグニチュード9.0の地震が

表2-1　平成23年（2011年）東北地方太平洋沖地震の概要

項目	データ
発生日時	平成23年3月11日14時46分
震源及び規模（推定）	三陸沖（北緯38度6分，東経142度52分，牡鹿半島の東南東130km付近）深さ24km，マグニチュード9.0
震源域	長さ約450km，幅約200km
断層のすべり量	最大20～30m程度
震源直上の海底の移動両	東南東に約24m移動，約3m隆起
震度（震度5強以上の地域震度）	震度7：宮城県北部 震度6強：宮城県南部・中部，福島県中通り・浜通り，茨城県北部・南部，栃木県北部・南部 震度6弱：岩手県沿岸南部・内陸北部・内陸南部，福島県会津，群馬県南部，埼玉県南部，千葉県北西部 震度5強：青森県三八上北・下北，岩手県沿岸北部，秋田県沿岸面部・内陸南部，山形県村山・置賜，群馬県北部，埼玉県北部，千葉県北東部・南部，東京都23区，新島，神奈川県東部・西部，山梨県中部・西部，山梨県東部・富士五湖

備考：「東日本大震災」は，東北地方太平洋沖地震による災害及びこれに伴う原子力発電所事故による災害の総称。
出所：気象庁資料，海上保安庁資料。

発生した。この地震の規模は観測史上国内最大規模，世界で見ても1900年以降に発生した地震では4番目の規模であった。
・この地震により，宮城県北部で震度7，宮城県南部・中部，福島県中通り・浜通り，茨城県北部・南部及び栃木県北部・南部で震度6強，岩手県沿岸南部・内陸北部・内陸南部，福島県会津，群馬県南部，埼玉県南部及び千葉県北西部で震度6弱，その他東日本を中心に北海道から九州地方にかけての広い範囲で震度5強〜1が観測された（表2-1，図2-1）。
・津波被害を受けた地域の中には，想定地震による浸水高や浸水範囲の予測を大きく上回った地域もある。

図2-1　震度分布

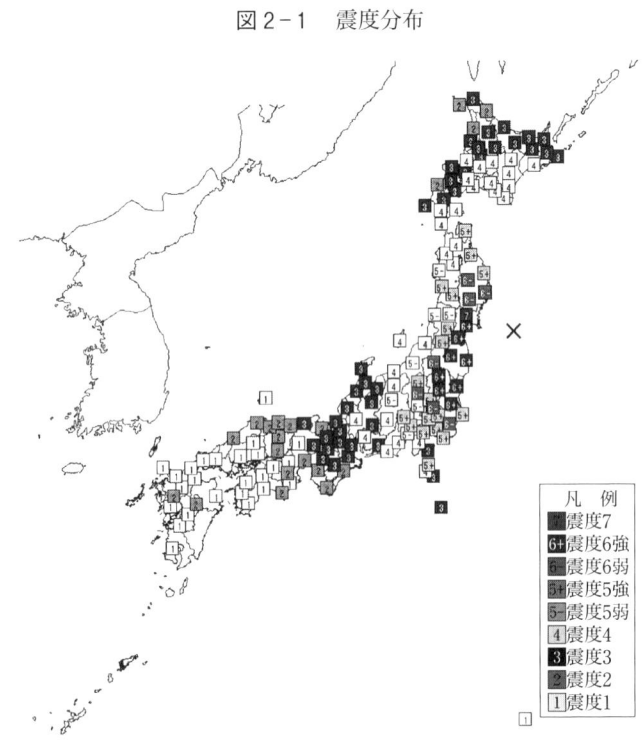

出所：気象庁資料。

2 被害概要

(1) 人的被害

・震災による死者は，2013年12月10日現在の警察庁発表では1万5883人，行方不明者は2643人に上り，戦後最大の自然災害となった。県別の死者は宮城県の9537人が最大で，その他11都道府県で死者が出る等被害は広範囲に及んでいる。死因を見ると92.4%が溺死であり，津波被害の大きかった東日本大震災の特徴の一つであるといえる（図2-2）。

・死者数に占める60歳以上の比率は約63％であり，高齢者の避難誘導が問題となった（表2-3）。

・年少人口，生産年齢人口，高齢人口に占める死者数の割合が最も大きかったのは，それぞれ宮城県5.0％，福島県39.7％，岩手県58.3％であった。

・避難生活の長期化に伴い，震災関連死の問題が表出してきた。2013年9月30日時点の震災関連死と認められた死者数は，岩手県417人，宮城県873人，福島県1572人であり，全国では2916人にのぼっている（表2-4）。

表2-2 都道府県別人的被害
（平成25年12月10日現在）

	死者	行方不明	負傷者
北海道	1		3
青森県	3	1	111
岩手県	4,673	1,143	213
宮城県	9,537	1,289	4,148
秋田県			11
山形県	2		29
福島県	1,606	207	182
東京都	7		117
茨城県	24	1	712
栃木県	4		133
群馬県	1		39
埼玉県			45
千葉県	21	2	258
神奈川県	4		138
新潟県			3
山梨県			2
長野県			1
静岡県			3
三重県			1
高知県			1
合計	15,883	2,643	6,142

出所：警察庁緊急災害警備本部。

図2-2　死因

(a) 東日本大震災（岩手・宮城・福島）
（平成23年4月11日現在）

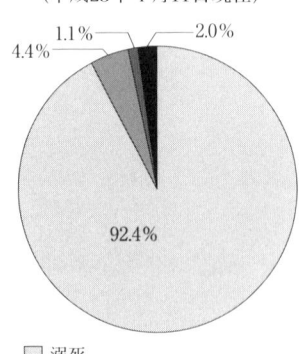

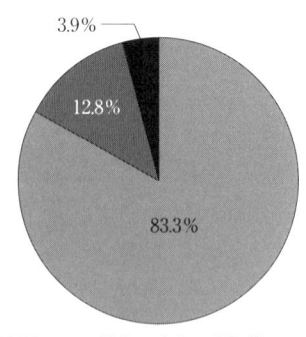

- 溺死 92.4%
- 圧死・損壊死・その他 4.4%
- 焼死 1.1%
- 不詳 2.0%

(b) 阪神・淡路大震災

- 建物倒壊による損傷，窒息・外傷性ショック等 83.3%
- 焼死 12.8%
- 不詳 3.9%

出所：内閣府「平成23年版防災白書」。

図表2-3　年齢別・県別死者数（岩手・宮城・福島）

	男性	女性	合計	比率
0－9歳	219	240	459	3%
10－19歳	197	212	409	3%
20－29歳	274	234	508	3%
30－39歳	447	391	838	5%
40－49歳	537	568	1,105	7%
50－59歳	886	948	1,834	12%
60－69歳	1,458	1,419	2,877	18%
70－79歳	1,766	1,902	3,668	23%
80歳以上	1,295	2.103	3,398	22%
年齢不詳	247	320	567	4%
合計	7,326	8,337	15,663	100%

出所：警察庁緊急災害警備本部資料（平成23年12月15日発表）。

第2章　東日本大震災の県別被害状況　23

表2-4　震災関連死の死者数（平成25年9月30日現在）

（単位：人）

都道府県	計	時期 ~H23.3.18（1週間以内）	H23.3.19~H23.4.11（1か月以内）	H23.4.12~H23.6.11（3か月以内）	H23.6.12~H23.9.11（6か月以内）	H23.9.12~H24.3.10（1年以内）	H24.3.11~H24.9.10（1年半以内）	H24.9.11~H25.3.10（2年以内）	H25.3.11~H25.9.10（2年半以内）	H25.9.11~（2年半超）
全国計	2,916	449	707	648	437	395	185	94	1	0
岩手県	417 (14.3%)	87 (19.4%)	119 (16.8%)	111 (17.1%)	55 (12.6%)	33 (8.4%)	10 (5.4%)	2 (2.1%)	0 (0.0%)	0 (0.0%)
宮城県	873 (29.9%)	228 (50.8%)	326 (46.1%)	207 (31.9%)	75 (17.2%)	25 (6.3%)	8 (4.3%)	3 (3.2%)	1 (100.0%)	0 (0.0%)
山形県	2 (0.1%)	0 (0.0%)	1 (0.1%)	0 (0.0%)	0 (0.0%)	0 (0.0%)	1 (0.5%)	0 (0.0%)	0 (0.0%)	0 (0.0%)
福島県	1,572 (53.9%)	109 (24.3%)	246 (34.8%)	324 (50.0%)	302 (69.1%)	336 (85.1%)	166 (89.7%)	89 (94.7%)	0 (0.0%)	0 (0.0%)
茨城県	41 (1.4%)	19 (4.2%)	12 (1.7%)	5 (0.8%)	4 (0.9%)	1 (0.3%)	0 (0.0%)	0 (0.0%)	0 (0.0%)	0 (0.0%)
埼玉県	1 (0.0%)	1 (0.2%)	0 (0.0%)	0 (0.0%)	0 (0.0%)	0 (0.0%)	0 (0.0%)	0 (0.0%)	0 (0.0%)	0 (0.0%)
千葉県	4 (0.1%)	2 (0.4%)	1 (0.1%)	0 (0.0%)	1 (0.2%)	0 (0.0%)	0 (0.0%)	0 (0.0%)	0 (0.0%)	0 (0.0%)
東京都	1 (0.0%)	1 (0.2%)	0 (0.0%)	0 (0.0%)	0 (0.0%)	0 (0.0%)	0 (0.0%)	0 (0.0%)	0 (0.0%)	0 (0.0%)
神奈川県	2 (0.1%)	1 (0.2%)	1 (0.1%)	0 (0.0%)	0 (0.0%)	0 (0.0%)	0 (0.0%)	0 (0.0%)	0 (0.0%)	0 (0.0%)
長野県	3 (0.1%)	1 (0.2%)	1 (0.1%)	1 (0.2%)	0 (0.0%)	0 (0.0%)	0 (0.0%)	0 (0.0%)	0 (0.0%)	0 (0.0%)
累計	2,916	449	1,156	1,804	2,241	2,636	2,821	2,915	2,916	2,916

備考：1．「震災関連死の死者」とは，「東日本大震災による負傷の悪化等により死亡し，災害弔慰金の支給等に関する法律に基づき，当該災害弔慰金の支給対象となった者」である（実際には支給されていない者も含む）。
2．(％) は，全国計に対する割合を示している。
3．平成25年3月10日まで（発災から2年以内）に亡くなられた方は，今回の調査により2915人となった。

出所：復興庁資料。

(2) 避難者数

・警察庁の調べによれば，公民館や学校等の「避難所」への避難者は，地震発生数日後に45万人超となったが，仮設住宅の建設進捗等により3カ月後には8万8361人にまで減少し，その後も逐次減少を続け，2011年10月には岩手県内，2011年12月には宮城県内全ての避難所が閉鎖された（図2-3）。

- 避難先の都道府県別に見ると，宮城県が9万3675人と最多で，続いて福島県8万8654人，岩手県3万6348人となっている。その他は，山形県8355人，東京都6518人の被災者が避難している（図2-4）。また，自県外への避難者数は，福島県が4万9554人と突出して多い。
- 埼玉県加須市に設置されている避難所が2014年初に閉鎖されることに伴い，2014年1月には避難所への避難者数は，ゼロとなる見込みである。しかしながら，公営住宅や仮設住宅等への避難者は，2013年11月14日現在でも27万人超となっており，減少傾向ではあるが依然として相当数存在している。避難所から仮設住宅等へ移ったものの，長期的な避難生活を余儀なくされ

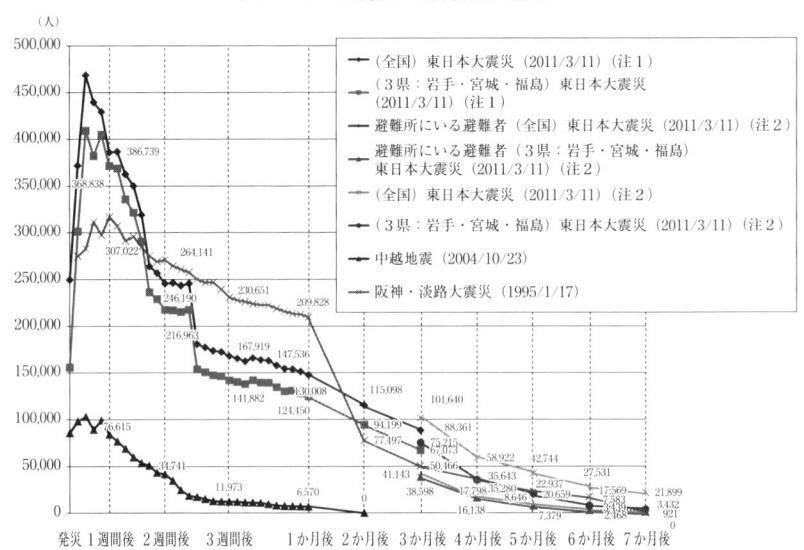

図2-3 避難所生活者数の推移

（注1）：警察庁は「公民館・学校等の公共施設」及び「旅館・ホテル」への避難者を中心に集計。
（注2）：内閣府被災者生活チーム（現復興庁）は①避難所公民館・学校等，②旅館・ホテル及び③その他親族・知人宅等）を集計。
備考：東日本大震災に関しては警察庁の発表資料等（注1）及び内閣府被災者生活チーム（現復興庁）で行った調査結果（注2）を，中越地震に関しては新潟県HPを，阪神・淡路大震災に関しては「阪神・淡路大震災―兵庫県の1年の記録」を参照。
出所：復興庁資料。

ている状況が窺われる。

図2-4　避難先都道府県別避難者等の数（2013年11月14日時点）

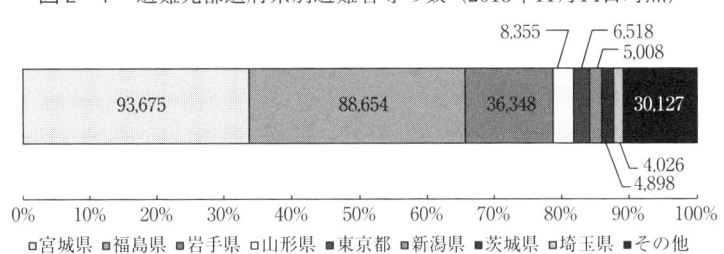

宮城県	福島県	岩手県	山形県	東京都	新潟県	茨城県	埼玉県	その他
93,675	88,654	36,348	8,355	6,518	5,008	4,026	4,898	30,127

備考：避難先は47都道府県，約1,200市区町村。グラフ中の数字は避難者数。
　　　自県外への避難者数は，福島県から49,554人，宮城県から7,250人，岩手県から1,505人。
出所：復興庁資料。

(3) 物的被害推計

a．都道府県別物的被害

表2-5　都道府県別物的被害（平成25年12月10日時点）

（単位：戸，箇所）

	建物被害								道路損壊	橋梁被害	山崖崩れ	堤防決壊	鉄軌道
	全壊	半壊	流失	全焼・半焼	床上浸水	床下浸水	一部破損	非住家被害					
北海道		4			329	545	7	469					
青森	308	701					1,006	1,402	2				
岩手	18,460	6,563		33		6	14,191	5,401	30	4	6		
宮城	82,906	155,085		135		7,796	222,857	28,747	390	12	51	45	26
秋田							3	3	9				
山形							21	96	21		29		
福島	21,221	73,274		80	1,061	338	167,110	1,117	187	3	9		
東京	15	198		1			4,847	1,101	295	55	6		
茨城	2,626	24,321		31	1,799	779	185,637	19,934	307	41			
栃木	261	2,118					73,218	295	257		40		2
群馬		7					17,246		36		9		
埼玉	24	199		2		1	1,800	33	160				
千葉	801	10,118		15	157	731	54,899	660	2,343		55		1
神奈川		41					459	13	160	1	2		
新潟							17	9					
山梨							4						
長野													
静岡						5	13	9					
岐阜									1				
三重					2			9					
徳島					2	9							
高知					2	8							
合計	126,622	272,629	0	297	3,352	10,218	743,335	59,298	4,198	116	207	45	29

出所：警察庁緊急災害警備本部資料。

- 都道府県別物的被害については，2013年12月10日時点における警察庁の発表では，全壊12万6622戸，半壊27万2629戸となっている。

b．資本ストック被害推計
- 今次震災による資本ストック被害額は，当行推計では被災4県で約16.4兆円となっている。
- 被害率が最も高かったのは岩手県沿岸部の47.3％で，建物や設備のほぼ半数が被災した状況となっている。被害額が最も多かったのは宮城県沿岸部で，約4.9兆円の被害が生じた。
- 内陸部は，4県計で被害額は約4.6兆円に上ったが，被害額，被害率ともに沿岸部と比較して小さく，今次震災では津波被害が大きかった点が浮き彫りになっている。

表2-6　当行資本ストック被害推計（2011年4月28日公表）

（単位：十億円）

		推定資本ストック					推定資本ストック被害額					被害率
		生活・社会インフラ	住宅	製造業	その他	合計 A	生活・社会インフラ	住宅	製造業	その他	合計 B	B/A
岩手県	内陸部	10,905	8,896	1,534	5,033	26,369	457	22	64	211	754	2.9%
	沿岸部	3,323	2,465	327	1,335	7,449	1,943	607	191	781	3,522	47.3%
	合計	14,227	11,361	1,861	6,369	33,818	2,400	629	255	992	4,276	12.6%
宮城県	内陸部	11,03	11,399	1,910	7,101	31,443	856	40	148	551	1,595	5.1%
	沿岸部	38,775	8,275	1,252	4,880	23,182	2,031	1,446	290	1,130	4,897	21.1%
	合計	19,808	19,674	3,162	11,981	54,625	2,887	1,486	438	1,681	6,492	11.9%
福島県	内陸部	11,022	12,215	4,597	6,480	34,314	630	7	263	370	1,270	3.7%
	沿岸部	8,210	4,628	996	2,107	15,941	1,244	145	151	319	1,859	11.7%
	合計	19,233	16,843	5,593	8,587	50,254	1,874	152	414	689	3,129	6.2%
茨城県	内陸部	14,293	18,197	5,441	9,895	47,827	460	39.7	175	318	993	2.1%
	沿岸部	8,671	5,928	4,020	3,108	21,727	766	86.6	355	275	1,483	6.8%
	合計	22,964	24,125	9,462	13,003	69,553	1,226	126	530	593	2,476	3.6%
4県計	内陸部	47,253	50,707	13,482	28,510	139,952	2,403	109	650	1,451	4,612	3.3%
	沿岸部	28,979	21,295	6,595	11,429	68,299	5,985	2,285	987	2,504	11,761	17.2%
	合計	76,232	72,002	20,077	39,939	208,251	8,387	2,394	1,637	3,955	16,373	7.9%

備考：1．沿岸部は海岸線を有する市町村，内陸部はその他の市町村としている。
　　　2．推定資本ストック，同被害額ともに再調達ベース。
　　　3．福島第一原子力発電所事故による被害は，本推計には含まれていない。

(4) 各県被害額（推計，実額）

【青森県】
・被害はインフラ関連のみ集計・公表されているが，それを基に算出すると，産業関連のインフラ被害が全体で845.8億円（全体の63%），公共土木関連が414.2億円（全体の31%）と試算される。
・青森県は八戸市を中心とする太平洋側南部が津波で被災したが，特に八戸市は，大手企業の工場等が集積する臨海部の工業地区が津波で被災したことから，「商工業・観光施設」の被害額や割合が特に大きくなったものと見られる。
・また，工業や水産関連産業の拠点である八戸港が津波で被災したことから，「港湾関係」「漁船」「漁港施設」の被害額や割合が大きくなっている。

表2-7 青森県における被害額（インフラ関連のみ）

項目	詳細	被害額（億円）	割合
建物（住家）	全壊311棟，半壊852棟	17.4	1.3%
〃 （非住家）	全壊508棟，半壊685棟	14.8	1.1%
商工業・観光施設	床上・床下浸水建物，機械設備破損	578.0	43.2%
漁船	小型漁船減失252隻，破損315隻 大型漁船減失15隻，破損38隻	113.8	8.5%
漁港施設	浮桟橋流出，防波堤倒壊	93.2	7.0%
その他水産関係	漁具減失，養殖物被害	20.8	1.6%
農業用施設	用排水路，道路の破損	5.7	0.4%
農地	農地の冠水，土砂流入	3.2	0.2%
畜産関係	豚舎等施設，ブロイラー圧死，生乳廃棄	6.1	0.5%
林業関係	倒木，木材産業施設被害等	25.0	1.9%
道路	歩道，側溝決壊	0.3	0.0%
河川	河川堤防の決壊・破壊等	8.3	0.6%
海岸	海岸堤防の破壊等	7.1	0.5%
港湾関係	八戸港関係（八太郎北防波堤倒壊，臨港道路被災，車両，コンテナ，資材等の飛散）	398.5	29.8%
その他	公共施設，学校，福祉施設等	44.5	3.3%
総額		1,336.6	

備考：平成23年12月21日現在。
　　＊被害額は各県の算出によるものであり集計項目や対象が異なる。このため(3)物的被害推計との乖離が生じることに留意。
出所：青森県防災消防課。

【岩手県】
・産業被害は，全体で8294億円となっている。内訳を見ると，水産業・漁港被害（漁港，漁船，水産施設，養殖施設等）の被害が5649億円と最も大きく，次いで工業（製造品）被害が890億円，農業被害が688億円，商業（小売・卸売業）被害が445億円となっている。また，人的・物的被害に加え，震災発生後の旅行キャンセルや自粛ムードによる様々な行事の中止等もまた県内の産業被害に深刻な影響を与えた。
・公共土木施設被害は，全体で2752カ所，2573億円となっている。そのうち，海岸施設の被害が特に甚大であり，被害額は1289億円となっている。次いで，港湾関係施設被害が445億円，下水道施設被害306億円，道路施設被

表2-8　岩手県における被害額

農林水産業：2012年3月1日現在
農林水産業以外：2011年7月25日現在

	被害の区分	被害額（億円）	備　考
産業被害	農業被害	688	農地・農業用施設639，農業施設29，農畜産物20
	林業被害	296	林業施設221，森林60等
	水産業・漁港被害	5,649	漁港関係4,527，水産施設等366，漁船338，漁具156，養殖施設131等
	工業（製造品）被害	890	津波による流出・浸水被害の推定額であり，地震による被害は含めていない
	商業（小売・卸売業）被害	445	
	観光業（宿泊施設）被害	326	
	計	8,294	
公共土木施設被害	河川・海岸・道路等施設被害	1,723	海岸1,289，道路252，河川147等
	都市・公園施設被害	405	下水道306，公園99
	港湾関係施設被害	445	
	計	2,573	
合計		10,867	

備考：農林水産業被害は確定被害額である。
　　＊被害額は各県の算出によるものであり集計項目や対象が異なる。このため(3)物的被害推計との乖離が生じることに留意。
出所：岩手県「東日本大震災津波復興計画復興基本計画」，岩手県HP。

害が252億円となっており，本震に加え，断続的に発生した余震等により，内陸地域の道路施設を中心に被害が増大した。また，今回の津波被害では，防災施設の多くが被災していることに加え，各地で地盤沈下が起こっており，潮位が上がるたびに浸水するエリアが見られた。

【宮城県】
- 農林水産関係では，耕地面積の1割弱に当たる1万4300haが津波で浸水し，農地・農業用施設が大きな被害を受けた。また水産関連では142の漁港全てが被災し，施設に大きな被害があったほか，約90%にあたる漁船が流出または陸に打ち上げられる等の被害にあった。
- 公共土木施設では，下水道，河川（県内142河川），道路や橋梁（落橋12箇所）に大きな被害があったほか，港湾施設では取り付け護岸の崩壊，エプロン沈下，コンテナ流出等の被害，空港関連施設では滑走路の浸水，空港ビル中2階部分まで水没等の甚大な被害があった。

【福島県】
- 産業被害は3461億円で，農地等被害（2303億円）が最も多く，次いで製造業被害（2198億円），卸・小売業被害（1399億円），水産業・漁港被害（970億円）となっている。
- 公共土木施設被害は2455億円で，河川・海岸・道路等施設被害（1635億円）が最も多い。
- 津波被害ばかりでなく内陸部でも，地震により庁舎などの公共施設が損壊し使用不能となったケース等，大きな被害があった。
- なお，原発事故により被害額が不明な地域もあることから，被害額はさらに増加するものと考えられる。

(5) 建物被害・津波浸水戸数
- 青森県，岩手県，宮城県，福島県，茨城県，千葉県の建物（住家）を見ると，浸水範囲面積の広かった宮城県で特に全壊戸数が多くなっている（浸水範囲面積327km^2，全壊戸数8万5414戸）（表2-4）。
- 岩手県の太平洋岸は，リアス式海岸の狭隘な土地に住家などが集まってい

表 2-9　宮城県における被害額

項　目			金額（千円）	概　要
交通関係 10,323,204 (東日本旅客鉄道 の被害額は含まれ ていない)	鉄道 8,595,043 (東日本旅客鉄道 の被害額は含まれ ていない)	阿武隈急行	386,980	
		仙台臨海鉄道	1,745,000	
		仙台市営地下鉄	1,260,000	
		東日本旅客鉄道	-	全体で678億円（県別の金額は公表していない）
		日本貨物鉄道	5,213,063	
	バス		1,318,000	仙台市営バス，宮城交通等
	離島航路 410,161	塩竈市営汽船	25,151	
		大島汽船	327,700	
		網地島ライン	27,310	
		シーパル女川汽船	30,000	
ライフライン施設 186,541,540	水道 31,014,140	上水道	30,670,845	水道，水道用水供給事業施設
		工業用水道	343,295	
	電気		70,800,000	
	都市ガス		27,550,000	
	通信・放送		57,177,400	電気通信施設，放送施設等
保健医療・ 福祉関係施設 50,951,757	医療機関等		33,410,730	
	民間等社会福祉施設		16,791,221	
	その他県有施設等		749,806	県立社会福祉施設，宮城県立病院機構等
建築物（住宅関係）			5,090,323,220	
民間施設等 990,617,000	工業関係		589,490,000	建物・機械・設備備品等
	商業関係		144,937,000	建物・商品等
	自動車・船舶（漁船を除く）		256,190,000	
農林水産関係 1,295,225,545	農業関係		545,396,810	農地，農業施設，農作物等
	畜産関係		5,009,460	畜舎，家畜，畜産品等
	林業関係		55,117,016	林道，林地，治山施設，林産物等
	水産業関係		680,382,645	水産施設，漁港，漁船，水産物等
	その他（県所管施設）		9,319,614	船舶，水産技術総合センター等
公共土木施設 (仙台市含む)・ 交通基盤施設 1,256,821,000	高速道路 12,420,000	NEXCO東日本所管分	12,000,000	東北自動車道，仙台東部道路，仙台北部道路，常磐自動車道
		宮城県道路公社所管分	420,000	仙台南部道路，仙台松島道路
	国直轄分		145,696,000	
	道路（橋梁を含む）		248,348,000	
	河川（ダムを含む）		248,017,000	
	海岸		79,727,000	
	港湾		108,797,000	
	下水道		371,690,000	
	その他公共土木施設等（空港，所管施設を含む）		42,126,000	砂防，公園等
文教施設 200,950,560	県立学校		28,036,928	
	市町村立学校		51,271,757	
	私立学校		11,409,888	
	国立学校施設		69,000,000	
	私立大学		3,755,830	
	その他文教施設		37,476,157	社会教育施設，文化財施設，研究施設，宮城大学等
廃棄物処理・し尿処理施設			6,917,259	
その他の公共施設等 77,322,284	観光施設		21,614,557	
	消防関係施設等		16,428,000	
	警察関係施設等		10,146,751	
	その他		29,132,976	庁舎，県施設等（譲渡施設を除く）
合　計			9,165,993,369	（東日本旅客鉄道の被害額は含まれていない）

出所：宮城県HP（平成25年12月10日現在）。

　　＊被害額は各県の算出によるものであり集計項目や対象が異なる。このため(3)物的被害推計との乖離が生じることに留意。

表2-10 福島県における被害額

	被害の区分	被害額（億円）	備　考
産業被害	農業等被害	21	農作物8，農業関係施設13
	農地等被害	2,303	農地935，水路275，ため池236，揚水機286，農業集落排水施設224，海岸保全施設254
	林業被害	24	林産施設等12，林道8等
	治山被害	143	林地107，治山施設36
	水産業・漁港被害	970	水産関連施設191，漁船66，漁港706等
	製造業被害	2,198	
	卸・小売業被害	1,399	
	計	7,058	
公共土木施設被害	河川・海岸・道路等施設被害	1,635	河川296，海岸792，道路404，橋梁118等
	都市・公園施設被害	376	下水道338等
	港湾関係施設被害	444	
	計	2,455	
住宅関係			
公立学校等被害		345	県立学校198，市町村立学校147
総　計		9,513	

出所：福島県土木部「東北地方太平洋沖地震による土木部関連公共施設等の被害について（第2報）」（2011年4月27日現在），同農林水産部「東北地方太平洋沖地震による農林水産部公共施設等被害について（原子力災害を除く）（第2報）」（2011年4月27日現在）。
　＊被害額は各県の算出によるものであり集計項目や対象が異なる。このため(3)物的被害推計との乖離が生じることに留意。

る地区が多く，浸水範囲面積に比して浸水域にかかる人口，世帯数が多くなっている。宮城県北部も同様の特徴があることに加え，浸水範囲面積も大きく，中部や南部でも津波被害が大きかった。なお，推定浸水域にかかる世帯数が全世帯数の7割を超えた市町村は，岩手県陸前高田市71.8%，大槌町81.1%，宮城県石巻市72.8%，東松島市80.3%，女川町79.5%，南三陸町82.6%であった。
・今般の震災では，津波被災によるものばかりでなく，揺れの大きかった内陸部の住宅団地等の造成地において法面崩壊等の深刻な被害が発生し，集団移転を余儀なくされたケースも散見された。

表 2-11 都道府県別の浸水範囲概況と建物被害の状況

	浸水範囲面積 (km²)	推定浸水域にかかる人口 (人)	推定浸水域にかかる世帯数 (世帯)	全壊住家数 (棟)	半壊住家数 (棟)	一部破損住家数 (棟)
青森県	24	15,838	5,375	308	701	1,006
岩手県	58	107,503	39,673	18,370	6,501	13,000
宮城県	327	331,902	116,758	85,414	152,523	224,162
福島県	112	71,292	22,847	21,098	72,391	163,016
茨城県	23	40,134	14,283	2,623	24,178	183,617
千葉県	17	35,531	12,490	800	10,033	52,124
その他都道府県	—	—	—	300	2,556	96,803
合計	561	602,200	211,426	128,913	268,883	733,728

出所：浸水範囲面積／国土地理院（2011年4月18日公表）。
推定浸水域にかかる人口／総務省統計局（2011年4月25日公表）。
推定浸水域にかかる世帯数／総務省統計局（2011年4月25日公表）。
全壊住家数／消防庁災害対策本部（2013年1月23日現在）。
半壊住家数／消防庁災害対策本部（2013年1月23日現在）。
一部破損住家数／消防庁災害対策本部（2013年1月23日現在）。

・図2-5は仙台市における宅地被害の状況を示しているが，市中心部周辺の丘陵地帯における住宅地域でも多数の被害が発生している。

(6) 原発事故避難区域の状況（2013年8月現在）
・避難区域内人口は，帰還困難区域約2万5000人／約9000世帯，居住制限区域約2万3000人／約8000世帯，避難指示解除準備区域約3万3000人／約1万1000世帯となっている。
・平成25年住民基本台帳人口移動報告によれば，福島県では平成23年，平成24年に続いて転出超過となったものの，前年と比較して転出超過人数は約9000人減少しており，東日本大震災前の水準に戻った。
・一方で，0～14歳の転出超過率は，富岡町▲19%，浪江町▲19%，南相馬市▲18%など避難区域周辺の市町村の一部で比較的高い値となっている。

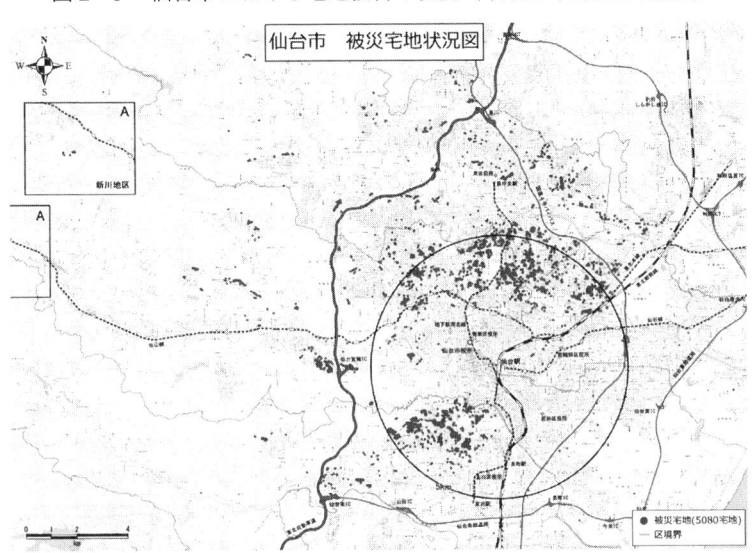

図2-5　仙台市における宅地被害の状況（平成24年5月31日現在）

備考：本図表は，宅地危険度判定や調査により，仙台市で把握している中程度以上の被災宅地を表したもの。
出所：仙台市HP。

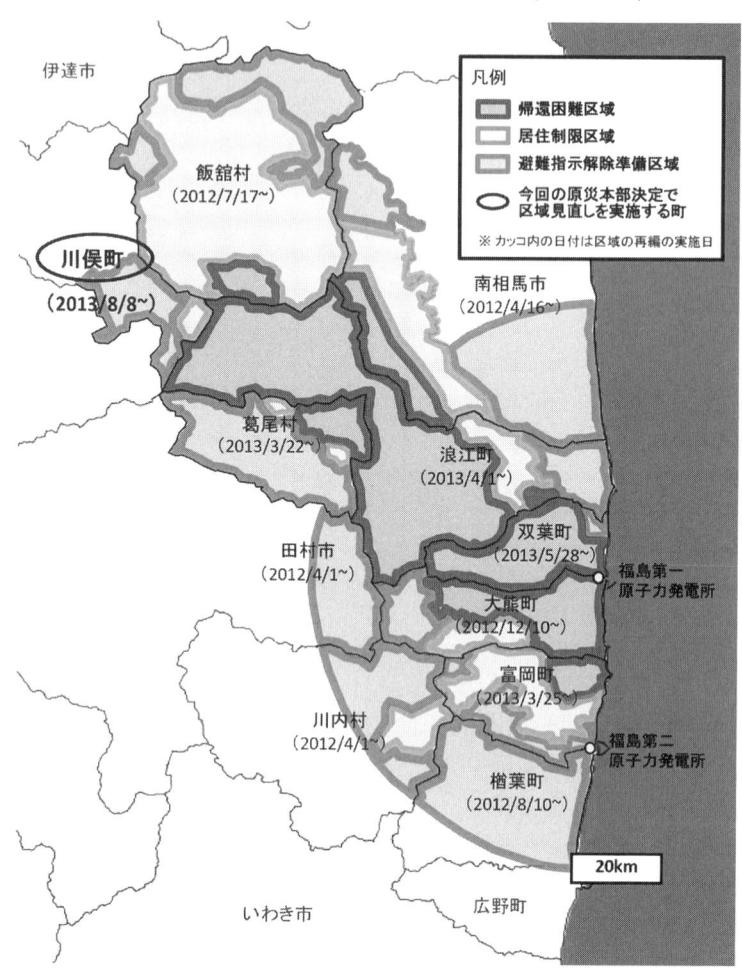

図2-6 避難指示区域と警戒区域の概念図（2013.8.8～）

出所：経済産業省資料。

2011.4.22～2012.3.31	
警戒区域	・福島第一原子力発電所半径20km圏内につき、住民の安全及び治安確保のため、2011年4月22日に設定。区域内への立ち入りを原則廃止。
計画的避難区域	・事故発生から1年間に積算線量が20ミリシーベルトに達する恐れがある地域につき、住民の健康への影響を踏まえ、計画的な避難を求める区域を2011年4月22日に設定。2011年7月上旬に避難完了。
旧緊急時避難準備区域	・福島第一原子力発電所半径20km～30km圏内は、屋内避難指示を解除し、緊急時の避難等を求める区域を2011年4月22日に設定。同9月30日に解除。
特定避難勧奨地点	・事故発生から一年間の積算線量が20ミリシーベルトを超えると推定される特定の地点につき、子供や妊婦、コミュニティにも配慮した上で、住居単位で特定。当該地点の住民に対し、注意喚起し、避難を支援、促進。2011年6月16日に対処方針決定、伊達市、南相馬市、川内村に設定されている。
2012.4.1～	
帰還困難区域	・放射性物質による汚染レベルが極めて高く、5年間を経過してもなお、年間積算線量が20ミリシーベルトを下回らないおそれのある、現時点で年間積算線量が50ミリシーベルト超の地域。・避難の徹底を求める一方、可能な限り住民の意向に配慮した形で一時立入りを実施。
居住制限区域	・事現在の避難指示区域のうち、現時点からの年間積算線量が20ミリシーベルトを超えるおそれがあり、住民の被ばく線量を低減する観点から引き続き避難を継続することを求める地域。将来的に住民が帰還し、コミュニティを再建することを目指し、除染やインフラ復旧などを計画的に実施する。・通過交通や住民の一時帰宅、例外的な事業再開等が可能。
避難指示解除準備区域	・現在の避難指示区域のうち、年間積算線量20ミリシーベルト以下となることが確実であることが確認された地域。除染、インフラ復旧、雇用対策など復旧・復興のための支援策を迅速に実施。・通過交通や住民の一時帰宅、事業再開等が可能。

出所：経済産業省HP。

表2-12　都道府県別の転入者数，転出者数および転入超過数

（単位：人）

	転入者数				対前年同期増減					
都道府県	平成22年 3～11月期	平成23年 3～11月期	平成24年 3～11月期	平成25年 3～11月期	平成23年		平成24年		平成25年	
					実数	率（％）	実数	率（％）	実数	率（％）
全国	1,939,690	1,948,591	1,919,251	1,911,974	8,901	0.5	-29,340	-1.5	-7,277	-0.4
福島県	21,500	17,829	19,092	21,450	-3,671	-17.1	1,263	7.1	2,358	12.4

	転出者数				対前年同期増減					
都道府県	平成22年 3～11月期	平成23年 3～11月期	平成24年 3～11月期	平成25年 3～11月期	平成23年		平成24年		平成25年	
					実数	率（％）	実数	率（％）	実数	率（％）
全国	1,939,690	1,948,591	1,919,251	1,911,974	8,901	0.5	-29,340	-1.5	-7,277	-0.4
福島県	27,012	47,987	31,483	26,378	20,975	77.7	-16,504	-34.4	-5,105	-16.2

	転出者数			
都道府県	平成22年 3～11月期	平成23年 3～11月期	平成24年 3～11月期	平成25年 3～11月期
全国	0	0	0	0
福島県	-5,512	-30,158	-12,391	-4,928

出所：総務省「住民基本台帳人口移動報告　平成23年，平成24年，平成25年結果」。

表2-13　福島県の年齢3区分, 市町村別転入・転出超過数（平成22年, 23年, 24年, 25年）

市町村名	0～14歳									(参考)
^	平成22年	平成23年			平成24年			平成25年			平成22年国調人口
^	^	対前年増減数	転入・転出超過率	対前年増減数	転入・転出超過率	対前年増減数	転入・転出超過率			
^	(人)	(人)	(人)	(%)	(人)	(人)	(%)	(人)	(人)	(%)	(千人)
田村市	25	-72	-47	-1.41	-5	67	-1.0	-7	-2	-1.4	5
南相馬市	-3	-975	-972	-10.13	-322	653	-32.2	-177	145	-17.7	10
伊達市	52	-134	-186	-1.6	-74	60	-9.3	9	83	1.1	8
川俣町	5	-27	-32	-1.54	-33	-6	-16.5	-5	28	-2.5	2
広野町	10	-61	-71	-7.97	-25	36	-25.0	-10	15	-10.0	1
楢葉町	18	-51	-69	-5.01	-7	44	-7.0	-8	-1	-8.0	1
富岡町	-5	-191	-186	-8.53	-10	181	-5.0	-38	-28	-19.0	2
川内村	-3	-22	-19	-8.46	-4	18	n.a.	-5	-1	n.a.	0
大熊町	27	-108	-135	-5.86	0	108	0.0	-6	-6	-3.0	2
双葉町	-11	-63	-52	-6.8	-25	38	-25.0	0	25	0.0	1
浪江町	-17	-220	-203	-8.12	-9	211	-3.0	-56	-47	-18.7	3
葛尾村	9	-6	-15	-3.47	-1	5	n.a.	2	3	n.a.	0
飯舘村	8	-38	-46	-4.8	0	38	0.0	-2	-2	-2.0	1

市町村名	15～64歳									(参考)
^	平成22年	平成23年			平成24年			平成25年			平成22年国調人口
^	^	対前年増減数	転入・転出超過率	対前年増減数	転入・転出超過率	対前年増減数	転入・転出超過率			
^	(人)	(人)	(人)	(%)	(人)	(人)	(%)	(人)	(人)	(%)	(千人)
田村市	-208	-346	-138	-1.48	-337	9	-14.7	-261	76	-11.3	23
南相馬市	-171	-2314	-2143	-5.51	-643	1671	-15.3	-243	400	-5.8	42
伊達市	-234	-558	-324	-1.44	-475	83	-12.2	-383	92	-9.8	39
川俣町	-100	-154	-54	-1.76	-138	16	-15.3	-143	-5	-15.9	9
広野町	-6	-93	-87	-2.8	-21	72	-7.0	-10	11	-3.3	3
楢葉町	-59	-141	-82	-3.03	-39	102	-7.8	-48	-9	-9.6	5
富岡町	-41	-714	-673	-7.02	-161	553	-16.1	-149	12	-14.9	10
川内村	-40	-54	-14	-3.52	-17	37	-8.5	-3	14	-1.5	2
大熊町	157	-352	-509	-4.9	-67	285	-9.6	-54	13	-7.7	7
双葉町	-36	-242	-206	-5.92	-65	177	-16.3	-43	22	-10.8	4
浪江町	-85	-737	-652	-5.93	-146	591	-12.2	-198	-52	-16.5	12
葛尾村	-3	-20	-17	-2.33	6	26	6.0	-1	-7	-1.0	1
飯舘村	-39	-91	-52	-2.59	25	116	6.3	16	-9	4.0	4

第 2 章　東日本大震災の県別被害状況

市町村名	65歳										(参考) 平成22年国調人口
	平成22年	平成23年			平成24年			平成25年			
			対前年増減数	転入・転出超過率		対前年増減数	転入・転出超過率		対前年増減数	転入・転出超過率	
	(人)	(人)	(人)	(%)	(人)	(人)	(%)	(人)	(人)	(%)	(千人)
田村市	-10	-5	5	-1.48	-19	-14	-0.8	-17	2	-0.7	23
南相馬市	-10	-233	-223	-5.51	-37	196	-0.9	-67	-30	-1.6	42
伊達市	-13	-11	2	-1.44	23	34	0.6	4	-19	0.1	39
川俣町	1	-10	-11	-1.76	4	14	0.4	-2	-6	-0.2	9
広野町	20	-28	-48	-2.8	-4	24	-1.3	9	13	3.0	3
楢葉町	-2	-49	-47	-3.03	-2	47	-0.4	-7	-5	-1.4	5
富岡町	-8	-181	-173	-7.02	-4	177	-0.4	-10	-6	-1.0	10
川内村	-5	-15	-10	-3.52	-9	6	-4.5	-5	4	-2.5	2
大熊町	2	-71	-73	-4.9	-2	69	-0.3	-7	-5	-1.0	7
双葉町	-2	-79	-77	-5.92	4	83	1.0	-3	-7	-0.8	4
浪江町	-9	-183	-174	-5.93	-23	160	-1.9	-31	-8	-2.6	12
葛尾村	-1	-5	-4	-2.33	-1	4	-1.0	-1	0	-1.0	1
飯舘村	4	-3	-7	-2.59	-14	-11	-3.5	-11	3	-2.8	4

備考：「転入・転出超過率」は、平成22年国勢調査人口等基本集計結果による10月1日現在の各市区町村における日本人人口に対する転入・転出超過の割合。
出所：総務省「住民基本台帳人口移動報告　平成24年結果」、平成22年国勢調査。

(蓮江忠男，大沼久美)

第3章　震災から3年経過後の地域経済

1　短　観

・日本銀行「全国企業短期経済観測調査（短観）」によると，業況判断D.I.は，震災直後，全産業・製造業・非製造業のいずれにおいても全国並びに各県で悪化した。全産業（図3-1）については，2011/6に底を打った後，復旧・復興に伴う需要の拡大等に伴い，東北および被災が特に甚大だった岩手，宮城，福島の3県において，全国平均を上回る改善が続いた。2012/6には東北における全産業のD.I.が1991/11以来の高水準を記録している。特に岩手は改善傾向が強く，東北全体を牽引する状況であった。
・しかしながら，その後はマクロの経済指標のトレンド同様，円高や海外経済の減速等を受け，全般的に悪化基調に転じている。

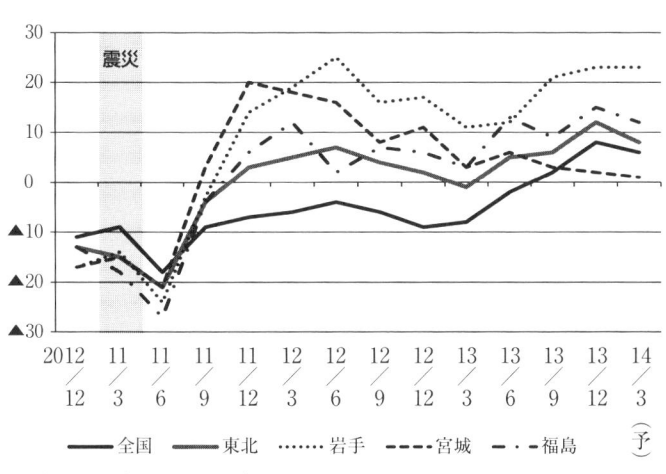

図3-1　業況判断D.I.（全産業）の推移

出所：日本銀行仙台支店。

- 業種別に見ると，製造業，非製造業ともに被災直後の落ち込みから回復に転じた流れは同様だが，製造業では宮城，福島でマイナスの状況が続いている。
- 一方，非製造業では，岩手，宮城の改善幅が大きく，東北全体を牽引してきたが，2012/6以降は低下基調に転じている一方，福島で改善傾向となっている。

2　鉱工業生産指数

- 全国の鉱工業生産指数は震災が発生した2011/3に大きく低下し，翌月以降急回復したものの，同年夏以降は円高やタイの洪水等の影響により，概ね横ばいの傾向が続いた（図3-2）。
- 震災直前の2011/2を100として鉱工業生産指数を見ると，2011/8の時点で全国が97.8と震災前の水準近くまで回復し，岩手，福島が91.6，90.0と90前後まで回復したのに対し，宮城では仙台周辺や石巻等の沿岸部に工業集

図3-2　鉱工業生産指数（2011/2=100，季節調整済）の推移

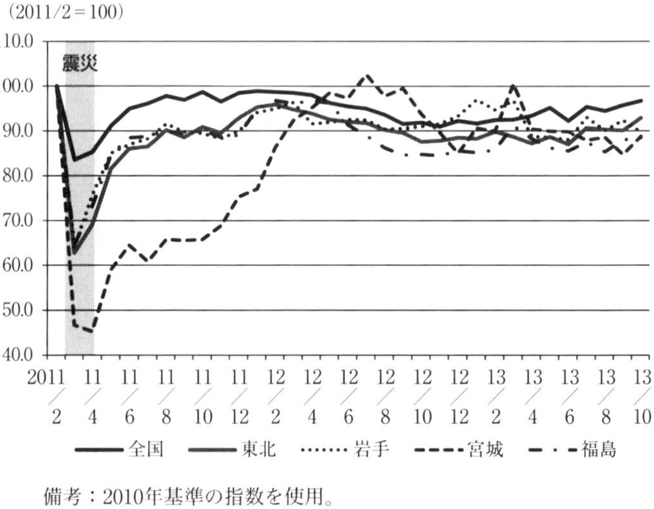

備考：2010年基準の指数を使用。
出所：各県HP。

積があり，津波被災の影響より大きく現れたこと等により落ち込みが特に大きかったこと（2011/3に46.7）から，65.7にとどまった。しかし，その後は100前後まで回復し近時は80～90程度で推移している。

3　農林水産業

(1)　農　業

・2007年を100とした農業産出額を見ると，震災のあった2011年は，東北全体で0.4％増となったが，宮城，福島の両県で減少となった。平野部の農地における甚大な津波被害や原発事故の影響等が考えられ，特に福島で大きく落ち込んだ。2012年は，農地復旧や除塩作業の進捗により，回復が見られる。

・2013年11月時点では，被害のあった青森から千葉までの6県における津波被災農地のうち，約63％で営農再開が可能となっている。

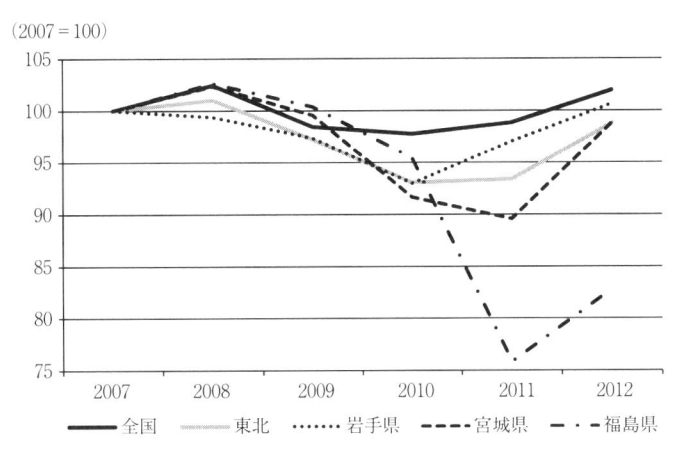

図3-3　農業産出額

出所：農林水産省資料。

(2) 漁　業
- 東日本大震災は，太平洋岸の漁港，養殖施設等にも甚大な被害をもたらした。漁船，市場，水産加工場など水産関連産業にとって重要な施設に加え，造船等も打撃を受けた。岩手県，宮城県では，ほとんどの漁港が深刻な被害を受けており，漁船の被害数は1万8936隻，被害漁港数は319漁港に上っている（2011年4月26日時点）。
- 平成23年の海面漁業の漁獲量は379万6500tで，前年に比べて32万4500t（7.9％）減少した。これは，大震災の影響により漁船や漁港施設に甚大な被害を受けた地域において漁獲量が大幅に減少したこと等による。
- 海面養殖業の収獲量については，86万2800tで，前年に比べて24万8500t（22.4％）減少した。これについても，大震災や津波で養殖施設に甚大な被害を受けた地域において貝類養殖，海藻類養殖等の収穫量が減少したことが主因である。
- 漁船の復旧については，被災地の漁業者からの要望を踏まえて，水産基本計画で定めた平成25年度までの新規漁船登録目標1万2000隻を達成し，更に上積みする方向となっている。水産加工施設については，平成25年9月時点において，被災3県で被害があったもののうち約78％まで復旧し，821施設が業務を再開している。
- 漁船，養殖施設，陸揚げ岸壁などの復旧の進捗に伴って，被災地における水揚げ金額は回復傾向にある。被災3県の主要な魚市場の水揚げ金額を見ると，震災前の約70％程度となっている。水揚げ量のさらなる回復を図るためには，生産量に加え，加工品の生産・流通の回復が必要であり，国では2015年度末までに再開希望者全員の施設を復旧・復興することを目指している。

第3章 震災から2年経過後の地域経済　43

表3-4　漁船，水産加工施設の復旧状況（2013年9月末時点）

項目	被害状況	進捗状況・現況（%）	今後の取組
水揚げ	岩手・宮城・福島各県の主要な魚市場の水揚げ（24年12月-25年11合計）の被災前年比（22年3月-23年2月合計）	水揚量68%（317千トン）　岩手：71%（99.4千トン）宮城：68%（213.7千トン）福島：35%（3.9千トン） 水揚金額78%（625億円）　岩手：86%（166.9億円）宮城：77%（452.8億円）福島：27%（4.8億円）	[岩手県]久慈，宮古，釜石，大船渡 [宮城県]気仙沼，女川，石巻，塩釜 [福島県]小名浜（県外で漁獲）
漁港	（319漁港が被災）陸揚げ岸壁の機能回復状況について※25年11月末時点	岩手：40%（43漁港）宮城：11%（15漁港）福島：20%（2漁港） 37%（118漁港で全延長の陸揚げ機能回復）　52%（165港で部分的に陸揚げ機能回復）　9%（29港次で潮位によっては陸揚げ機能回復） 北海道，青森県，千葉県は復旧完了	拠点となる漁港については，25年度までに（一部被害の甚大な漁港やその他の漁港については27年度末まで）復旧の目処。 24年度末までに，被災した漁港の概ね4割において，陸揚げ岸壁の復旧を完了。25年度末までに，被災した漁港の6，5割において，陸揚げ岸壁の復旧の完了を目指す。 25年度末までに，被災した全岸壁延長の概ね6，5割において，復旧の完了を目指す。
	（約113kmの岸壁が被災）被災岸壁の復旧状況について※25年11月末時点	37%　65%（H25年度末見込み）　92%（H26年度末見込み）	
漁船	約2万9千隻の漁船が被災	84%（16,727隻が復旧）※25年11月末現在 岩手　8,370隻　宮城　6,140隻　福島　276隻	24年度末までに，水産基本計画の目標（25年度末までに1万2千隻）は達成。更に被災地の要望を踏まえ27年度末までに2万隻まで回復を目指す。
加工流通施設	被災3県で被害があった産地市場（34施設）	68%（被災3県）（23施設が業務再開）※25年8月末 岩手：100%（13施設）宮城：100%（9施設）福島：8%（1施設）	岩手県及び宮城県の産地市場は，22施設すべてが再開。 27年度末までに再開希望者全員の施設を復旧・再開することを目処。
	被災3県で被害があった水産加工施設（821施設）	78%（被災3県）（638施設が業務再開）※25年9月末 岩手：82%（162施設）宮城：77%（364施設）福島：74%（112施設）	

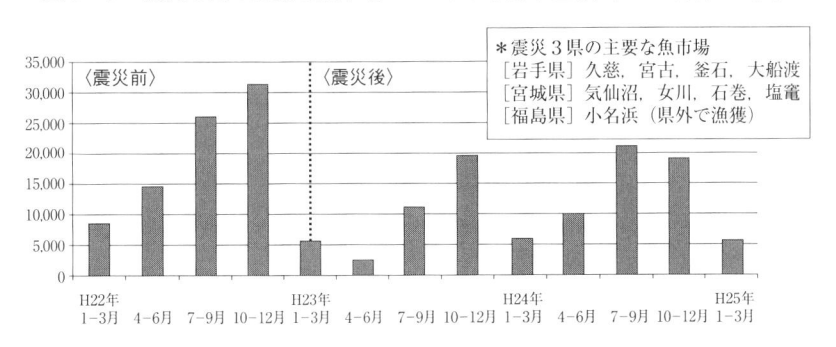

出所：復興庁資料。

図3-4　被災3県の主要な魚市場*における水揚げ金額（3カ月計）の推移

＊震災3県の主要な魚市場
[岩手県]久慈，宮古，釜石，大船渡
[宮城県]気仙沼，女川，石巻，塩竈
[福島県]小名浜（県外で漁獲）

出所：復興庁資料。

4 商　　業

・東北の大型小売店販売額は，震災時の2011/3に大きく落ち込んだものの，2011/5以降は震災関連特需による押し上げ効果もあり，概ね前年同月を上回る水準で推移した。宮城県においては震災以降10%増前後で推移していたが，足下では低下も見られる（図3-5）。
・業態別に見ると，東北は特にスーパー，コンビニエンスストアにおいて，全国と比較して大幅な伸びを示した。2012/1～2012/3期をピークに伸び幅は若干縮小したが，百貨店を除き引き続き足元でも大幅プラスの状況が続いている。

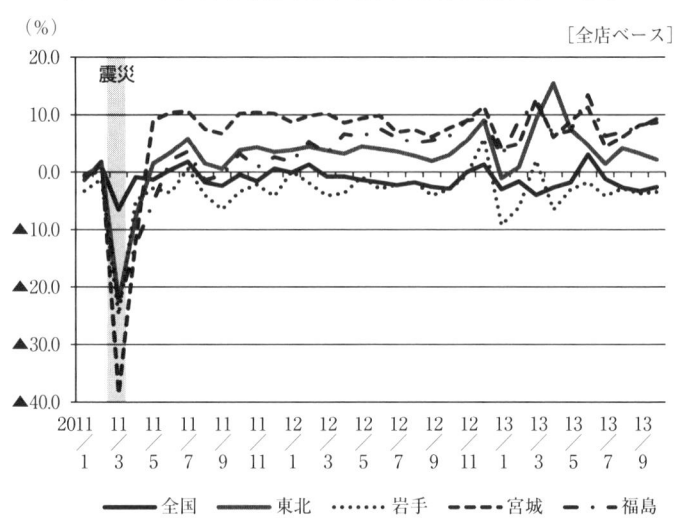

図3-5　大型小売店販売額（前年同月比増減率）の推移

出所：経済産業省「商業販売統計」。
　　＊2012年3月以降分については，2010年同月比。

5 観　光

・震災直後，被災3県の延べ宿泊者数は増加したが，これは避難者や復興支援要員等による需要が要因となっているものと考えられる。また，宮城，岩手で延べ宿泊者数が震災前の水準を上回る傾向が続いている（図3-6）。
・一方，外国人宿泊者数の減少は著しく，夏祭のシーズンである7～9月の時期で定点比較すると2010～2011では東北（▲75.9％）をはじめ，沖縄を除く全ブロックが大幅マイナスとなり，2011～2012には全ブロックが反動でプラスとなったものの，2010～2012の増減で見ると総じてマイナスとなっており，中でも東北は▲42.7％と地域ブロックで最大の減少となっている。2010～2013では，2011，2012を比較した数字に比べれば改善が見られるものの，▲38.8％にとどまっている。
・日本政策投資銀行では，アジア8地域（北京，上海，台湾，香港，韓国，マ

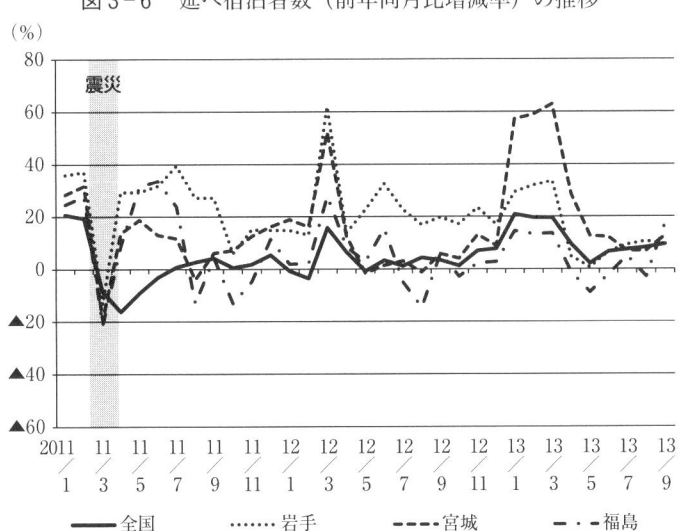

図3-6　延べ宿泊者数（前年同月比増減率）の推移

備考：2010年第二四半期より従業員10人未満の施設を集計対象に加えている。
出所：国土交通省観光庁「宿泊旅行統計調査報告」
　　＊2012年3月以降分については，2010年同月比。

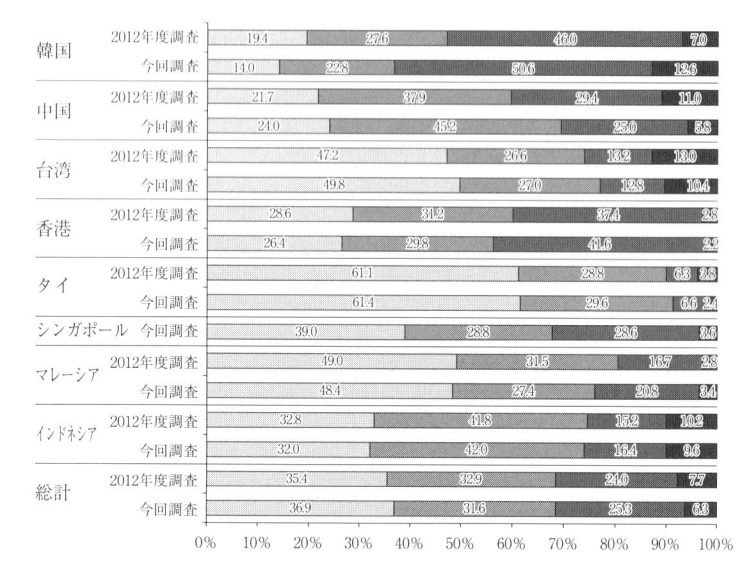

問.［日本で起きた震災に対して，あなたの日本旅行に対する考えは変化しましたか。］

国・地域	調査	震災があったが，日本旅行は控えようと思わない	震災後は日本旅行を控えていたが，今はそう思っていない	震災後から，今でも日本旅行を控えている	震災に関係なく，日本旅行はしたいと思わない
韓国	2012年度調査	19.4	27.6	46.0	7.0
韓国	今回調査	14.0	22.8	50.6	12.6
中国	2012年度調査	21.7	37.9	29.4	11.0
中国	今回調査	24.0	45.2	25.0	5.8
台湾	2012年度調査	47.2	26.6	13.2	13.0
台湾	今回調査	49.8	27.0	12.8	10.4
香港	2012年度調査	28.6	31.2	37.4	2.8
香港	今回調査	26.4	29.8	41.6	2.2
タイ	2012年度調査	61.1	28.8	6.3	3.8
タイ	今回調査	61.4	29.6	6.6	2.4
シンガポール	今回調査	39.0	28.8	28.6	3.6
マレーシア	2012年度調査	49.0	31.5	16.7	2.8
マレーシア	今回調査	48.4	27.4	20.8	3.4
インドネシア	2012年度調査	32.8	41.8	15.2	10.2
インドネシア	今回調査	32.0	42.0	16.4	9.6
総計	2012年度調査	35.4	32.9	24.0	7.7
総計	今回調査	36.9	31.6	25.3	6.3

出所：日本政策投資銀行「東日本大震災後の訪日観光意識（平成25年版）」。

レーシア，タイ，インドネシア）を対象とした訪日旅行者の観光意向調査を実施した。

・「震災があったが，日本旅行を控えようと思わない」及び「震災直後は控えたが，今はそう思わない」が全体の7割を占め，「日本旅行を控えている」及び「日本旅行はしたいと思わない」は3割にとどまった。
・対象地域別では特にタイ，マレーシア，インドネシア，台湾において，訪日旅行に対して積極的な意向が伺える。また，前年度調査との比較では，中国，台湾において訪日旅行に対する意向について前向きな変化が見られた。
・当行東北支店レポート「東北観光の現状と外国人観光客誘致のあり方」（2012年11月）では，外国人観光客に対する被災地ツーリズムの有望性を論

第3章 震災から2年経過後の地域経済 47

問.［日本旅行で，被災後の被災地視察コースが整備され自然災害の実態と被害の状況を学ぶ，またはボランティアをするといった行程のツアーが企画された場合，あなたは参加したいと思いますか。］

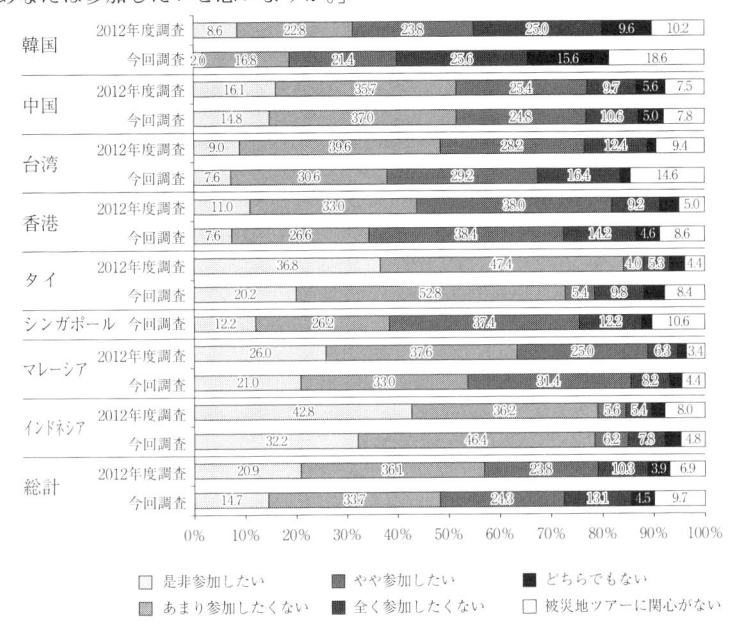

	韓国	中国	台湾	香港	タイ	シンガポール	マレーシア	インドネシア	総計
2012年度調査	8.6 / 22.8 / 23.8 / 25.0 / 9.6 / 10.2	16.1 / 35.7 / 25.4 / 9.7 / 5.6 / 7.5	9.0 / 39.6 / 28.2 / 12.4 / — / 9.4	11.0 / 33.0 / 38.0 / 9.2 / — / 5.0	36.8 / 47.4 / 4.0 / 5.3 / 4.4	—	26.0 / 37.6 / 25.0 / 6.3 / 3.4	42.8 / 36.2 / 5.6 / 5.4 / 8.0	20.9 / 36.1 / 23.8 / 10.3 / 3.9 / 6.9
今回調査	2.0 / 16.8 / 21.4 / 25.6 / 15.6 / 18.6	14.8 / 37.0 / 24.8 / 10.6 / 5.0 / 7.8	7.6 / 30.6 / 29.2 / 16.4 / — / 14.6	7.6 / 26.6 / 38.4 / 14.2 / 4.6 / 8.6	20.2 / 52.8 / 5.4 / 9.8 / 8.4	12.2 / 26.2 / 37.4 / 12.2 / 10.6	21.0 / 33.0 / 31.4 / 8.2 / 4.4	32.2 / 46.4 / 6.2 / 7.8 / 4.8	14.7 / 33.7 / 24.3 / 13.1 / 4.5 / 9.7

凡例：□是非参加したい ■やや参加したい ■どちらでもない ■あまり参加したくない ■全く参加したくない □被災地ツアーに関心がない

出所：日本政策投資銀行「東日本大震災後の訪日観光意識（平成25年版）」。

じたが，本問に対する回答では，全体の約5割が参加したい（是非参加・やや参加したい）と回答したものの，前回調査から1割程度減少が見られる。引き続き，外国人旅行者を考慮した受入体制の整備やプロモーションの取り組みが必要と考えられる。
・対象地域別ではタイ，インドネシア，マレーシア等の東南アジア地域において関心が高いものの，前回調査と比較すると，中国，インドネシアを除く全ての地域について，被災地ツアーに対する関心が低下した。

6 企業倒産

・東京商工リサーチの調べによれば，東日本大震災関連倒産は，2013年3月

時点（震災から24カ月）で累計1100件に上っている。「阪神・淡路大震災」関連の倒産が震災から同時期までで累計255件であったのに対し、「東日本大震災」関連の倒産は約4.3倍のペースとなっている（図3-7）。
・都道府県別の累計件数（2013年3月7日時点）をみると、東京都が319件と最多となっている。東北の被災4県では宮城県が61件と最も多く、福島、岩手が37件で続く。茨城県も含めた被災5県を合わせた累計件数は177件と全体の16%にとどまっている。
・被災地の企業の関連倒産が比較的少ないのは、資金繰り等の救済措置が政策的になされているという事情もある。一方で、被災地以外の地域でも関連倒産が多いという事実は、震災等による直接的な被害のみならず、取引先の被災等によるサプライチェーンの断絶が被災地以外の企業にも大きく影響している証左とも考えられる。事業継続マネジメントに関する対策強化の必要性を示唆するものとも言えよう。

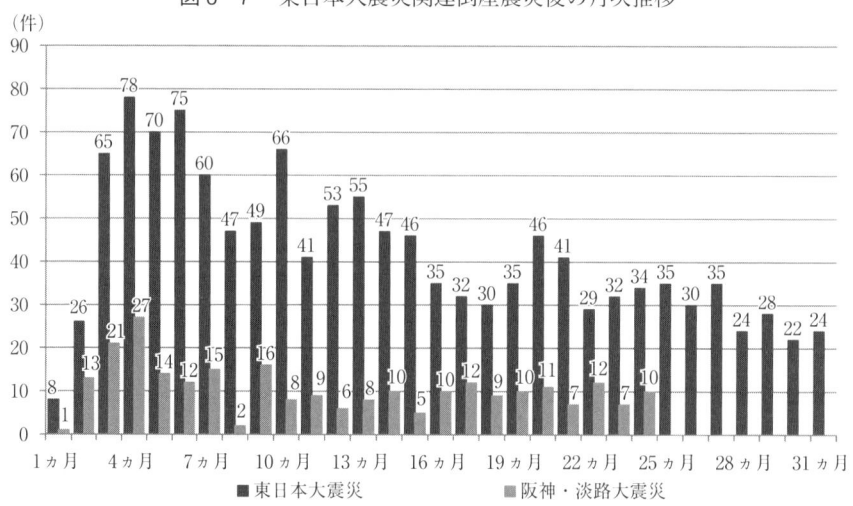

図3-7　東日本大震災関連倒産震災後の月次推移

備考：阪神・淡路大震災関連倒産は24ヵ月目で調査終了。
出所：東京商工リサーチ「『東日本大震災』関連倒産（2013年10月7日現在）」等から作成。

第3章　震災から2年経過後の地域経済　49

表3-2　東日本大震災関連倒産　地域別の状況―累計―（2013年10月7日現在）

（負債総額単位：百万円）

		件数	構成比	負債総額	構成比
	北海道	76	5.85%	23,286	1.59%
東北	青森県	20	1.53%	22,067	1.50%
	岩手県	41	3.15%	13,521	0.92%
	宮城県	90	6.92%	20,524	1.40%
	秋田県	12	0.92%	2,797	0.19%
	山形県	22	1.69%	4,765	0.32%
	福島県	38	2.92%	10,396	0.71%
関東	茨城県	36	2.77%	15,591	1.06%
	栃木県	35	2.69%	450,486	30.82%
	群馬県	42	3.23%	33,112	2.26%
	埼玉県	33	2.54%	14,850	1.01%
	千葉県	51	3.92%	32,067	2.19%
	東京都	386	29.71%	499,397	34.16%
	神奈川県	54	4.15%	24,417	1.67%
	新潟県	21	1.61%	9,674	0.66%
	山梨県	9	0.69%	2,259	0.15%
	中部	88	6.77%	59,923	4.09%
	北陸	47	3.61%	91,042	6.22%
	近畿	74	5.69%	63,722	4.35%
	中国	21	1.61%	11,137	0.76%
	四国	12	0.92%	11,529	0.78%
	九州	91	7.00%	45,003	3.07%
合計		1,299	100.00%	1,461,565	100.00%

出所：東京商工リサーチ「東日本大震災」関連倒産（2013年10月7日現在）プレスリリース資料より作成。

図3-8　地域別件数構成比（2013年10月7日現在）

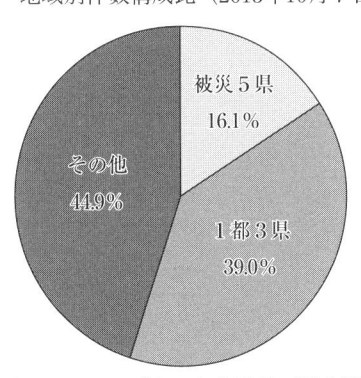

被災5県　16.1%
1都3県　39.0%
その他　44.9%

出所：東京商工リサーチ「東日本大震災」関連倒産（2013年10月7日現在）プレスリリース資料より作成。

7　設備投資

- 日本政策投資銀行「設備投資計画調査」によると，資本金1億円以上の民間法人企業の2013年度の設備投資計画は，全国が9.5％増となる一方，東北では全国を上回る15.0％増となった。
- 県別では，岩手22.1％，宮城14.4％，福島21.1％と被災3県の伸び率がいずれも増加となっている。また，阪神・淡路大震災後と比較して，総じて設備投資額増加率の高い時期が見られる（図3-9）。
- 復旧・復興投資総額は，2012年度実績は1574億円，2013年度計画は190億円となっている。なお，過去2年度にわたる調査と合わせると，2010～2013年度合計では，総額4034億円となり，2011～2012年度の実績額が全体の91.2％を占めている（表3-3）。
- 業種別では，製造業（1956億円，うち2012年度509億円）が全体の48.4％を占める。非製造業は2079億円（うち2012年度1065億円）となっており，この中でライフライン関連（鉄道，電力・ガス，通信）が1449億円（うち2012年度956億円）と大宗を占めている。
- 2012年度実績における国内設備投資額に占める震災復旧・復興投資の割合は，全産業で9.4％となっている。業種別では，製造業が7.3％，非製造業が10.8％となっており，非製造業における震災復旧・復興投資の占める割合が相対的に高い。また，非製造業のうちライフライン関連が11.2％となっている。

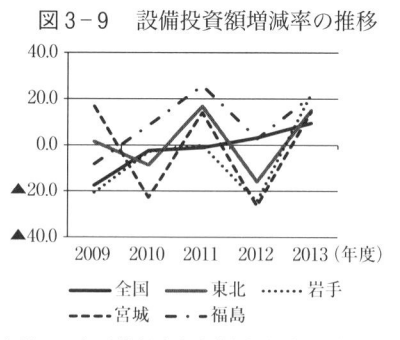

図3-9　設備投資額増減率の推移

（参考）阪神・淡路大震災時の設備投資増減率

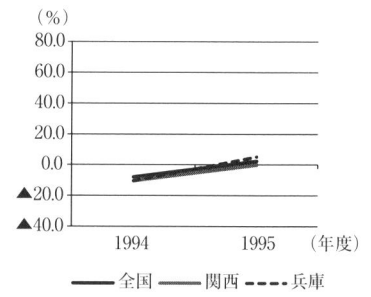

出所：日本政策投資銀行「設備投資計画調査」。　　出所：日本政策投資銀行「設備投資計画調査」。

第3章 震災から2年経過後の地域経済　51

表3-3　復旧・復興投資の概要

(単位：億円，%)

	総設備投資額		震災復旧・復興投資額					震災復旧・復興投資比率		総設備投資増減率	震災復旧・復興投資増減寄与度
	2012年度実績	2013年度計画	2010〜13年度計	2010年度実績	2011年度実績	2012年度実績	2013年度計画	2012年度実績	2013年度計画	13/12	
	(A)	(B)				(C)	(D)	(C/A)	(D/B)	(B-A)/A	(D-C)/A
製造業	7,018	7,505	1,956	129	1,187	509	130	7.3	1.7	6.9	▲5.4
非製造業	9,818	9,995	2,079	34	920	1,065	60	10.8	0.6	1.8	▲10.2
ライフライン	8,569	8,446	1,449	0	481	956	12	11.2	0.1	▲1.4	▲11.0
全産業	16,835	17,499	4,034	163	2,107	1,574	190	9.4	1.1	3.9	▲8.2

備考：1．ライフライン…鉄道，電力・ガス，通信。
　　　2．対象会社数：95社（製造業42社，非製造業53社）。
　　　　＊震災復旧・復興投資が100万円以上の会社を集計。
　　　3．震災復旧・復興投資がゼロとの回答があった会社は1187社。
出所：日本政策投資銀行「2012・2013・2014年度設備投資計画調査」。

8　住宅着工戸数

・東北の住宅着工戸数（前年同月比増減率）は，震災直後に大きく落ち込んだ。しかし2011/5以降は増加傾向で，概ね震災前年の同月および全国平均を

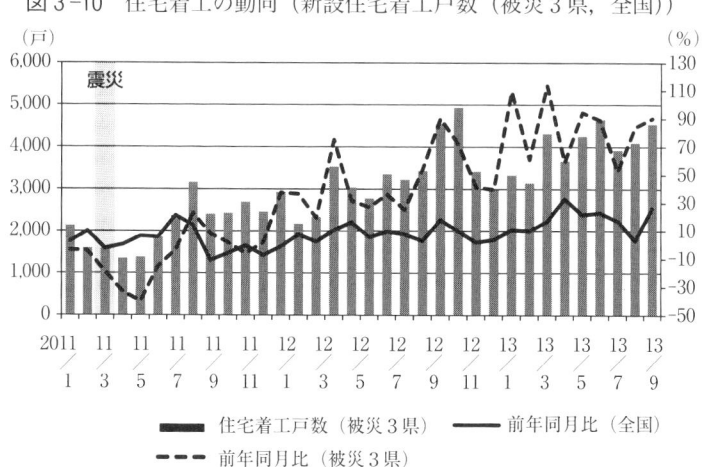

図3-10　住宅着工の動向（新設住宅着工戸数（被災3県，全国））

凡例：住宅着工戸数（被災3県）　前年同月比（全国）　前年同月比（被災3県）

出所：国土交通省「建築着工統計」。
　　　＊2012年3月以降分については，2010年同月比。

上回る水準にあり、足下では50～90％増の水準で推移している（図3-10）。特に沿岸部で概ね増加傾向にあり、津波被災地での住宅の復旧・復興の進展がうかがえる。

9　公共工事請負金額

・東北の公共工事請負金額は、岩手、宮城、福島の被災3県において、震災前および全国を上回る高水準で推移している。2013年7～9月期は各県で2010年同期比200％以上となっている（図3-11）。

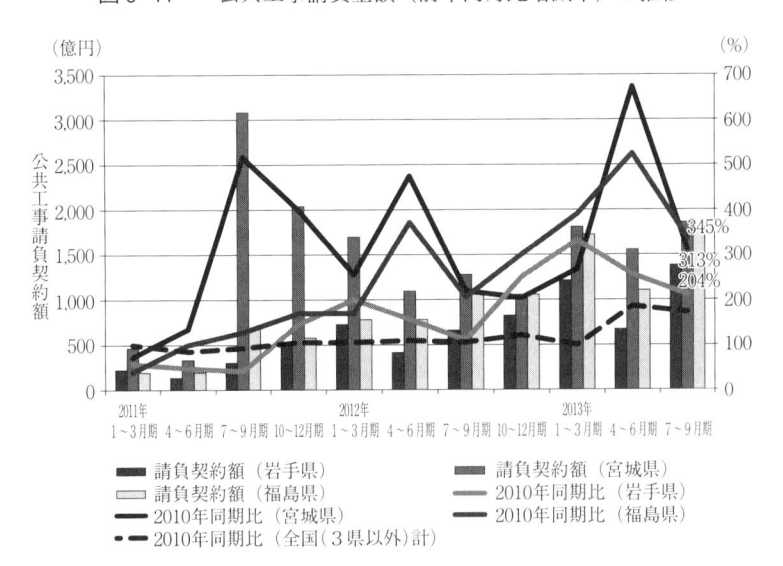

図3-11　公共工事請負金額（前年同月比増減率）の推移

出所：国土交通省「建設工事受注動態統計調査報告」。
＊2012年3月以降分については、2010年同月比。

第3章　震災から2年経過後の地域経済　53

10　雇　　用

・東北の有効求人倍率は，震災後低下したものの，2011/4を底として回復・上昇し，その後は全国並みか，それを上回る水準で推移している。特に宮城，福島は足下で1.2倍を超える高水準を継続し，いずれも全国平均，東北平均を大きく上回っている。岩手では，穏やかながらも全国平均を上回る水準で増加傾向が続いている（図3-12）。
・東北の被災各県は沿岸部の有効求人倍率が相対的に高く推移しており，特に足下で伸びている地域が多い。
・岩手では大船渡を筆頭に宮古，釜石が高く，宮城では仙台が高水準で継続的に推移する中，2012/11頃から石巻，気仙沼が大きく上昇して仙台を上回る水準となり，現在もその傾向が続いている。福島では相双地区が突出して高く，足下では2.5倍となっている。いずれも津波の甚大被災地であり，復旧・復興事業の多さに対し人手が不足している状況と考えられる。
・求人・求職の内容を見ると，東北の被災県では総じて，事務等の求職が多いのに対し，求人は専門的・技術的職業，サービス，建設・土木作業等が多いなど，ミスマッチの状況が続いている（図3-13）。

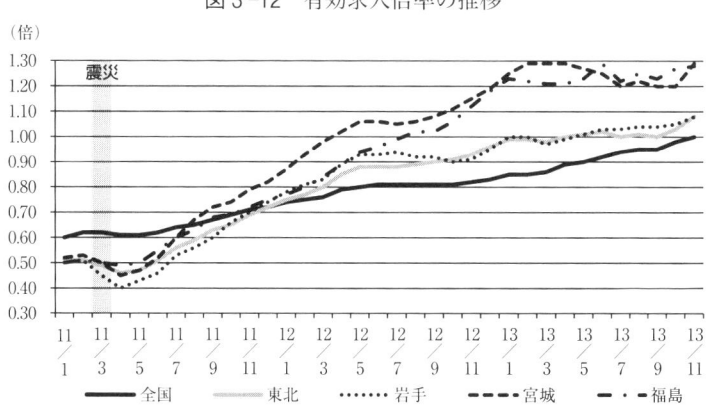

図3-12　有効求人倍率の推移

出所：厚生労働省「一般職業紹介状況」。

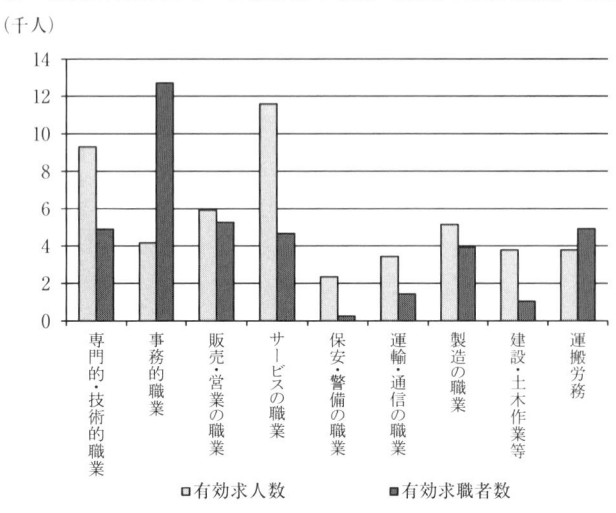

図3-13 職種別有効求人・求職者数の状況（2013年11月現在，宮城県）

(千人)

□有効求人数　■有効求職者数

出所：宮城労働局資料。

11 人　口

- 被災した3県の2011/3～2012/3の人口変化を見ると，合計で約8.1万人の人口減が見られ，うち岩手が▲1.7万人，宮城が▲2.3万人，福島が▲4.1万人となっていたが，2012/3～2013/1では合計で約2.4万人減で，減少ペースは緩やかになった。さらに，2013/3～2014/1には合計で約1.5万人減となり，ほぼ震災前の水準（約1.2万人）となったといえる（表3-4）。
- エリア別で見ると，沿岸部では2011/3～2012/1に▲6.4万人となっており，人口減のおおよそ3分の2を占めていたが，2012/3～2013/1では▲1万人，2013/1～2014/1では▲0.7万人で人口減の4割程度と，減少ペースは緩やかになっている（表3-4）。
- 年齢別では若年層の転出が著しく，特に福島からの転出が目立っている（図表3-14）。
- 月別では，2011/7以降，宮城は概ね転入超過基調にある。福島は転出超過

表3-4 被災5県の地域別人口変化

(単位:人, %)

地域	2010.3.1	2011.3.1	増減人数	増減率	2011.3.1	2012.3.1	増減人数	増減率	2012.3.1	2013.3.1	増減人数	増減率
青森県	1,379,229	1,369,804	▲9,425	▲0.7	1,369,804	1,358,704	▲11,100	▲0.8	1,358,704	1,345,381	▲13,323	▲1.0
被災沿岸部	319,890	317,496	▲2,394	▲0.7	317,496	316,262	▲1,234	▲0.4	316,262	314,714	▲1,548	▲0.5
内陸・非被災沿岸部	1,059,339	1,052,308	▲7,031	▲0.7	1,052,308	1,042,442	▲9,866	▲0.9	1,042,442	1,030,667	▲11,775	▲1.1
岩手県	1,337,659	1,326,643	▲11,016	▲0.8	1,326,643	1,309,614	▲17,029	▲1.3	1,309,614	1,300,252	▲9,362	▲0.7
沿岸部	275,905	272,937	▲2,968	▲1.1	272,937	258,859	▲14,078	▲5.2	258,859	255,167	▲3,692	▲1.4
内陸部	1,061,754	1,053,706	▲8,048	▲0.8	1,053,706	1,050,755	▲2,951	▲0.3	1,050,755	1,045,085	▲5,670	▲0.5
宮城県	2,339,614	2,346,853	7,239	0.3	2,346,853	2,323,874	▲22,979	▲1.0	2,323,874	2,326,202	2,328	0.1
沿岸部	982,942	984,686	1,744	0.2	984,686	953,251	▲31,435	▲3.2	953,251	951,643	▲1,608	▲0.2
内陸部	1,356,672	1,362,167	5,495	0.4	1,362,167	1,370,623	8,456	0.6	1,370,623	1,374,559	3,936	0.3
福島県	2,038,598	2,024,401	▲14,197	▲0.7	2,024,401	1,978,924	▲45,477	▲2.2	1,978,924	1,956,711	▲22,213	▲1.1
沿岸部他	596,702	592,664	▲4,038	▲0.7	592,664	571,406	▲21,258	▲3.6	571,406	564,518	▲6,888	▲1.2
内陸部	1,441,896	1,431,737	▲10,159	▲0.7	1,431,737	1,407,518	▲24,219	▲1.7	1,407,518	1,392,193	▲15,325	▲1.1
茨城県	2,965,562	2,966,954	1,392	0.0	2,966,954	2,951,551	▲15,403	▲0.5	2,951,551	2,941,109	▲10,442	▲0.4
沿岸部	694,501	694,277	▲224	▲0.0	694,277	690,180	▲4,097	▲0.6	690,180	686,778	▲3,402	▲0.5
内陸部	2,271,061	2,272,677	1,616	0.1	2,272,677	2,261,371	▲11,306	▲0.5	2,261,371	2,254,331	▲7,040	▲0.3
被災5県合計	10,060,662	10,034,655	▲26,007	▲0.3	10,034,655	9,922,667	▲111,988	▲1.1	9,922,667	9,869,655	▲53,012	▲0.5
沿岸部他	2,869,940	2,862,060	▲7,880	▲2.4	2,862,060	2,789,958	▲72,102	▲12.9	2,789,958	2,772,820	▲17,138	▲3.8
内陸部	7,190,722	7,172,595	▲18,127	▲1.7	7,172,595	7,132,709	▲39,886	▲2.8	7,132,709	7,096,835	▲35,874	▲2.8

備考:1. 各県の毎月推計人口(国勢調査の常住人口を基準として,各月の出生,死亡,転入,転出,外国人登録および帰化の届出数を加減して,各月の常住人口と見なす)に基づく。
　　2. 仙台市は,宮城野区および若林区は沿岸部それ以外は内陸部として分類している。
　　3. 福島県の沿岸部他は,沿岸部市町村に加え,警戒区域および計画的避難区域に係る市町村を含む。
出所:各県公表資料。

が続いているが,2012/5以降は転出超過幅は縮小傾向となってきている。また,2012/3〜2012/4の年度末の転勤・卒入学時期は,宮城が2012/4に大幅な転入超過があることに比べ,他県は転出超過のみで転入超過がほとんど見られない(図3-15)。

・なお,暦年ベースで総務省がとりまとめている人口移動報告(住民基本台帳に基づくもの)で見ても,2012年には宮城が13年ぶりに転入超過(約6000人)となり,2013年も約5000人の転入超過となった。

図3-14 年齢別 転入・転出超過数の状況（2011.3～2013.9）

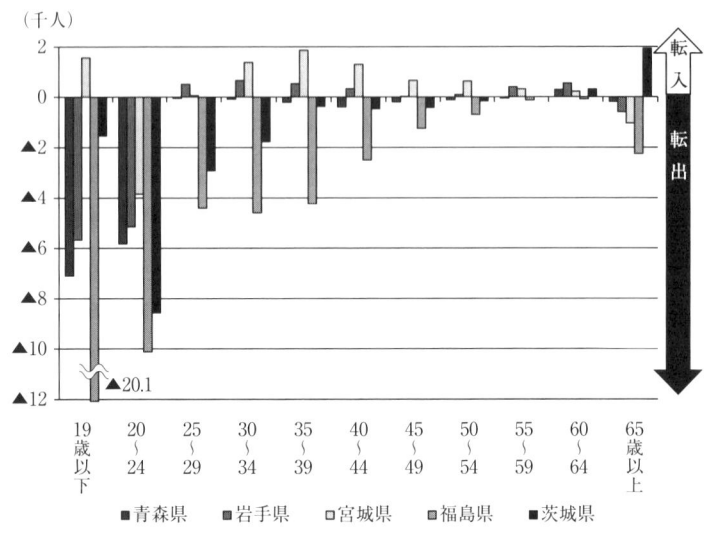

出所：総務省「住民基本台帳人口移動報告」。

図3-15 月別 転入・転出超過数の推移

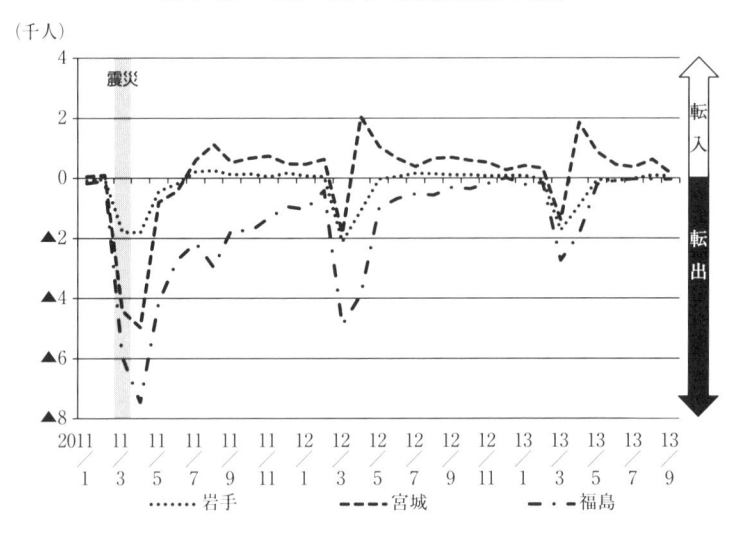

出所：総務省「住民基本台帳人口移動報告」。

(蓮江忠男，大沼久美)

第4章　震災から3年経過後の復旧・復興

I　復旧・復興の現況

仮設住宅等の状況

- 2011年8月時点において，必要戸数5万3316戸に対し，既に83％（44,341戸）が完成済みとなっていた。震災から1年後の2012/3には必要戸数の約100％が完成した。
- 2013年9月時点では，約29万人の避難者の9割程度が仮設住宅等に入居している（図4-1）。

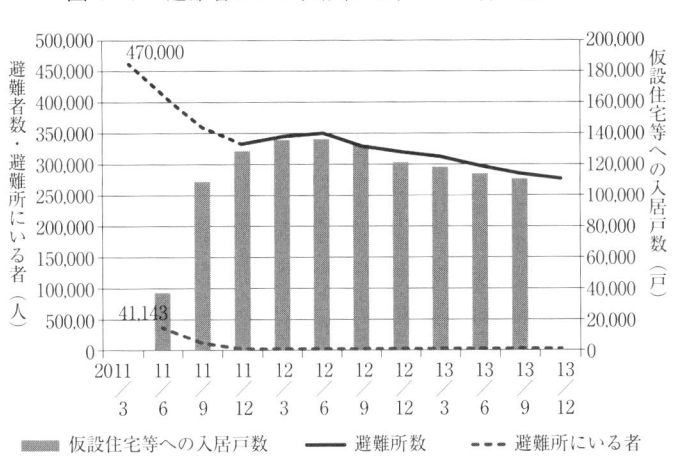

図4-1　避難者および仮設住宅等への入居戸数の推移

出所：復興庁資料。

表4-1 仮設住宅等の入居状況（2013年9月1日現在）

	入居者数（人）	入居戸数（戸）	備考
公営住宅等	25,323	9,425	全国計
民間住宅	134,029	54,396	全国計
仮設住宅	103,958	46,654	岩手県,宮城県,福島県,茨城県,栃木県,千葉県,長野県
計	263,310	110,475	

出所：厚生労働省資料。

II 災害廃棄物等の処理状況

・2013年10月末現在，特に甚大な被害を受けた岩手，宮城，福島3県の沿岸市町村においては，災害廃棄物1635万トンのうち，1447万トン（89％）の処理が完了している。処理割合は岩手県86％，宮城県94％，福島県60％となっており，岩手県，宮城県における処理が進捗している。津波堆積物については，1030万トンのうち793万トン（77％）の処理が終了しているが，福島では進捗割合が39％という状況にある（表4-2）。

・災害廃棄物の再生利用は処理量の82％，津波堆積物はほぼ全量が再生利用されている。再生資材の活用を国直轄工事等の発注に盛り込み，復興資材として活用すること等により，利用拡大が図られている。

・国は2014年3月末までに災害廃棄物の処理を終了させることを目標としている。被災地において最大限処理を進める一方，処理が間に合わない分については広域処理を活用している。また，災害廃棄物処理のより具体的な処理の方針や内容，中間段階の目標を設定した工程表が作成されており，仮設焼却炉等の処理体制の整備が十分進捗していなかった福島県を除いて，2014/3の最終目標に向けた取り組みが進められている（図4-2）。2013/3の中間目標は，宮城県のみ達成していたが，最終目標については，岩手県，宮城県で期間内に処理完了となる見込みである。

表4-2 被災3県（岩手県，宮城県，福島県）の沿岸37市町村における災害廃棄物等の処理状況（2013年10月末）

| | 推計量合計（千トン） | 災害廃棄物（千トン） ||||||| 津波堆積物（千トン） ||||| 仮置場設置数 |
| | | 推計量 | 搬入済量 | 処理量 |||| 推計量 | 搬入済量 | 処理量 |||| |
				再生利用	焼却	埋立	合計			再生利用	埋立	合計		
岩手県	5,219	3,771	3,735 (99%)	2,709 [83%]	379 [12%]	168 [5%]	168 [5%]	1,448	1,435 (99%)	1,086 [100%]	0 [－]	1,086 (75%)	34
宮城県	18,054	10,871	10,464 (96%)	8,262※4 [81%]	1,615 [16%]	324 [3％]	324 [3%]	7,183	6,822 (95%)	6,135 [99%]	57 [1％]	6,193 (86%)	42
福島県	3,372	1,709	1,354 (79%)	856 [５%]	53 [11%]	107 [11%]	107 [11%]	1,663	1,380 (83%)	643 [99%]	7 [1％]	649 (39%)	28
合 計	26,645	16,350	15,554 (95%)	11,827 [82%]	2,047 [14％]	599 [4%]	599 [4％]	10,295	9,638 (94%)	7,864 [99%]	64 [1％]	7,928 (77%)	104※5 (33%)

備考：1．端数処理の関係で合計値が合わない場合がある。
　　　2．搬入済量，処理量の下段の（%）は，それぞれの全体推計量に対する進捗割合を示す。
　　　3．処理量の内訳の下段［%］は，処理量の合計に対する割合を示す。
　　　4．再生資材化した焼却灰の再生利用分（約41万トン）は含まない。
　　　5．仮置き場設置数の下段の（%）は，最大時（平成23年9月，318カ所）に対する現在の割合を示す。
出所：環境省発表資料。

図4-2 災害廃棄物の処理割合の実績と目標

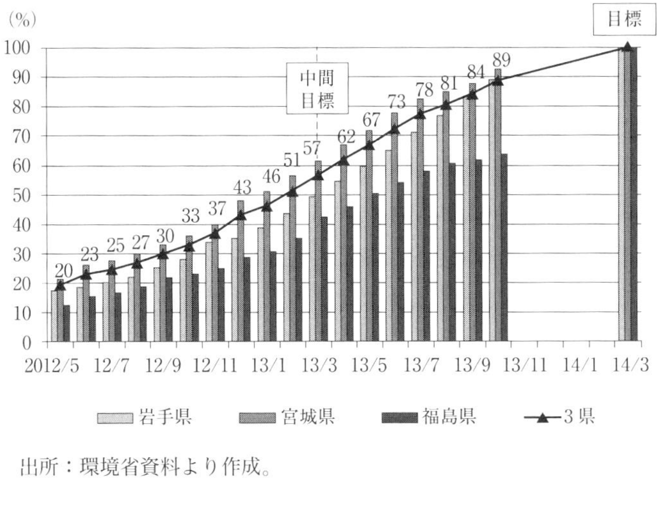

出所：環境省資料より作成。

III　復興まちづくり

・被災市町村においては，防災集団移転促進事業のほか，土地区画整理事業のほか，土地区画整理事業を伴う新たなまちづくりなど，今後膨大な量の復興まちづくり事業が予定されている。防災集団移転促進事業は，新潟県中越地震時に3市町で実施されたのに対して，今回はその約9倍の26市町村で300地区を超える事業が予定されており，土地区画整理事業は阪神・淡路大震災時（5市町）の約4倍の19市町村で50地区を超える事業が予定されるなど，過去の被災と比べてもかなり多くなっている。その他にも，災害公営住宅整備事業（想定2万戸以上，阪神・淡路：約2.6万戸，中越：約350戸）などが予定されている。
・防災集団移転促進事業は，想定している地区すべてにおいて事業着手の法定手続きである大臣同意が済んでおり，全体の6割を超える215地区で具体的に着工しつつある（図4-3）。

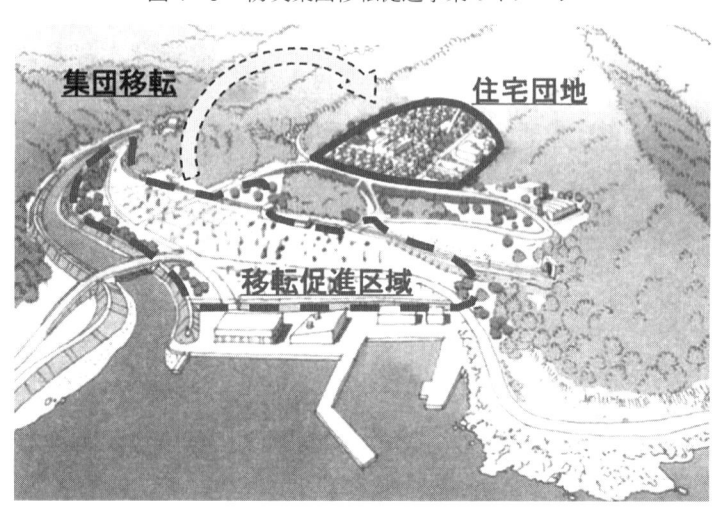

図4-3　防災集団移転促進事業のイメージ

出所：復興庁資料。

IV 震災関連工事

1 公共工事の状況

- 既述の「公共工事請負金額」で示したとおり，膨大な復旧・復興工事の必要性が生じており，被災各県の公共工事は高水準で推移している。
- 一方で，人手不足や資材不足，及びそれらに伴う工事コストの増加等が問題となっており，公共工事の入札不調増加の背景となっている。

2 入札状況

- 平成23年度の入札不調発生割合は岩手県10%，宮城県28%，福島県14%，仙台市46%であった（表4-3）。平成23年度から小規模工事で入札不調が発生していたが，平成24年度は金額1億円以上の大規模工事においても入札不調の発生が増加しており，今後の復旧・復興を進める上で大きな障害の一つとなっている。不調となった工事については，各自治体で随意契約やロットの大型化等の工夫により，再入札等でほぼ契約は出来ているが，予定していた時期より遅れが出ている状況である。

表4-3 入札不調の件数と割合（土木工事一式）

単位：%	H23年度計	H24.4	H24.5	H24.6	H24.7	H24.8	H24.9	H24.10	H24.11	H24.12	H25.1	H25.2	H24年度計
岩手県	10	13	8	11	4	7	9	18	32	32	16	9	15
宮城県	28	11	28	29	42	38	30	31	52	62	36	42	38
福島県	14	13	5	24	26	25	25	32	31	30	32	－	26
仙台市	46	37	58	52	45	51	45	42	65	50	46	49	49

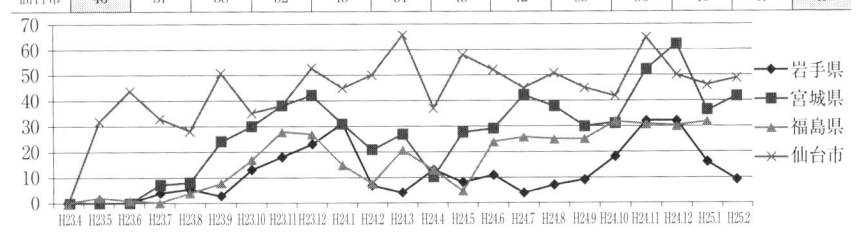

入札不調件数（土木一式工事）

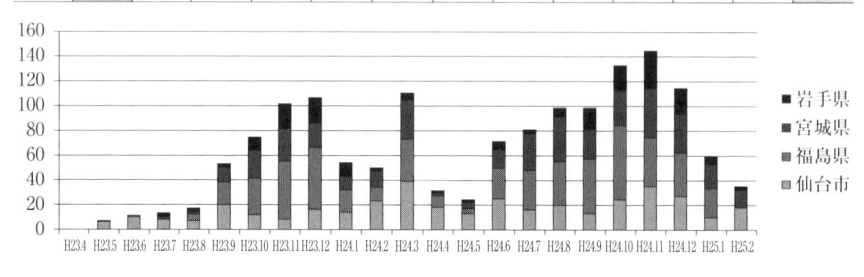

単位：%	H23年度計	H24.4	H24.5	H24.6	H24.7	H24.8	H24.9	H24.10	H24.11	H24.12	H25.1	H25.2	H24年度計
岩手県	80	2	2	6	3	7	17	20	30	21	6	3	117
宮城県	139	2	5	15	29	36	24	28	40	31	20	14	244
福島県	214	9	4	25	32	35	44	60	39	35	23	−	306
仙台市	607	32	25	72	81	99	99	133	145	115	60	36	897

出所：国土交通省資料。

V　ボランティアの状況

・発災時から2013年9月までの間，社会福祉協議会が運営する災害ボランティアセンターに登録し，被災3県において活動したボランティアは，累計131万人（岩手県48万人，宮城県66万人，福島県約17万人）とされているが，この他にも，NPO等の団体を通じ独自に活動しているボランティアも多数存在するといわれている。

・発災当初は泥かきや災害廃棄物の撤去，避難所における炊き出し等，緊急対応的で人手を多数必要とする活動が中心だったが，災害廃棄物等の片付けが進み，被災者が仮設住宅等を含む一定の居所でまがりなりにも生活環境を確保してきている昨今では，ボランティアに対する被災地のニーズも変化・多様化している。例えば，仮設住宅の住民（高齢者や子供を含む）の心のケアやコミュニティづくり支援，復興に向けたまちづくり支援など，発災当初とは異なりよりソフトかつ息の長い取組みが求められる状況となってきている。このように，ボランティア活動に対する被災地のニーズや，活動を行うNPO等の主体は変化してきているものの，果たす役割は

依然として大きい。

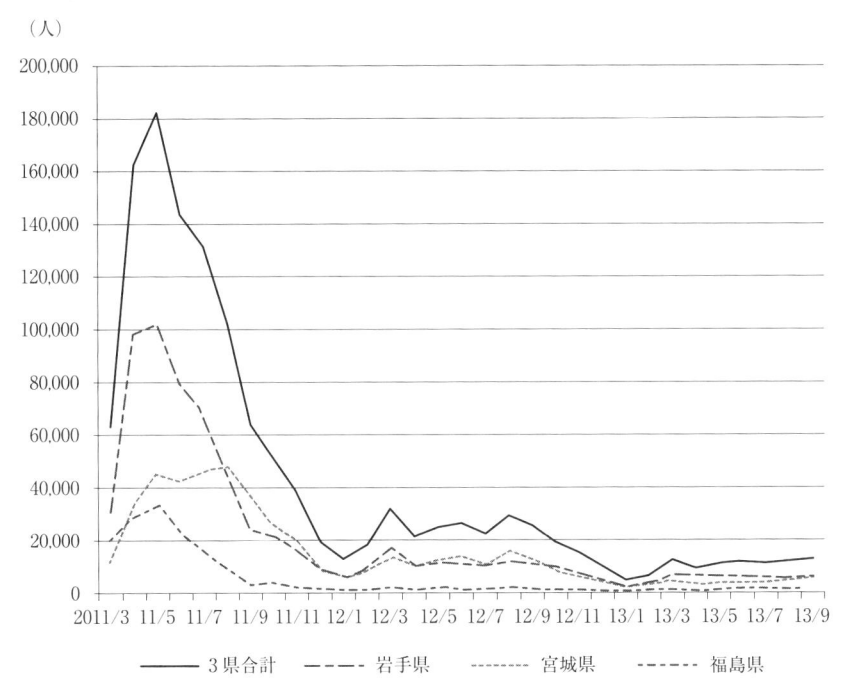

図4-4 災害ボランティアセンターに登録し活動を行った累計人数の推移

出所：全国社会福祉協議会HPより作成。

VI 被災時・被災後の対応の課題

　被災時・被災後に発生した課題にはどのようなものがあるのか。また，それらの問題にどのような対応をしたのか。ここでは，発災から現在までを発災直後（初動），復旧期，復興期（今後）の3つの期間に区切り，各フェーズで発生した問題と対応について俯瞰しつつ，示唆される課題や有効な対応策についてまとめてみたい。

　なお，各項目は主に東日本大震災の被災地や過去に被災経験のある自治体

図4-5　期間の定義図（イメージ）

発災直後（初動） → 復旧期 → 復興期（今後）

等でのヒアリング内容を基に共通的なポイントを抽出する形で記載している。ヒアリング時期は主に2012年7月〜2013年1月である。

1　発災直後（初動）

(1)　交通・情報インフラ，エネルギー供給の断絶
・発災直後は通信網が断絶する等，混乱していたため情報把握が難しく，どこへどれだけの物資を運んだらいいか判断が困難となった。また，物資が集まったら既に足りており不要という事態が頻発していた。通信手段が何もなかったので，実際に人が行き来して情報のやり取りをする状態だった。
・震災後，石油精製・備蓄関連施設の被災や物流機能の低下から燃料不足が深刻となった。しかし，物資を運ぶ必要があるからといって，輸送用車両に優先的に給油することは所管省庁の対応上，難しかったものと思われる。
・太平洋側では，津波被災のあった沿岸部を中心に各地の港湾が同時被災して使用不可となったほか，道路や鉄道の寸断が発生した。このため日本海側の各県の港湾，道路，空港を活用して東北地域横断的に人員，物資輸送を行う形となった。その際，道路や鉄道といった公共インフラの東西の横軸の弱さが感じられた面がある。

(2)　緊急援助物資供給等の混乱
・自治体の役割分担や連携のコントロールタワーが不在だった。県の物資備蓄と供給のルート，市町村の物資供給ルートが各々個別に設定された結果，非効率が生じたケースも散見された。また，県と市町村の連携が少なかったために，物資供給拠点としての県内市町村活用にかかる調整が十分しきれなかった感もある。

・支援物資を送る側のルールがない中，内容物不明の物資等が送付され，仕分けも含めて混乱するケースが頻発した。また，倉庫自体が被害にあったために物資の置き場所確保が困難だった。このように，大量の救援物資を捌く体制がなかったため，返送する事態に陥った自治体もある。
・被災自治体では，支援に来たボランティアの受け入れ体制が整っておらず，せっかくの戦力を有効活用できないケースもあった。
・支援物資の集積所から各避難所までの"ラスト1マイル"と呼ばれる最終輸送の問題が存在した。物流業者は1次〜2次物資集積所までの輸送で終わり，避難所までの最終的な物資輸送のロジが確立されていなかった。また，物資の仕分けも十分ではなかった。
・災害救助法で定められていない物資は支給できないという点については改善が必要と感じられた。例えば暖房器具が支給項目に入っていないなど，必要なものが手配できないケースがあった。
・在宅者と避難所にいる人への支援の違いが生じた。避難所だけに物資供給がなされる形となり，初動期だけでなくその後も課題となった。
・がれき等の撤去による交通インフラ網の回復などにおいて，自衛隊が果たした役割は大きく，物資および人員輸送についても，運輸業界の機能を代替する役割を果たした面がある。自衛隊側から見れば，被災地の状況からやむを得ず本来業務ではない部分まで相当程度担わざるを得なかった面があるが，治安面も含めて自衛隊に依存せざるを得ず，民間企業に役割を担わせきれないという難しい事情もあった。

(3) 近隣自治体からの支援の困難さ
・今回の災害は事前の想定をはるかに超えるものであり，震災以前から防災協定を締結するなど，一応の対策を講じていた自治体でも対応しきれなかった。
・被災地では行政も被災によって機能が低下していた状況であり，相互に支援する余裕はないのが実情であった。調整は本来県が担うべき面もあるが，県自体も被災の影響で余裕はなかった。

- 沿岸部の住民が内陸部へ避難した地域もあった。県も含めて自治体だけでは受け入れ場所確保が困難であり，大規模展示施設や民間企業の工場など，様々な場所で沿岸部からの避難者を受け入れたが，必要に迫られての対症療法的な緊急対応であった。

(4) サプライチェーンの断絶
- 自動車，電機等の産業では，サプライチェーンの一翼を担う東北企業の被災が大きく影響し，国内外の生産活動に影響が出た。
- 取引先の被災により被災地域外で関連倒産した企業も多数出た。また，阪神・淡路大震災時と比較して4倍以上の関連倒産が出た。

(5) 医療・福祉機能の逼迫
- 特に津波被災地では病院等の医療機関や高齢者等の福祉施設が被災し，人的・物的被害が甚大であった。このため，比較的内陸で被災を免れた医療機関等に負傷者等が集中したことに加え，受け入れ側の人員・設備・物資体制不足もあいまって，当該医療機関等での対応は繁忙を極めた。
- 被災経験地域の医師会や民間企業が，被災者の心身のケア面で対応した例もある。
- 患者のデータが記載されたカルテ等が津波で流失し，治療や投薬が困難な状況となった。

2 復旧期

(1) 津波被災地のまちづくりおよび公共インフラ整備の停滞
- 復興まちづくりの構想に時間を要しているため，公共インフラ整備の進捗に影響が出ている。県から市町村毎に担当アドバイザーを派遣するケースもあるが容易ではない。まちづくりで一番調整が難しいのは住民の合意形成が不可欠となる集団移転である。移転の形態により格差が生じる場合は国の補填があると有効である。道路等の整備は比較的進んでいると思う。
- 沿岸地域での復旧については，用地かさ上げのほか，土地区画整理，イン

フラ整備等，面的基盤が整わないと設備投資できないのが難点である。
・都市部になると利害関係者が多くなるので住民の意見集約は容易ではないが，小規模な漁村でもともとコミュニティがまとまっていて，リーダーシップのあるキーパーソン（町内会長等）が存在しているなどの条件が揃うと，住民の合意形成が迅速に進む場合がある。
・半島部などでは，中小規模の漁港が多数被災していることに加え，高台移転を図る地区が多く，公共インフラ復旧には時間と費用を要す懸念がある。

(2) 公共工事の入札不調問題
・公共工事を発注しても入札が不調に終わるケースが増えている（特に下水道）。復旧関連の公共工事が目白押しの中，需給関係から業者の「買い手市場」になっており，人手不足も相まって，手間がかかる工事や割の悪い工事は応札が不調。下水道関連の工事は手間がかかる工事の最たるものである。このため，1ロットの工事発注を大きくするなどの工夫をしている。
・現在の公共工事応札状況等を考えると，今後の復旧・復興事業において，手間や時間，コストがかかる都市部から離れた辺縁地や小規模地区等の事業に対し，施工業者がどれだけ対応してくれるか不安がある。その意味で，都市部と比較して復旧の進捗に差が出るかも知れないと懸念している。

(3) 医療・福祉の人材不足
・被災前から不足していた地域も多い中，特に津波被災地や原発事故の影響がある地域では不足に拍車がかかり深刻な問題となっている。
・施設の復旧は逐次進んでおり，今後のまちづくりと合わせて整備が進展する期待感はある。しかしながら，人材等のソフト面の問題が深刻である。深刻な被害を受け診療機能が一旦停止した病院などでは，医師や看護師等も他地域へ転出してしまい，仮設診療所で業務を再開しても，震災前に働いていた医師等は戻ってきていないのが現状である。従って，ハード整備が機能回復につながるかは定かではない面がある。
・福島県はもともと医療従事者が少なく，福島市と郡山市に集中する傾向が

あった。今回の被災でさらに減少が進んでいる。また，医療従事者には女性が多く，家族も含め放射線の健康への悪影響を懸念して他県へ避難したまま戻って来ないケースもある。放射線の数値上は問題ないレベルに下がっても戻って来ないのは不安が払拭できないことが原因と考えられる。放射線の数値の持つ意味を十分伝えることが重要である。
・保健師も不足してるが，同様の理由で他地域からの応援が難しくなるケースも多い。
・市内の病院が市外に移転したり，開業医が避難で市外へ退去する例も見られる。全般に医療・福祉従事者の減少には拍車がかかっており，そのためベッド数を縮小せざるを得ない医療施設もある。子供が減ったため小児科，産婦人科医院が減少するなどの影響も見られる。また，人手がかかる精神病棟も，人手不足から閉鎖されるケースが増えている。

(4) 1次産業の復旧の遅れ等
・産業面で復旧・復興が特に遅れていると思われる分野は，沿岸部の水産関連である。インフラの復旧が未だ不十分であること等から，グループ補助金を活用した施設復旧等に着手できないという問題や，まちの復興に時間を要していること等がネックになっている。
・震災以降長期休業せざるを得ない事業者が多く存在しているが，震災前の規模のマーケットがあるのか定かではなく，復旧したとしても経営がうまくいく保証はない。
・農林水産業全般については，従事者が高齢である場合が多く，震災を機に事業を再開しないまま引退する場合が多いようで，担い手の減少に拍車がかかっている。
・第1次産業は全般に原発事故等に伴う風評被害の影響が大きい。福島県は桃や梨等の果物が特産品のひとつであるので影響は甚大である。福島以外の消費者が購入しなくなっただけでなく，地元住民が贈答用に使うことを遠慮するケースもあった。

(5) 第2次産業への影響
・漁港近くの水産加工団地の地盤沈下が激しく，地盤嵩上げができるまでは上物の施設整備が困難で，水産加工会社の再建が遅れている。
・出荷が1年以上止まった企業は，取引先が再建を待ってくれるわけではなく，ライバル企業にシェアを奪われており，販路回復は容易ではない。震災前から業況が厳しかった企業もあり傷手は大きい。
・製造業は概ね復旧してはいるが震災前の水準には戻っていない。大手企業の子会社の自動車・電機関連の部品工場が多く，親会社の意向で受注が減らされる企業もある。
・エリアによっては被災大手立地企業の9割以上が事業を再開している場所もあるが，販売シェアを競合先に奪われて挽回できていないのは水産加工と同様。最大手処の企業でも従前のシェアに戻せていないと聞く。

(6) 観光産業への影響
・観光は風評被害があるほか，被災地では宿泊施設自体が被災したことに伴う受け入れ体制不足による影響も出ている。
・観光入込みが落ち込んだ地域が多い。原発事故の影響を恐れて外国人客が激減していることも大きな原因と見られている。震災後はほとんど来ていない地域もある。

(7) 雇用関連の課題
・有効求人倍率は被災後に高まったが，求人と求職のミスマッチが生じている。土木・建設や技術者の求人が多いが，求職は事務職が多いなどである。

(8) 放射性物質の除染に関する課題
・復旧が停滞する要因は種々あるが，除染が根本的な課題としてある。国の汚染廃棄物中間貯蔵施設整備計画の進捗に応じて地域の除染作業が進むものと予想。
・住宅の解体事業も進んでいない。遅れている理由としては，業者や処分

場・受入先の問題がある。
- 福島にある工場では，製造した製品について当該企業が独自に除染を行っているケースがあるが，企業が独自に負担した分の国からの補償は明確ではない。
- 福島県ではエリアによって除染主体が国か市町村かに分かれる。市町村については県の計画等を参考に市町村独自の除染計画を策定するが，費用負担の考え方も含めて，内容は市町村によって相違がある。

(9) 復興予算の活用について
- 復興交付金の対象事業については，熟度の高さが必要とされていたが，実情としてはそうそう熟度の高い事業があるわけではなく，対象化が困難なケースもあった。
- 災害復旧予算の運用について省庁によりバラツキがある。現状復旧＋αの部分まで制度対象とする運用もあるが，現状復旧までで一旦終わりで関連して必要な＋αの整備費の部分が別途申請が必要となる場合もある。従来と同じような手続き負担を感じる場面があった。
- 国の財政的な支援は単年度予算である一方，復旧復興に向けた被災地の取り組みは，ハード事業にしろソフトにしろ，複数年度・多年度に亘る事業となる。現段階で措置された事業・予算が複数年度に亘って継続されるか不安な面がある。

(10) その他の課題
- 技術者，技術系職員が不足しており，他地域からのこうした人員の派遣は有り難い。
- 特定の自然災害（水害等）しか想定しておらず，今回のような広域的な避難（避難所も広域的に多数設置）は想定されていなかった。

3　復興期（今後）
- 製造業については，自治体が積極に介入することはせず，自然に企業活動に

任せている状況にある。被災した企業の中には，自己判断で移転した企業もある。自治体がイニシアティブを取りすぎると，企業活動の妨げになる場合があるので，そこは企業の判断に任せるべきではないかと考えている。
・地盤沈下した土地のかさ上げについては，自力で対応可能な企業であれば実施して工場等の再稼働にこぎ着けられるが，そうでない企業も多い。
・被災地の人手・人材不足は大きく，支援元の自治体等には追加の派遣要請がなされている。
・被爆線量20ミリシーベルト／年や，食品の100ベクレルといった数値が意味する内容をしっかり伝えることが重要。
・若年層の雇用創出等が重要。復興計画の事業は，若年層の居住と雇用の確保が重要な視点となっている。

〈課題のポイント〉
課題は多岐に亘るが，総じて以下の点がポイントと考えられる。
(ⅰ) 交通・情報インフラの断絶
・交通インフラは太平洋側は同時被災したため相互バックアップが困難となった。また，交通・情報インフラの断絶は，被災地の状況把握や物資供給に大きな障害となった。
(ⅱ) バックアップの不足
・未曾有の大災害だった事情はあるが，結果的に交通・情報機能のバックアップ，行政や企業の被災時の業務バックアップ体制等が不足した感はある。
(ⅲ) 事前対策や連携体制等の不十分さ
・事前の災害時協定等が機能しなかったケースが散見されたほか，企業のサプライチェーン断絶による関連倒産の多さなど，結果的に官民ともに事前対策が不十分だった面がある。
・国，県，市町村の連携のほか，海外や企業，NPO等からの支援に係る調整も含めて，総じてコントロール主体や機能の確保が不十分となり，連携体制に課題を残した。

Ⅶ 有効な対応策

1 発災直後（初動）

(1) 内陸部の広域バックアップ拠点
・今回の震災では沿岸部が津波により著しい被害を受けた。地震の震度が大きかったため，内陸部でも地震の揺れによる被害は受けたが，比較的被害が軽かった所がバックアップの役割を担っていた。特に岩手県遠野市は有名である。
・宮城県においては，地理的な条件が岩手県と異なること等から，岩手県遠野市のように沿岸部支援の一大拠点・ハブになったような内陸部の都市はなかったが，例えば登米市に南三陸町へ出向く医療チームが滞在する等，一部の都市では内陸部から沿岸部へのバックアップの役割を果たしている例もある。

　●岩手県遠野市の事例
・遠野市は，内陸諸都市と沿岸市町村を結ぶ道路網の結節点であること，内陸と沿岸市町村が同市から半径50km以内に収まること，地質が花崗岩で安定しており，災害に強いこと等，防災拠点となり得る条件が揃っており，沿岸部が被災した場合の防災拠点に適した場所であることが知られていた。
・「宮城県沖地震」に備え，津波が来ない内陸だからこその役割として，沿岸自治体の後方支援体制整備が必要と考え，東日本大震災以前から関連施設整備や大規模な防災訓練実施等，後方支援のための体制整備が行われていた。
・震災時，同市は防災拠点を設置し，沿岸被災地の後方支援活動に当たった。
・震災当日の3月11日夜にはおにぎり等の食糧を沿岸被災地に供給するなど，物資供給支援開始も早かった。
・物資の仕分けでボランティアが大変活躍。ボランティアの活動の交通整理をする中間支援NPO（ex.遠野まごころネット）が活躍し，その必要性・重

要性が改めて浮き彫りとなった。
・遠野市による沿岸部支援活動の他，岩手県内ではいくつかの特徴的な取り組みがある。
　(a)　盛岡市；市役所前に支援センターを設けて被災者等を支援。
　(b)　川井村；廃校となった宮古高校川井分校校舎を活用し，被災者の受入等を実施。
　(c)　北上市；国の緊急雇用基金を活用した支援として，大船渡市向けの採用手続きを北上市が実質的に代行し，北上市で採用した上で大船渡市に派遣。

(2)　遠隔地，被災経験地域からの支援
・関西広域連合の構成県がカウンターパート方式[1]で支援してくれたのは効果的だった。関西広域連合からは，災害時対応の経験のある人材の派遣を受け，避難所の運営など実務的な情報・ノウハウの提供を受けた。有益なノウハウであり大変ありがたかった。東日本大震災で蓄積したノウハウは，次に災害が発生した際に生かすべきと感じる。
・自然災害が発生した場合，近い場所に位置している自治体が同様の被害を受けていて応援に来られない場合があるため，距離的に離れた自治体との連携が重要な役割を果たす場合がある。
・中越地震等を経験している新潟県からは，避難者の受入等で迅速な対応がなされた。同県では，新潟県にいる避難者が，福島の家族に会いに行く際の交通費を補助する等の支援を行っている。
・今回の震災では宮城，岩手が同時に甚大な被災をし，近隣自治体の相互支援は困難な状況となった。このため，全国知事会にも依頼し，広く応援を要請した。
・行政幹部の人的ネットワークで迅速な支援が実現した事例がある。例えば，

---

[1]　例えば被災A県には関西のB県が支援というように，支援先と支援元を個別対応させる方式。

ある自治体は新潟県から防災集団移転促進事業の事務方経験者を招聘した。
- 地理的に遠い地域も含めて広域的な地域連携が多ければ多いに越したことはない。
- 姉妹都市の協定は存在していたものの，セレモニック的な意味合いが強い連携と思っていたが，震災後は国内外から救援物資等が送られるなど，予想以上に機能したと感じている。また，職員同士の人的交流も支援の役に立ったことから，平時からの連携体制を構築することは重要と感じた。
- 他の自治体と災害時協定は何も締結していなかったので，災害派遣の法的な枠組みを活用し，県を通じて総務省に申請し，全国市長会を通じて支援元の自治体を決めてもらった。
- 日本海側と太平洋側の相互バックアップの必要性が今回の被災で実証された。
- 協定を結んでいる自治体以外からも物資が届いたり，海外から来たものもあった。
- 震災以前から中核市の間で災害協定を締結していた。そのため，震災後は救援物資のほか，人的支援も頂いた。現在も他の中核市から応援職員として来てもらっている。支援の枠組みとして最も寄与した例である。
- 震災以前から，国道107号線に沿った軸周辺に位置する10市（大船渡市，花巻市，北上市，遠野市，釜石市，奥州市，横手市，湯沢市，由利本荘市，大仙市）と，太平洋側から日本海側に亘る形で防災協定を結んでいた。もともと「北東北地域連携軸構想推進協議会」という組織があり，それがベースとなった面がある。
- 「三陸沿岸都市会議」「北奥羽開発推進協議会」といった平素からの広域的連携組織がある。
- 震災以前から，「岩手宮城県際市町村災害時相互応援協定」を締結していた。締結先は，両磐地区広域市町圏，気仙地区広域市町圏，気仙沼・本吉地域広域市町圏，栗原市，登米市である。物資・資機材の提供，職員の派遣のほか，要請のあった事項について支援がなされることになっていた。実際，被災時には，栗原市，登米市，一関市等の津波被害を受けなかった

締結先からいち早く支援を受けた。
- 全国各地の自治体，団体から自主的に物的・人的支援を受けたが，事前に協定があった所は支援が早く，支援依頼もしやすかった。平時から連携することが重要と感じる。
- 中国地方のＡ市と岩手県のＢ市が協定を締結し，Ａ市OBがＢ市への３年間の期限付き派遣をされている例や，東京都から派遣を受けている例もある。
- 専門職・技術職を中心に県に100人以上，県内各市町村に全体で240名程度の支援要員が外部から入った例があるなど，多数の人的支援がなされている。
- 物流，小売等の企業や業界団体組織等から，本業を生かした支援があった。
- 日本水道協会による水道復旧等の支援があった。同協会は全国組織＋地域ブロック単位で組織化され，東北地域のとりまとめは仙台市水道局が担っているなど，支援体制が整備されている好例である。被災時は技術面のサポートを中心に支援を受けた。
- 従前より，東京都Ａ区と災害時協定を有していたほか，同区を中心とした市町村連携グループに参加していた。同グループの自治体は今回の被災地以外の地域が多く，そうした被災地以外の地域からの支援が有効だった。なお，東京都Ａ区については，同区の保養所が市内にあったり，スポーツ少年団の活動の交流等があった縁で協定を締結していた。

(3) 日本海側の交通インフラ活用
- 太平洋側の港湾が同時被災し，仙台空港も被災したことから，日本海側の港湾からの物資受入と太平洋側への輸送，山形空港の東京便確保など，日本海側の県の交通インフラがバックアップとして有効に機能した。
- 秋田から物資を運ぶ際に，山形を中継し，宮城の指示で送るといった連携がなされた。

⑷　企業，NPO，ボランティアの協力
・課題となった避難所までの"ラスト1マイル"の輸送についてノウハウを有するのは，小口輸送を主体とする宅配事業者であり，物資の仕分けも含めてノウハウ提供や実際の輸送等の協力がなされた。また，情報インフラが十分復旧しなかった時点では，このような物資輸送が，避難所のニーズ把握と物資供給側への情報フィードバックにつながった。
・地域のコミュニティや自主防災組織が比較的機能した。
・福島県では，うつくしまNPOネットワークが「NPOを統率するNPO」としての役割を担い，避難者への情報提供（スーパーの一角に情報発信基地を設置等）などで貢献した。
・岩手県では，NPOの「岩手連携復興センター」（釜石市本拠）が活躍した。同NPOは被災前に存在した複数のNPOがまとまってできたもので，NPOの活動を統率・サポートする"NPO支援のNPO"のような位置づけとなっている。宮城県にも同様のNPOがある。
・社会福祉協議会のボランティアセンターだけでは捌ききれない状況となった際，地元で起ち上がった一般社団法人が団体，個人を問わずボランティアの交通整理で貢献してくれた例がある。
・炊き出し等で地域内外の市民団体やNPOからの支援を頂いた。放射線の影響に懸念がある福島では子供たちに対する屋内での遊び場確保等の支援もあった。
・特色のある所では，NPOのスタッフが岩手県の沿岸被災地に早期に入り，今後のまちの復興について子供達の意見を集めたりしている。次代を担う子ども達の意見は重要と考えているが，自治体が対応できていない部分をカバーしてくれている感がある。

2　復旧期

⑴　海外からの資金，ノウハウ支援
・中東の産油国から原油の寄付があり，石油会社に買い取って貰い復興財源とした。

・カタールからの寄付を基に女川町に水産冷蔵施設が整備されたほか，ノルウェーが石巻市の水産業復興を，デンマークが東松島市の環境型まちづくりを支援する等，各地で海外からの支援が実施された。

(2) その他の有効な対応策
・災害救助法に基づく要請があった自治体に対し，借り上げ住宅等の支援を実施している。
・インフラ（水道管，ガス管等）の耐震施策が機能した。これまで度々地震被害を受けていたことから，設備の耐震化や更新を積極的に進めてきたことが奏功した。
・企業の復旧・復興に向け効果があったのは企業立地補助金。予想以上に申込みが早期かつ多数に上り，対象事業実施による雇用創出も数千人規模で見込まれる。
・沿岸被災市町村からの避難者を受け入れているほか，被災市町村の出張所を設置する等の支援を行っている自治体もある。
・仮設住宅は避難者のみ入居可という従前の規定に関し，支援者も入れるような措置を国に講じてもらった。支援者用に活用しているところである。
・セメント業者や鉄鋼業者をはじめとする，工業地帯の企業による廃棄物処理を中核とした政策等を推進していた自治体で，今般の被災に伴う災害廃棄物処理について，市内はもとより市外からの持ち込み処理についても円滑に対応がなされた例がある。

3 復興期（今後）
・北海道〜東京のいくつかの市と連携会議を立ち上げた。災害時対応についての意見交換から始めている。
・今後の復興推進に関する国などへの要望は，個別自治体のみで声を上げても効果は限定的と思われるため，同じような課題や要望を持つ自治体が横のつながりで集団で声を上げることが望ましいと感じる。
・被災直後，Twitter，YouTube等のメディアを活用した情報発信施策も行っ

たが，復旧・復興フェーズにおいてもより強化していきたい。
・震災後，自治体でもBCPが必要と認識した。実際に策定を始めた自治体もある。また，独自に防災協定を締結する等の取り組みを始めている市町村も増加している。

〈有効な対応策のポイント〉
(i) "超"広域的なバックアップ
・沿岸部に対する内陸部からの支援，太平洋側に対する日本海側からの支援など，東北地域内での広域的バックアップもあったが，被災していない遠方の地域からのバックアップが有効だった。被災地域では相互支援の余裕や物資供給等のロジの整理が困難な面がある。

(ii) 被災経験・教訓（ノウハウ）の有効性
・関西広域連合や新潟県のように，過去に甚大被災を経験している地域からの支援は非常に有効であった。被災経験・教訓を踏まえたノウハウがあり，実践的な支援が可能だったことが要因である。
・例えば発災直後の支援ニーズを先取りした「押しかけ型支援」，仮設住宅でのコミュニティ形成のための施設設計等の工夫など，過去の被災経験・教訓が活きた場面が数多くあった。

(iii) 行政／国内に限らない連携
・今般の被災では，行政だけではとても対応しきれない量や内容の緊急対応や復旧対応等が必要となった。こうした人員や機能を補完したのは，他地域との行政の支援もさることながら，地域内外の企業，NPOやボランティア，大学等の支援に加え，海外からも多様な支援がなされたことが大きい。より広域的なエリアでの連携，より幅広い主体による連携の効果と重要性が示唆されたものと考えられる。

（蓮江忠男，大沼久美）

第5章　甚大被災経験地域のノウハウと東日本大震災の被災地域に対する支援への活用

I　阪神・淡路大震災の経験の活用

　阪神・淡路大震災の復旧・復興の課程において得られた教訓は，我が国観測史上最大の地震である東日本大震災ではどのような場面で生かされたのか。また，今後の復興に際し，阪神・淡路大震災の経験をこれからどのように生かすのか。短期的な効果だけではなく，中長期的な視点からも探ってみたい。

1　阪神・淡路大震災の概要

　この災害による人的被害は，死者6434名，行方不明者3名，負傷者43,792名という戦後最悪の極めて深刻な被害をもたらした（消防庁調べ，平成17年12月22日現在）。

　施設関係等被害のうち，住家については，全壊が約10万5000棟，半壊が約14万4000棟に上った。

　交通関係については，港湾で埠頭の沈下等が発生し，鉄道は山陽新幹線の高架橋等の倒壊・落橋による不通を含めJR西日本等合計13社において不通となり，道路では地震発生直後に高速自動車道，阪神高速道路等の27路線36区間について通行止めになるなどの被害が発生した。

　ライフライン関係では，水道で約123万戸の断水，下水道で8処理場の処理能力が低下し，工業用水道は最大時で289社の受水企業の断水，地震直後の約260万戸の停電，都市ガスは大阪ガス管内で約86万戸の供給停止，加入電話は，交換設備の障害により約29万件，家屋の倒壊，ケーブルの焼失等によって約19万3000件の障害が発生するなどの被害が生じた。

表5-1　阪神・淡路大震災と東日本大震災の比較

	阪神・淡路大震災	東日本大震災
発生日時	1995年1月17日（火曜）5時46分	2011年3月11日（金曜）14時46分
震源	兵庫県淡路島北部	三陸沖
	（北緯：34度36分東経：135度02分）	（北緯：38度19分19秒東経：142度22分8秒）
震源の深さ	約16キロメートル	約24キロメートル
マグニチュード	7.3	9.0
地震型	直下型	海溝型
被災地	都市部中心	農林水産地域中心
被害甚大な都道府県	兵庫県	岩手県、宮城県、福島県、茨城県
震度6弱以上県数	1県（兵庫）	8県（宮城、福島、茨城、栃木、岩手、群馬、埼玉、千葉）
津波	数十cmの津波の報告あり、被害なし	各地で大津波を観測（最大波：相馬9.3m以上、宮古8.5m以上、大船渡8.0m以上）
被害の特徴	建築物の倒壊。長田区を中心に大規模火災が発生。	大津波により、沿岸部で甚大な被害が発生、多数の地区が壊滅。
死者数	6,434人［6,402人］（うち圧迫死87.8%、焼死10.0%）	15,842人［15,800人］（うち溺死92.4%）
行方不明者数	3人［3人］	3,481人［3,478人］
負傷者数	43,792人［40,092人］	5,890人［5,089人］
住家被害（全壊及び半壊棟数）	249,180棟［240,956棟］	353,927棟［339,530棟］
災害救助法の適用	25市町村（2府県）	241市町村（10都県）※長野県北部を震源とする地震で適用された4市町村（2県）を含む
被害総額	9.6兆円（内閣府試算）	16.4兆円（当行試算）、16.9兆円（内閣府試算）

震度分布図
（震度4以上を表示）

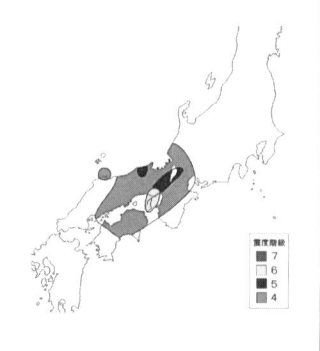

備考：［　］内の数値は、①阪神・淡路大震災では兵庫県、②東日本大震災では岩手県、宮城県、福島県の3県合計、における内数を記載
　　　被害総額には、原発の風評被害の影響等は含まれていない。当行算出の被害総額は、岩手県・宮城県・福島県・茨城県の4県における被害額の合計値。
出所：内閣府HP『阪神・淡路大震災教訓情報資料集』（http://www.bousai.go.jp/linfo/kyoukun/hanshin_awaji/earthquake/index.html）、
　　　内閣府『東日本大震災における被害額の推計について』（2011年6月24日発表）、
　　　兵庫県『阪神・淡路大震災の復旧・復興の状況について』（2011年1月17日発表）、
　　　警視庁『平成23年東北地方太平洋沖地震の被害状況と警察措置』（2011年12月15日発表）、等を元に日本政策投資銀行作成。
　　　内閣府「平成23年版防災白書」。

表5-2　阪神・淡路大震災と東日本大震災の被害額

		阪神・淡路大震災		東日本大震災	
建築物等		6.3兆円	65.60%	10.4兆円	61.50%
ライフライン施設		0.6兆円	6.30%	1.3兆円	7.70%
社会基盤施設		2.2兆円	22.90%	2.2兆円	13.00%
その他	農林水産	0.5兆円	5.20%	1.9兆円	11.20%
	その他			1.1兆円	6.50%
総計		9.6兆円	100.00%	16.9兆円	100.00%

出所：内閣府「東日本大震災における被害額の推計について」。

　公共土木施設関係では，国の直轄管理河川で4河川の堤防や護岸等に32箇所の被害，府県・市町村管理河川で堤防の沈下，亀裂等の被害，西宮市の仁川百合野町において地すべりにより34名が死亡するなどの被害が発生した。

　農林水産業関係の被害については，農地，ため池等の農業用施設など各施設において甚大な被害が発生し，その被害総額は900億円程度であった。

　阪神・淡路大震災の特徴としては，以下のような項目が挙げられる。
① 大都市を直撃した大規模地震のため，電気，水道，ガスなど被害が大きくなるとともに，鉄道，新幹線，高速道路，新交通システム，都市間交通・地下鉄が損壊し，生活必需基盤（ライフライン）に壊滅的な打撃を与えた。
② 古い木造住宅の密集した地域において，地震による大規模な倒壊，火災が発生し，特に，神戸市兵庫区，長田区などでは大火災が多発した。
③ 人口密集地で発生したこともあり，多数の住民が避難所での生活を余儀なくされた。加えて，集合住宅での孤独死等，新時代を象徴するような社会問題も表出した。

2　阪神・淡路大震災後の復興について

(1) ボランティアの活躍等
・阪神・淡路大震災では，発生した年の1995年が「ボランティア元年」と呼ばれるようになるほど全国各地から延べ130万人以上の老若男女が被災地

図5-1 男女別災害ボランティア活動の行動者数（平成18年, 23年）

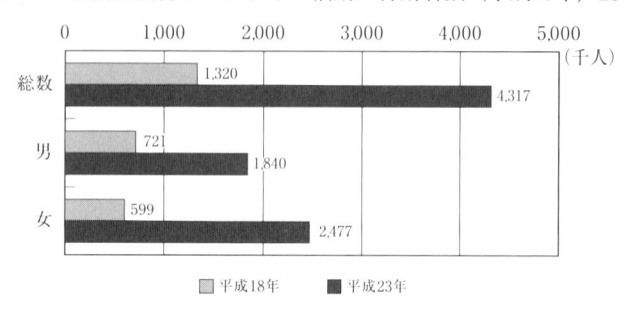

	平成18年	平成23年
総数	1,320	4,317
男	721	1,840
女	599	2,477

（千人）

出所：総務省「平成23年社会生活基本調査」（2011年6月24日発表）

図5-2 年齢階級別災害ボランティア活動の行動者率（平成18年, 23年）

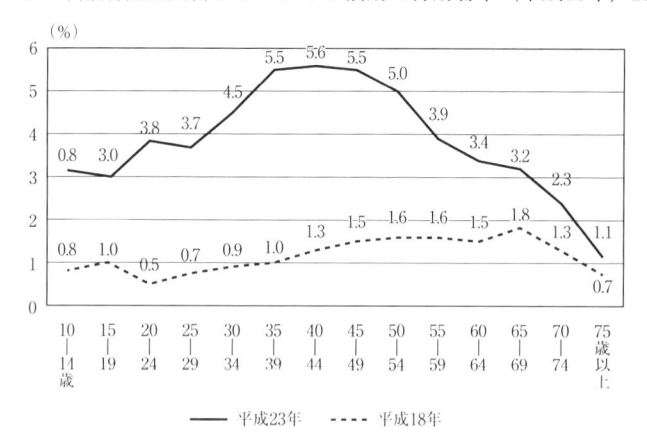

年齢	平成23年	平成18年
10-14歳	3.0	0.8
15-19	3.0	1.0
20-24	3.8	0.5
25-29	3.7	0.7
30-34	4.5	0.9
35-39	5.5	1.0
40-44	5.6	1.3
45-49	5.5	1.5
50-54	5.0	1.6
55-59	3.9	1.6
60-64	3.4	1.5
65-69	3.2	1.8
70-74	2.3	1.3
75歳以上	1.1	0.7

出所：総務省「平成23年社会生活基本調査」。

を訪れ，ボランティアとして活動した。この際に獲得した教訓・経験は，中越地震など後に災害が発生した際にも役立った。

・総務省の「平成23年社会生活基本調査」では，過去1年間に災害ボランティア活動を行った人は，前回調査の平成18年に比べ132万人から431.7万人と，約3倍になっている（図5-1）。また，行動者率を年齢階級別にみると，平成18年と比較して全ての年齢階級で上昇しており，特に35～49歳で4.0ポイント以上上昇していることに加え，35～54歳のいわゆる働き盛

りの層で5％以上という高水準を示している。阪神・淡路大震災以降，国内における災害時のボランティア活動が，市民の間にも浸透していった結果と言えるであろう。
・さらに，同震災は企業等のCSR[1]に対する意識が高まるきっかけともなった。

(2) 新産業創出
・震災後，神戸市をはじめとした兵庫県では，ケミカルシューズ産業や港湾関連業種等をはじめとした既存産業の落ち込みに加え，代表的な企業の工場移転等が相次ぐなどしたことから，製造業が停滞することとなった。かかる状況下において，新産業育成と交流人口等の増大を図るべく，湾岸エリアの埋め立て地に，医療関連産業，大学や研究所等の教育機関の集積を目指す，「神戸医療産業都市」計画が推進された。
・当該エリアでは，一時計算速度が世界1位となったスーパーコンピューター「京」を擁する理化学研究所計算科学研究機構のほか，大学の産学連携拠点等，各種機関の誘致に成功している。
・また，集積進展に伴い，大規模会議開催等いわゆるMICE[2]ビジネスによる集客にもつながるなどの効果が現れている。製造業の再集積というよりも研究機関集積が特徴となっている面が見られる。

(3) 震災の教訓の継承と発信～震災から獲得した教訓を語り継ぐ～
・兵庫県では，阪神・淡路大震災から獲得した教訓を後世に継承し，地震被害の軽減に貢献すること等を目的として，「人と防災未来センター」が設置されている。当該施設は，災害に関する調査研究機関であることに加え，博物館，研修機関でもあり，幅広い年代に対する防災教育の拠点になっている。研修には，日本のみならず，世界各国からも受講者が訪れる。
・また，人と防災未来センターの位置する神戸市の臨海部は神戸新都心

---

[1] Corporate Social Responsibility：企業の社会的責任。
[2] Meeting, Incentive, Convention, Exhibition

(HAT神戸)と呼ばれ，国連をはじめ，防災・減災に関係した様々な組織が集積する重要拠点となっている。

(4) まちの復興
・震災後，神戸では新しいまちづくりの動きが生まれた。まずは，住民主体のまちづくりを実現するための住民参加システムとして「まちづくり協議会」が大きな役割を果している。
・仮設住宅の避難者を支えたのが「ふれあいセンター」である。この施設は50戸以上の仮設住宅に設置され，入居高齢者等に対する心身のケアを行うとともに，コミュニティの形成やボランティア活動の拠点となる場，避難者が孤立しないための相互交流の場として機能した。
・コレクティブハウジング（共同居住型集合住宅）[3]の奏功も挙げられる。この住宅では，個人のプライバシーを保ちながら，食事をともにしたり，共同作業をしたりすること等で良好なコミュニティを形成し，仲間が集まって暮らすことのメリットを享受することができた。

(5) 都市機能の回復
・阪神・淡路大震災の際，地震の被害が集中したのは神戸の中心市街地であるが，特に被害が大きかったのは戦火による被災を免れた地域である。当該地域は木造住宅が密集している地域で，各種の面的市街地整備事業からも外れていたことから，建物の老朽化と都市更新の遅れが地震被害の集中をもたらした。
・また，これらの地区では震災以前から，人口減少や高齢化，地域活力の低下などのいわゆるインナーシティ問題が存在しており，整備対策が急がれていた地域でもあった。震災後は集客観光のまちづくりや地域活性化のための新たな取り組み等が実施されている。
・なお，東日本大震災では，阪神・淡路大震災の復興に際して創設された支

[3] 独立した専用住戸のほかに，共同の台所，食堂などの共用施設がついた生活共同型住居。

援制度である「都市再生区画整理事業における被災市街地復興土地区画整理事業」が活用されている。

3 東日本大震災支援における関西広域連合等の取り組み

・東日本大震災後，兵庫県では災害対策支援本部が設置されたほか，関西広域連合の一員として被災地の支援にあたっている。関西広域連合とは，関西の2府5県4市で構成される特別地方公共団体で，地方分権の推進や広域行政の効率化等を図るべく設立された組織である。関西広域連合等における取り組みの中で，有効に機能したと考えられる施策や活動について整理してみたい。

(1) カウンターパート方式の支援

・カウンターパート方式とは，特定の被災地区に特定の支援自治体を割り当てて支援させる取組み（政策シンクタンクPHP総研 金坂成通研究員2011年5月30日）で，四川大地震の際に用いられた被災地の支援手法の応用である。東日本大震災では，岩手県を大阪府・和歌山県，宮城県を兵庫県・鳥取県・徳島県，福島県を京都府・滋賀県がそれぞれ支援した。この結果，各県知事をトップとする責任ある支援体制の構築と被災自治体に対する偏りのない支援が可能となった。

(2) 現地連絡所の早期設置

・関西広域連合は，被災3県のニーズ等を把握するため，3/14に岩手県と宮城県，3/16に福島県に現地連絡所を設置している。被災地に拠点を設け現地情報を収集したことが，迅速かつ効果的な支援につながったものと考えられる。

(3) 県と市町村による共同支援活動の実施

・気仙沼，南三陸，石巻には15名程度で組成した支援チームが派遣され，瓦礫処理をはじめ保健，医療，避難所の運営支援など，被災直後の避難者の

生活回り全般の支援や，義援金や罹災証明の窓口対応支援などがなされている。関西広域連合からは，県・政令市職員合わせて延べ8万人が派遣された。
- 市町村職員は被災自治体における各種事務手続きを遂行する上で，特に即戦力となって活躍した。日常業務との親和性がその理由の一つと考えられる。このように，免許等を有する専門職・技術職ではなくとも，得意分野を有する派遣者の存在が有益な結果をもたらしている。このことから，当初は県職員のみを派遣していた県も，市町村職員派遣の効果を知り追加的に対応するなど，"効果的な支援体制"として派遣元各県で広がりを見せた。
- 現在は復興まちづくりや関連した土木事業等に力点が移っており，これに伴い個別職員の派遣期間も震災直後は一週間程度だったものが長期化傾向にある。

(4) 支援ニーズを先取りした支援の実施（「声なき所に支援あり」）
- 被災地では，被災者からの要望がなかなか上がって来ないことが往々にしてあるため，個別にニーズを確認してから支援を手配するのは現実的ではない面がある。このため，阪神大震災時の経験から必要と思われた物資等を，支援側の広域連合各県が見繕って準備し，被災地に提供するという，いわば「押しかけ型」の支援が適宜行われた。

(5) ボランティア派遣のワンストップ対応
- 阪神・淡路大震災の際にはボランティアが多く入ったが，東日本大震災では受援側の被災地の発災直後の状況（混乱）もあり，当初は現地入りが難しい状況だった。しかしながら被災地を訪れるボランティアの増加が予想されたことから，GW期間中を中心とした東北自動車道泉PAでのボランティアのインフォメーションセンター設置など，ボランティア受け入れの円滑化が図られている。

4 阪神・淡路大震災の経験・教訓の有効性と,今回表出した課題

(1) 仮設住宅,復興住宅に関して

・仮設住宅に高齢者等のみを優先居住させないこと,コミュニティ形成面で配慮することなど,阪神・淡路大震災等の過去の教訓が東日本大震災後に活きた。細かいことだが,仮設住宅の玄関が対面するようにしたり,茶話会が可能なスペースを設ける等の工夫がなされている。

・二段階の復興まちづくりも阪神の教訓である。即ち,東日本大震災の復興に際して実施されている,建築制限をかけ,ゾーニングをした上でまちを再整備するというプロセスや,地域住民によるまちづくり協議会の組成・活動は阪神の時の課題と効果的な取り組みを応用したものである。

・阪神・淡路大震災から17年が経過し,自治体職員として被災を経験した職員も減少しつつある中,今回の東日本大震災の被災地支援は,ある意味で情報・ノウハウの次の世代への継承につながった面があるものと考えられる。

(2) 特区等の活用

・阪神・淡路大震災時は,経済特区の設置等による優遇措置について,十分な措置がなされなかったり,他地域でも同様の制度が適用可能となり差別化が難しくなるなど,課題が散見された。当時,今回の復興特区のような被災地向けの独自の施策は無く,その意味で今回の東北では復興特区制度の活用が可能となった点は,対策として進展している。

(3) 技術系職員を中心とした被災地の人手不足対応

・被災地では土地区画整理事業等を多数実施予定だが,対応ノウハウのある技術系職員が絶対的に不足している。職員を派遣して支援している関西の各自治体自身も多様な業務を抱える中,人的支援には制約もあるものと考えられる。任期付職員を新規採用して被災地へ派遣したり,OBを派遣する自治体もあるが,例えば65歳超の人材となると長期派遣の負担が大きい。

また，人材は数だけでなくマッチングの問題もあるという難しさもある。
・中長期的な復興業務対応を考えると，他地域からの応援はいずれ限界となるものと思料される。復興に係るノウハウ蓄積の意味も含めて，そうした自前の人材確保策を行っていくことも必要となろう。

(4) 東日本大震災の被災地の受援体制
・被災地側はボランティアや支援を受け入れる「受援」の体制を十分とることが困難であった。そのため，人的支援や物資提供支援に際して，"何をしたら良いか""どこに届ければ良いか"の調整が難しい状況となった面がある。

(5) 支援内容や体制の考え方
・支援内容は被災地の実情によるところがあり，一つの有力な手法が必ずしも全てマッチするわけではなく，また，支援側自治体の間でも情報やノウハウには差異があるものと考えられるため，支援側の自治体が連携・共同体制をとることは有用である。また，被災地支援は個別市町村の復旧・復興支援がベースになるものと考えられるため，県と市町村の共同対応体制を確保し，相互に業務の親和性が高い市町村職員が共同で被災地支援を行うことにより，支援効果が高まることが期待される。

(6) 継続的な情報発信
・マスコミ報道が減少すると被災地への関心がトーンダウンする懸念があり，継続的な情報発信等により報道がなされることで，被災の風化を防ぐことも重要である。

5 今後の広域的な連携のあり方や重要と思われる施策・活動
・関西広域連合では，東日本大震災での経験を踏まえ，防災計画の分野を広げ，マニュアル化（標準化）を進めることにより，広域連合としての対応力を高めようとしている。

・災害時に備えた応援協定等については，同時被災する可能性の低い，地理的に遠い地域と締結することが効果的であることが，今般の東日本大震災で改めて示唆されている。関西広域連合でも，大震災後に九州地方知事会と災害時相互応援協定を締結している。
・これまでの被災や支援経験等を踏まえ，今後，実動訓練，図上訓練の実施や，支援だけでなく受援活動の手続きや手法の確認などの検討がなされている。

〈ポイント〉
●カウンターパート方式による支援
●被災地のニーズを直接把握し，応援活動を実施する現地支援本部の早期設置
●迅速・的確な救援物資の調達・配送の仕組みづくり
●初動期における自己完結型の「押しかけ型支援」
●災害時応援の標準化（提案型の支援活動が重要）
●「プロフェッショナル（民間企業）」の活用
●受援体制の事前整備（被災地側）
●ボランティア早期受け入れを可能とする仕組み作り（被災地側）

II 新潟県中越地震・中越沖地震の経験の活用

 ３年間で２度の大地震に見舞われた新潟県において，被災経験等が今般の東日本大震災被災地支援のどのような場面で生かされたのか整理してみたい。

1 被害状況等

 新潟県中越大震災，中越沖地震は，各々中山間地・インフラ打撃型，都市・生活直撃型という特徴はあったが，いずれも人的，物的被害に加え，製造業や観光等の地域産業への影響も大きかった。
 特に新潟県中越沖地震では，柏崎刈羽原子力発電所が被災し，風評被害で観光入込みに打撃があったほか，農林水産業や製造業にも影響が懸念される

表 5-3　中越沖地震と中越大震災の比較

	新潟県中越沖地震	新潟県中越大震災
発生日時	2007年7月16日（月曜）10時13分	2004年10月23日（土曜）17時56分
震源	新潟県上中越沖	川口町
震源の深さ	約17km	約13km
マグニチュード	6.8	6.8
最大震度	6強	7
被災地	都市	中山間地
被害の特徴	生活直撃型都市の中心部に被害が集中、中心商店街等に大きな被害。	インフラ打撃型震源地付近は日本有数の地すべり地帯で、斜面崩落による道路寸断、家屋倒壊など、地盤災害に伴う様々な被害が発生。山間地域の集落が孤立。
死者数	15人	68人
	（うち圧迫死・外傷66.7‰ストレス等26.7%）	（うち圧迫死20.6%、地震によるショック23.5%、疲労・ストレス等32.4%）
負傷者数	2,315	4,795
住家被害（全壊及び半壊棟数）	6,940棟	16,983棟
被害総額	1.5兆円（新潟県試算）	3.6兆円（新潟県試算）
震度分布図（震度4以上を表示）		

備考：被害状況は，中越沖地震が2007年12月13日時点，中越大震災が2007年8月23日時点のもの。
出所：新潟県『新潟県中越沖地震復興ビジョン』（2007年12月27日発表）。

事態に陥るなど，今回の東日本大震災と福島第一原子力発電所事故ほどではないが，同種の影響が出ている。

　2　中越，中越沖地震後の復興について

(1)　風評被害（特に第1次，3次産業）への対策とその効果
・特に中越沖地震では，震災当時，柏崎の原発で若干の放射能漏れがあったため，東日本大震災ほどではないが，第1次産業や観光（入込み大幅減少）等の風評被害があった。

・県が設立した復興基金は，こうした各産業の復興も含めて震災復興に多面的に活用されている。なお，復興基金の事業期間は震災後10年を目安にしていたが，平成26年度まで継続される見込みである。

(2) 農林水産業における改革，被災を契機とした新産業創出
・復興基金事業を活用して設立された組織等を中心として，直売所や農家レストランの経営が始まり，企画旅行等も実施されている。

(3) 震災の教訓の継承と発信
・被害が甚大であった地域に点在するメモリアルパーク，ミュージアム等を結び，被災地域の情報をそのまま保管庫にしようという取り組みである，「中越メモリアル回廊」が実施されている。また，各々の施設では人材育成を目的とした取り組みもなされている。震災1〜2年後より構想され，震災後5年目を過ぎた頃から本格化している。

(4) まちの復興
・復興基金を活用して設立された直売所や農家レストランの経営が軌道に乗ってきており，同施設が地域のハブとしての役割を果たしている。今後の課題としては，法人組織化の進展や，第1次産業以外へ広がり等が挙げられる。
・「地域復興支援員事業」が継続的に実施されている。支援員の雇用主体は地域の団体で，参加者は年配層や首都圏から支援に来た人々である。中越地震以降，継続的に地域で支援活動を行ってきた人が支援員になるケースが多い。また，Ｉターンでやってきた外部からの人材は20代後半〜30代前半の若い世代が多い。この事業は当初予定を延長し，平成26年度まで実施予定となっている。

(5) 都市機能について
・中越，中越沖地震では，東日本大震災の津波被災地のように都市機能その

ものが失われた訳ではなく，復興の過程で抜本的なまちづくりが必要となったわけではなかったこともあり，コンパクトシティ化の進展は必ずしも見られていない。
・震災以前から，他の地域と同様に人口減少，景気停滞等の地域課題があり，震災が直接的な原因となって新たに発生したというよりも，従前からの課題が引き続き存在する。

3　東日本大震災支援にかかる新潟県における主な取り組み

(1)　人的支援について
・基本的に，災害時の相互支援協定先である福島県，宮城県への支援を中心に実施された。震災直後は，公共施設復旧や医療関係等の各分野における中越，中越沖地震の経験者が被災県に派遣されている。
・協定の場合，例えば県は相手先の県の業務支援を行うという内容になるが，実際は協定内容以外の支援も必要となっている。協定内容の拡充，あるいは県から市町村への直接支援などが今後の対策として必要と考えられる。
・県内全市町村が避難者を受け入れているが，市町村単位で同じ地域出身の人をなるべく一緒にするなど，コミュニティ維持と避難者の孤立回避への配慮等の取り組みがなされている。
・被災地の自治体の人員確保支援のため，震災から半年間は協定により1週間程度の短期派遣，それ以降は中長期の派遣が実施されており，現在は概ね2ヵ月交替で派遣がなされている。震災後，一時的に人員不足は落ち着きを見せたが，7月～9月には，被災者が見舞金等をはじめとする各種支援金を受領するために必要な「建物被害認定調査」に多くの人員が必要となるなど，引き続き人的支援が実施された。

(2)　NPO，ボランティア等の活動と自治体との連携について
・中越大震災の経験を活かし，㈳中越防災安全推進機構，国際復興支援チーム中越（国内外問わず災害時に支援を実施している団体），長岡市社会福祉協議会等がコーディネートし，被災地支援を主目的とした「東日本大震災ボラ

ンティアバックセンター（VBUC）」，福島からの越県避難者支援を主目的とした「長岡災害支援ボランティアバックセンター」等が設置され，後述のとおりの効果的な支援を実施している。こうしたボランティアセンターは，経験のある人材が必要となる。
・NPO等の活動に際しても，過去の被災時の対応経験が生かされている。例えば，NPOに支援に行ってもらう際は，自治体の職員が同行することもその一つである。被災者は見知らぬ団体に警戒心を抱く場合が多いが，自治体職員が同行すれば安心感が生まれ，結果として支援の初動対応の速さに大きな差が出ることが経験知となっていた。

(3) 物資供給支援について
・物資供給支援については，県民から提供される支援物資の取り扱いやバックアップ拠点設置は，対応の機動性確保等のため県は直接行っていない。
・NPO団体（上記ボランティアセンター）が支援物資の収集・搬送拠点を設置している。支援物資は混乱している被災地に届いてから仕分けるよりも，周辺地域で物資を受け取り，仕分けてパッケージ化してから現地へ送ることで，より効率的な物資供給が可能となった。

4 過去の被災経験・教訓の有効性と，今回表出した課題

(1) 人的ノウハウ，物資供給ノウハウ等
・甚大被災経験のある自治体の職員，特に専門技術職が有しているノウハウは，被災地で役立つ。具体的には，復旧・復興過程における技術支援や罹災証明等の手続きに対応できる土木職，PTSD[4]，鬱に対応した心のケア等ができる医療・福祉職などが好例である。
・災害発生時は被災自治体での人的資源が極端に不足するため，他の自治体からの人的支援の必要性が極めて高い。ポイントは，支援のために外部から応援に来た職員が，いかに早く現場を担えるかだが，被災経験のある自

---

[4] PTSD：Post Traumatic Stress Disorder（心的外傷後のストレス障害）

治体の職員はこの面でも即戦力となった。
・物資供給に関しては，中越，中越沖地震の際と同様，送付ルールがない中で仕分けに困難さがあった。また，被災地ニーズ把握が困難な状況下で見積り的に行う「プッシュ型」支援から，ニーズ確認が可能となった段階でそれに沿って行う「プル型」支援への切り替えのタイミングの難しさがあった。一方，避難所までの"ラスト1マイル"の物資輸送などが被災地全般の課題とされたが，この点は，新潟県の場合，長岡市の物資供給拠点から宅配業者等を活用して最終目的地まで届くように手配されるなどの工夫がなされている。
・越県避難者の受入については，ピーク時は全30市町村で避難者を受け入れる等，中越地震等の災害対応で培われた市町村の経験が活かされた。
・東日本大震災では，支援の過程で福祉避難所のニーズと早期開設の必要性が認識された。

(2) 県，市町村，NPO・ボランティア等の連携
・近県で発生した災害であったため，例外的なケースを除き，基本的に各主体が締結している協定等に基づく締結先に支援派遣したが，「チーム新潟」として，県・市町村・NPO等が連携した体制で，同一地区に支援を実施することがより効果的であったとの見方もある。

(3) 被災地の受援体制について
・被災地側に共通した状況として，受援体制が十分整わず，発災初期段階で，支援側の自治体の連絡員の扱いも含めて混乱が生じた面がある。
・これまでは，都道府県間での県同士の水平補完が支援の方式であったが，東日本大震災での状況を踏まえると，他の都道府県から被災県の市町村へ直接支援する方式も重要と考えられる。
・複数の応援県が入った場合は，応援県による調整会議を実施することも有意義である。東日本大震災後，支援に入った都道府県が17都県にのぼったため，「応援県調整会議」が実施されている。この会議での情報交換等を

踏まえ，十分な支援を受けられていない被災地に人員を送り込む調整等がなされた。

5　今後の広域的な連携のあり方や重要と思われる施策・活動

(1)　新潟県と他の自治体の災害時協定等の現況
・長野，富山，石川，兵庫，山形の5県と個別に協定が締結されている（＝超広域的な連携）。
・ブロック単位では，北海道・東北（北海道，青森，秋田，岩手，山形，宮城，福島，新潟），北関東5県（福島，茨城，栃木，群馬，新潟）で協定が締結されている。

(2)　自治体BCPの検討状況
・新潟県では，新型インフルエンザ対応を想定した「新型インフルエンザ発生時の業務継続方針」が平成21年8月に策定されたことに続き，平成22年3月には「新潟県業務継続方針」が策定されている。BCPは一つで全ての災害対応をカバーできるわけではなく，個別災害毎に定める必要があるが，新潟県においては各種災害に対応した自治体BCP策定がいち早く進展しており，今後さらなる拡充が期待される。

〈ポイント〉
● 被災経験は支援の各場面で極めて有用。被災自治体の人的・物的リソースが不足する中，過去の被災時の対応ノウハウを持つ人材（特に技術職）は貴重な戦力。
● 被災地の受援体制が整わない中，被災地外（長岡市）に拠点を設けた物資集配は有効に機能。物資の細かい仕分けと避難所までのいわば"ラスト1マイル"まで勘案した集配は，被災地外の地域ならではの対応可能事項。
● 自治体直接ではなくボランティア拠点を核にすることで，人的リソースの確保だけでなく，自治体の業務の枠組み等に制約されない機動的な対応が可能。

- 県同士の"水平連携"だけでなく，被災市町村へ直接支援する"垂直支援"も重要。

(蓮江忠男，大沼久美)

第2部

復興における諸アクターの役割1（国内編）

第6章　東日本大震災被災地における移動ニーズとモビリティ

　東日本大震災の甚大な津波被害を受けた地域や東京電力福島第一原子力発電所事故（以下，原発事故）による避難区域では，鉄道や道路網など交通インフラの寸断に加え，避難所や応急仮設住宅などで長期にわたる避難生活を余儀なくされる市民が少なくない。本章では，被災地における乗合バスを中心とした被害・復旧状況を整理したうえで，災害時のモビリティ（移動手段）が果たす役割や，平時からどのような備えをしておけば，災害時のモビリティを円滑に確保することができるかについて，東北地方における東日本大震災の被災自治体の事例を中心に考察する。

I　乗合バス事業者による震災直後の対応と復旧状況

　はじめに，震災直後（震災後から2011年4月まで）の乗合バスを中心とした復旧状況を整理しておきたい。表6-1は，被害状況の異なる3つの市を対象として，それぞれの市内を運行する乗合バス事業者の被害や復旧に至るまでの状況を示したものである。青森県八戸市は，甚大な津波被害を受けた東北地方太平洋沿岸に位置する市町村のうち，仙台市といわき市に次いで人口の多い都市であるが，市街地自体は大きな被害を免れている。岩手県大船渡市は，市街地を含め，沿岸部では特に甚大な津波被害を受けており，市内を運行する岩手県交通の営業所も流出したうえ，多くの市民が応急仮設住宅等で避難生活を送っている。福島県南相馬市は，津波被害の一方で，原発事故による避難指示や屋内退避を余儀なくされており，原子力災害による影響が色濃くなっている。

　まず八戸市では，公営事業者である八戸市交通部と，周辺市町村にもネットワークを有する南部バスのいずれもが，新年度を迎えた2011年4月1日より

表6-1 乗合バス事業者による震災直後の対応と復旧状況

市	事業者	震災後～2011年3月中	2011年4月
八戸市	八戸市交通部	(3/11) 15時以降全路線運休 (3/12～13) 一部時間帯で運休 　　　(始発～8時, 17時以降運休) (3/14～15) 日祝日ダイヤで運行 　　　(19時以降運休) (3/16～31) 日祝日ダイヤで運行 　　　(12～16時, 19時以降運休)	(4/1～) 平常運行
八戸市	南部バス	(3/11) 19時以降全路線運休 (3/12) 平常運行 (3/13) 終日運休 (3/14～31) 　平日は土曜日ダイヤで運行土曜日は平常運行 　日曜日は19時以降運休 (3/18～) 高速バス盛岡線再開 (3/20～) 高速バス仙台線再開	(4/1～) 平常運行
大船渡市	岩手県交通	(3/11) 営業所が津波で全壊 (3/13) 社有地で営業所を仮復旧 (3/19～) 急行バス盛岡線再開	(4/4～) 市内路線の運行開始 (4/22～) 陸前高田市への路線バス運行再開 (4/28～) 高速バス仙台線再開
南相馬市	福島交通 新常磐交通 はらまち旅行	原発事故後, 各社の営業所機能は市外へ避難	(4/15～) 原町・仙台線運行開始 (はらまち旅行) (4/22～) 市内路線再開 (福島交通) (4/27～) 相馬・原町線再開 (福島交通)

出所：筆者の調査に基づき作成。

平常ダイヤに復帰したが，それまでの間は，両事業者とも運行回数の少ない土曜日や日祝日のダイヤを平日にも適用した。同様の措置は，岩手県交通（盛岡都市圏）や宮城交通（仙台都市圏），福島交通（中通り地方）でも行われたが，乗合バス事業者に対する燃料の供給が不安定であり，できるだけ多くの路線で運行を継続させることを意図している。しかし，八戸市交通部では，

3月16日以降，昼間や夜間を全便運休としており，特に燃料の調達が困難であったと考えられる。また，市内では，震災直後から停電が続いたことから，信号機や街灯が点灯せず，安全を確保するために，八戸市交通部では，早朝や日没時に運休する措置を取った。また，南部バスでは，ガソリンの調達が困難になり，乗務員の通勤にも支障すると考えられたことから，乗務員の送迎バスを運行して，輸送力確保に貢献した。

　大船渡市のケースでは，岩手県交通大船渡営業所が津波で全壊したほか，所有する31両の車両のうち9両が流失する被害を受けた。発災時は，交通のピークではなかったため，多数の車両が営業所で待機していたが，休憩中の乗務員や大型免許を有する事務員らが市内立根町にある回転場（高台にある社有地）などに避難させ，車両被害を可能な限り食い止めた。同営業所には，津波災害時のマニュアルは整備されていなかったものの，前年2月に発生したチリ地震の際に，岩手県沿岸地域では大津波警報が発令され，同様に車両を避難させた経験があったことが結果として役に立った（同営業所へのヒアリングより）。震災の2日後には，立根町の回転場にバス車両を利用した営業所を仮復旧させ，3月19日には盛岡線を，4月4日には市内路線の運行（但し，震災前の経路とは異なり，市との協議で新設した）をそれぞれ再開させた。

　最後に，南相馬市では，原発事故の影響により，3月12日には，同市小高区の大半が含まれる福島第一原子力発電所から半径20kmの範囲で避難指示が出された後，3月15日には，南相馬市役所など市内中心部が含まれる半径20km超30kmの範囲で屋内退避が指示された。そのため，同市を運行する乗合バス事業者は，市内での営業が一時的に困難となり，原子力災害区域の設定で屋内退避が解除された2011年4月22日以降に復旧が本格化した。しかし，本稿執筆段階（2013年9月）でも，営業所が旧警戒区域内にある（2013年4月1日に避難指示解除準備区域に再編）新常磐交通の運行路線は再開されていない。

---

(1) 八戸市交通部は公営企業であり，燃料を公共調達に基づいて仕入れている。そのため，民間事業者と比較して，燃料の調達先が限られていたことが一因と考えられる。

以上に述べた通り，被害状況の違いによって，路線バス等の復旧時期やそのプロセスが異なることが分かる。しかし，3市に共通するのは，市内路線の平常運行もしくは運行再開に至る前に，盛岡市や仙台市に向けた高速バスがいち早く復旧した点である[(2)]。また，南相馬市では，震災前は都市間バスを運行していなかった市内のバス事業者「有限会社はらまち旅行（現・東北アクセス株式会社）」が仙台市までの新規路線に参入しており，南相馬市におけるJR常磐線の代行輸送よりも早期に輸送力を確保している。一方，東北地方と首都圏を結ぶ輸送に関しては，4月29日に東北新幹線が全線運行再開されるまでの間，同一ダイヤで複数台の車両を運行する「続行便」を中心に輸送力を確保し，震災後3週目にあたる3月26日から4月1日の間に一日平均7335人（31路線）を輸送した（2011年5月16日国土交通省発表資料）[(3)]。このように，高速バスの早期復旧や新規参入を後押しした要因として，国土交通省の対応によるところが大きいと考えられる。表6-2は，東日本大震災を受けた都市間バスの規制緩和措置の概要を示したものである。不通となった東北新幹線を代替する輸送力の確保をはじめ，被災地域における移動手段として，新規の地域間輸送を一時的に分担する場合に，貸切バス事業者等の参入が可能になった（道路運送法21条（貸切バスによる乗合輸送の禁止の例外として）許可）。また，震災により直接甚大な被害を受けた市町村（地方運輸局長が毎年度指定）においては，路線バスの国庫補助制度である地域公共交通確保維持事業の補助要件が2015年度予算分まで緩和されることになり，貸切バス事業者等が地域間輸送を担う場合についても，財政的な支援が受けられるようになっ

---

(2) 南部バスは，当時，首都圏までの夜行バスを乗合バスではなく，いわゆる「高速ツアーバス」（募集型企画旅行（ツアー）として予約を受け付けた貸切バス）として運行されていたため，運行再開日は表6-1からは除外している。なお，八戸地区と首都圏とを結ぶ高速乗合バスは，十和田観光電鉄㈱と国際興業㈱が共同運行しており，十和田観光電鉄の担当便は3月18日より運行を再開している。

(3) 国土交通省自動車交通局（当時）の発表資料によると，首都圏から東北方面の高速バスによる輸送力は震災前と比較して266%（2011年4月12日14時時点）に増強された。このうち，福島県内と首都圏を結ぶ便は61往復／日（うち，いわき地区始発便は33往復／日），仙台と首都圏を結ぶ便は15往復／日確保された（いずれも同時点）。

表6-2　地域間輸送における規制緩和措置

3月12日	東北地方太平洋沖地震の発生に対応したバス輸送の対応について ・乗合バスの迂回運行（道路運送法17条に基づき，事前届出不要） ・近隣他県の貸切バス事業者の輸送力投入 ・鉄道代替輸送の輸送力確保
3月16日	東北地方太平洋沖地震を踏まえた高速バスの輸送力確保について ・他社車両の活用が認められるとともに，貸切バス会社（営業区域外も可能）への委託も可能に ・高速道路の緊急車両指定にバスが追加され，長距離都市間輸送が充実。平時の3倍近くの輸送量が確保され，乗客も2倍に。東北新幹線全線再開（4月29日）まで実質的に機能。
3月18日	東北地方太平洋沖地震を踏まえた，通達「一般貸切旅客自動車運送事業における臨時の営業区域の設定について」（平成19年9月13日付国自旅第139号）の柔軟な運用について ・高速バスに限らず，被災地域からの避難や移動手段確保の要請に対応できるようにした。

出所：国土交通省総合政策局（2012）を参考に筆者作成。年代は全て2011年

た。こうした制度設計が災害時の地域間輸送確保で有効に機能しており，今後の大規模災害時においても考慮されるべき施策である。

II　避難生活の変遷とモビリティの提供

先に述べた3市のうち，多くの市民が避難所や応急仮設住宅での生活を余儀なくされた大船渡市と南相馬市をケーススタディとして，避難生活の変遷にあわせて提供されたモビリティの機能を整理する。

---

(4) 地域公共交通確保維持事業のうち，地域間幹線系統の補助要件の一つとして，輸送量という指標値が15人以上150人以下であることが求められる。しかし，地方運輸局長が毎年度指定した市町村（特定指定市町村）に関わる市町村間路線は，この輸送量の基準が適用されていない。平成25年度時点では，岩手，宮城，福島の各県全市町村が対象である（地域内フィーダー系統の特定指定市町村は別途に定められている）。

1 大船渡市

震災後の大船渡市におけるモビリティの変遷は，発災直後からの①緊急対応期（震災後〜2011年4月上旬），避難所での生活が継続する②応急期（同年4月〜8月頃），応急仮設住宅等に入居が進んだ③復旧期（同年8月以降）の3区分で整理することができ，鉄道や路線バスの復旧・再開状況は，表6-3に示したとおりである。

①緊急対応期　津波被害を受けた岩手県交通大船渡営業所は，大船渡市からの依頼を受けて3月13日から同市立根町にある回転場で営業を再開した。当初は，米軍などのレスキュー隊の輸送を行うとともに，自衛隊による入浴施設が開設された3月下旬には，避難所と入浴施設との間の送迎を行った。一方，都市間輸送に関しては，急行盛岡大船渡線が3月19日より運行を

表6-3　大船渡市におけるモビリティの変遷

緊急対応期	2011年3月11日	東日本大震災発生。岩手県交通大船渡営業所流失。車両も31台のうち9台が流失。市内を運行するJR大船渡線，三陸鉄道南リアス線は震災直後から運休に。
	2011年3月13日	岩手県交通大船渡営業所の営業再開（バス車両を営業所として活用）。当初は，米軍レスキュー隊などの輸送を担う。
	2011年3月19日	岩手県交通，急行盛岡大船渡線の運行を再開
	2011年3月下旬	自衛隊による入浴施設の開設にあわせ，送迎を開始
応急期	2011年4月4日	大船渡市の依頼により，市内で無料路線バスの運行を開始（岩手県交通に7路線，市内の貸切バス事業者に1路線を委託）
	2011年4月22日	岩手県交通，隣接する陸前高田市（鳴石団地＝仮の中心部）と大船渡市を結ぶ市外路線の運行を再開
	2011年4月28日	岩手県交通，仙台市までの高速バスの運行を再開
復旧期	2011年8月8日	市内の無料路線バスの運行経路を再編
	2011年9月5日	無料路線バスの有償化（一乗車100円）
	2011年10月17日	市内の路線バスの運賃を「対キロ区間制」に移行（以降，順次路線やダイヤの調整を図る）
	2013年3月2日	JR大船渡線（気仙沼〜盛間）がBRTで仮復旧
	2013年4月3日	三陸鉄道南リアス線の一部区間が再開（盛〜吉浜間）

出所：吉田・松浦・川崎・長谷川（2012）に一部加筆。

再開している。このように，大船渡市における緊急対応期のモビリティ確保は，交通事業者による都市間輸送の復旧が進められた一方で，域内交通については，行政からの依頼による救援従事者や入浴に関する送迎など，平時のモビリティ確保とは異なる目的に対応していた。

②応急期　大船渡市では，市民の買物や通院，通学，通勤などの日常生活における移動手段を確保することを目的として，2011年4月4日より，岩手県交通と三光運輸に運行委託を行い，市内8路線で無料バスの運行を開始した。いずれの路線とも，震災前とは異なる運行経路をとっているが，岩手県交通が運行する7路線については，すべて県立大船渡病院と市役所前，市街地のショッピングセンター（サンリア）を経由しており，一日に概ね4往復程度の運行であった。こうした運賃無料化の取り組みは，大船渡市のほか岩手県野田村・大槌町，宮城県南三陸町・女川町・東松島市・七ヶ浜町・多賀城市・亘理町・山元町，福島県相馬市・新地町・いわき市（双葉郡からの避難者が対象）でも行われていた（国土交通省東北運輸局（2012））。また，4月22日には，隣接する陸前高田市の鳴石団地（仮設市役所等が立地）と大船渡市を結ぶ路線が再開されるなど，近隣市町へのモビリティが確保されるようになった（一部路線では，鉄道の代行輸送として，JRや三陸鉄道の定期券でも乗車可能となっている）。さらに，4月28日には，仙台市と大船渡市を結ぶ高速バスの運行も再開されている。

一方，4月下旬には，大船渡高校，大船渡東高校，高田高校（隣接する陸前高田市より移転中）がそれぞれ再開されることになり，高校生の通学輸送を確保する観点から，県教育委員会が通学バスの運行を開始した（陸前高田市に居住する高校生が対象）。また，壊滅的被害を受けた陸前高田市から大船渡市内の病院やスーパーに向けた移動手段をNGOが運行するなど，外部のボランティアによるインフォーマルな輸送が避難者のモビリティ確保に貢献した。

③復旧期　大船渡市内を運行していた無料バスは，応急仮設住宅への入居にあわせ，同年8月8日に一部路線の経路変更を行い，9月5日からは有償化（一乗車100円（中学生以下無料）），10月17日からは，岩手県交通が運行する路線バスとして，通常の対キロ区間運賃が設定されるようになった。市

内37箇所（当時）の仮設住宅団地の周辺には，団地の出入り口から最大でも概ね600m以内にバス停留所が設置されている。また，市外を結ぶ路線バスの運行経路も市内路線の経路と可能な限り統一させ，ほぼすべての路線が県立大船渡病院と市役所前，市街地のショッピングセンター（サンリア）を経由している。そのため，運行が開始された2011年4月以降，利用者数は増加し，有償化される直前の8月までの間に，2倍近くの利用者数となった。また，対キロ区間運賃に変更された後においても，無料運行時の7割程度の乗客が利用している状況であった。その背景として，①各路線の運行経路が日常の外出に適した分かりやすい形態であることに加え，②基本的な運行経路は，応急仮設住宅の入居募集前から提示されていたことから，仮設住宅を申し込む時点からモビリティの提供状況も判断材料にできたことなどを挙げることができる。このように，復旧期におけるモビリティ確保は，平時のモビリティ確保にも通じた発想が援用可能であると考えられる。

2 南相馬市

南相馬市は，平成18年1月1日に旧小高町，旧鹿島町，旧原町市の1市2町の新設合併により誕生し（図6-1），震災前は，JR常磐線（市内5駅），路線バス3社24系統，デマンド交通の「おだかe-まちタクシー」（小高区内）(5)のほか，一部小学校を対象としたスクールバス，病院送迎バス「しあわせ号」（鹿島区内）がそれぞれ運行されていた。しかし，震災後は，原発事故による避難指示区域や原子力災害区域が設定されており（図6-2），同市におけるモビリティの変遷は，こうした区域設定の変化にあわせて捉える必要がある。そこで，①震災後から原子力災害区域の設定以前を「緊急対応期」，②原子力災害区域の設定から緊急時避難準備区域が解除されるまでの期間を「応急期」，③その後の期間を「復旧期」として整理する。

　①緊急対応期　　南相馬市では，震災直後から市内の全ての公共交通機関

---

(5) デマンド交通は，利用希望者からの事前予約に応じて，経路やスケジュールを設定して運行する乗合公共交通。

が運休となったが，原発事故に伴う避難指示や屋内退避にあわせて，3月15日から約10日間をかけて，市外へ向けて市民の一時避難を実施した。市が用意したバスを利用した避難者約5000人は，福島県内のほか群馬県や新潟県へ集団避難した。しかし，原子力災害に関する情報が交錯したことで，市外のバス事業者が市内まで入れない状況にあったことから，近隣の川俣町や二本松市等に中継地を設けて，市内と中継地との間を市内バス事業者や市の保有車両等で誘導し，中継地から各地へ市民を避難させる方式を採った。また，南相馬市における避難の特徴は「自主避難者」の存在である。福島第一原発から半径20km以上30km圏内は「屋内退避」となり，強制避難の対象にはならなかった。しかし，約5万5000人の市民が自家用車等で自主的に避難をしており，震災前に約7万人いた同市の居住者が，3月末時点で約1万人にまで減少したと推定される（同市ヒアリングより）。

図6-1　南相馬市全体図

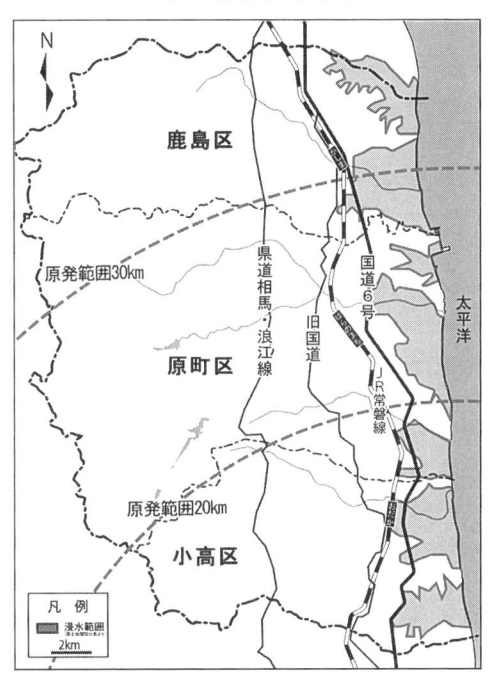

出所：吉田，松浦，川崎，長谷川（2012）。

　一方，市外に一時避難した市民は，各地の避難所・ホテル・旅館に滞在することになり，児童・生徒も避難先の学校に通学した。しかし，避難先の最

---

(6) 屋内退避により店舗等も休止を余儀なくされたため，解除の見通しが立たない限り生活が困難になる懸念があった。その結果，多くの市民が自主避難することになったことで，幹線道路は著しい混雑となり，避難が円滑に進まなかった課題が残る。原子力災害からの避難計画の策定が求められる。

寄りにある学校に通学できるわけではなかったため,南相馬市では,遠距離通学をする児童・生徒の登下校手段として,スクールバスの運行を支援した。

②応急期　2011年4月22日に原子力災害区域が設定されたことで,福島第一原発から半径20km以上30km圏内に指示されていた屋内退避が解除され,空間放射線量により計画的避難区域と緊急時避難準備区域に再編された。また,原発から半径30km圏外に位置する鹿島区内の小学校3校と中学校1校が自校再開,その他小中学校は鹿島区内に設けた仮設校舎において授業が再開された。こうした動きのなかで,市役所など市の中心部がある原町区を含めた居住者の帰還が進むようになったが,同市と仙台や東京方面を結ぶJR常磐線の復旧見込みが立たないことから,前節で述べたように,仙台や

図6-2　避難指示区域および原子力災害区域の変遷

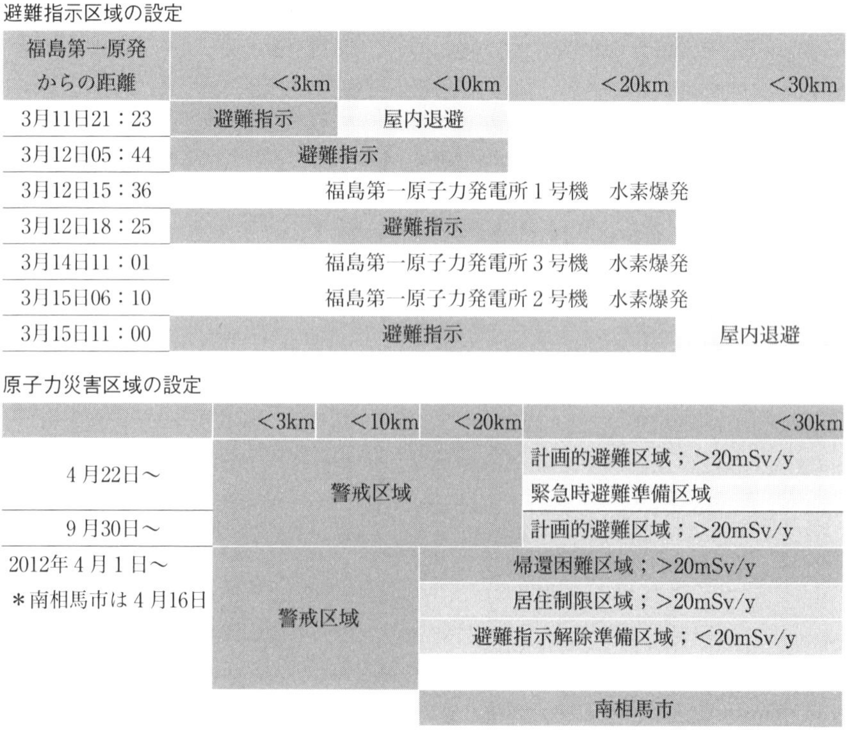

避難指示区域の設定

福島第一原発からの距離	＜3km	＜10km	＜20km	＜30km
3月11日21：23	避難指示	屋内退避		
3月12日05：44	避難指示			
3月12日15：36	福島第一原子力発電所1号機　水素爆発			
3月12日18：25	避難指示			
3月14日11：01	福島第一原子力発電所3号機　水素爆発			
3月15日06：10	福島第一原子力発電所2号機　水素爆発			
3月15日11：00	避難指示		屋内退避	

原子力災害区域の設定

	＜3km	＜10km	＜20km	＜30km
4月22日〜	警戒区域			計画的避難区域；＞20mSv/y
				緊急時避難準備区域
9月30日〜	警戒区域			計画的避難区域；＞20mSv/y
2012年4月1日〜＊南相馬市は4月16日	警戒区域		帰還困難区域；＞20mSv/y	
			居住制限区域；＞20mSv/y	
			避難指示解除準備区域；＜20mSv/y	
			南相馬市	

出所：吉田（2013）

福島方面へ向けた広域バス路線の新設が見られた。

③復旧期　2011年9月30日に，原町区の大部分が含まれていた緊急時避難準備区域が解除されたことに伴い，原町区の小・中学校が順次，自校再開された。また，鹿島区を中心に応急仮設住宅が整備されたことで，仮設住宅から医療機関や商業施設等を結ぶモビリティの確保が進められるようになった。

表6-4は，復旧期におけるモビリティの変遷を示したものである。仮設住宅からの移動手段として，応急期に復旧した鹿島厚生病院の「しあわせ号」が新規系統を開設したほか，福島県地域支え合い体制づくり助成事業補助金を活用して，南相馬市が仮設巡回バス2系統の運行をはらまち旅行に委託している（各系統とも週3日運行）。また，12月21日には，高校生の通学手段確保に対する強い要望に応え，しばらく運休状態にあったJR常磐線の一部区間（相馬～原ノ町間）が再開した。地域間輸送に関しては，福島，仙台方面ともに増便が図られ，福島市方面の便は，運行経路も相馬市を経由せず，より短い経路で結ばれるようになった。[7]

表6-4　南相馬市におけるバス路線等の新設・再開（復旧期）

開始日	路線	事業者	区分
2011年9月1日	仮設住宅巡回バス（2系統）	鹿島厚生病院	新設
2011年9月26日	仮設住宅巡回バス（2系統）	はらまち旅行	新設
2011年10月17日	原町区スクールバス	はらまち旅行	新設
2011年11月17日	南相馬・仙台線（2往復/日）	はらまち旅行	増便
2011年12月15日	福島・南相馬線（川俣経由＝経由変更）	福島交通	新設
2011年12月21日	JR常磐線の運転再開（相馬～原ノ町間）	JR東日本	再開
2011年12月23日	南相馬・仙台線（6往復/日）	はらまち旅行	増便
2012年1月10日	太田小循環線	はらまち旅行	再開
2012年4月1日	南相馬・仙台線（8往復/日）	はらまち旅行	増便
	福島・南相馬線（川俣経由・4往復/日）	福島交通	増便
	福島・南相馬線（川俣経由・4往復/日）	はらまち旅行	新設
2012年10月30日	一時帰宅交通支援事業（ワゴン車による予約制の送迎）（週3日運行）	市・福島大・冨士タクシー・三和商会	新設
2012年11月1日	南相馬・仙台線（特急系統・2往復/日）	はらまち旅行	新設

注：吉田・松浦・川崎・長谷川（2012）に一部加筆。

図6-3　ジャンボタクシー運行の様子

2012年4月16日には、市内の警戒区域が再編され、小高区の大半が避難指示解除準備区域もしくは居住制限区域に指定された（図6-2）。これらの地区は、避難指示が継続されているため、宿泊することはできないが、スクリーニングや線量の管理を行わなくても、立ち入りが可能になった。そのため、帰還に向けた自宅の清掃や修繕などのほか、墓や仏壇の管理などの用務のために、一時帰宅をするニーズが生じている。しかし、区域再編当初は、小高区までのモビリティが提供されていなかったことに加え、頻繁に一時帰宅を行う層は、高齢者が多く、自家用車を保有していない市民は、知人に依頼して送迎してもらうケースが少なくないことが分かった（同市と筆者のヒアリングによる）。そこで南相馬市は、福島大学うつくしまふくしま未来支援センターに「一時帰宅交通支援事業」を委託し、福島大学が「おだかe－まちタクシー」を運行していた小高区内のタクシー事業者2社（三和商会、冨士タクシー）に運行を依頼する方式で、2012年10月30日より、「ジャンボタクシー」の運行を開始した（図6-3）。

「ジャンボタクシー」は、利用者からの事前予約によるデマンド運行を採用し、予約者がある仮設住宅巡回バスの停留所を経由して、旧警戒区域内の自宅等に送迎している（運行日は週3日）。運行開始から、平成25年9月末までの間に、のべ1,180人、実数として93人の市民が利用しており好評である。また42人が10回以上「ジャンボタクシー」を利用して一時帰宅しており、旧来からのコミュニティの維持にも寄与している（図6-4）。

---

(7) 南相馬市と福島市とを結ぶ最短経路では飯舘村を通過するが、同村は計画的避難区域に指定されていたことから、バス事業者は相馬市まわりの経路を設定した。

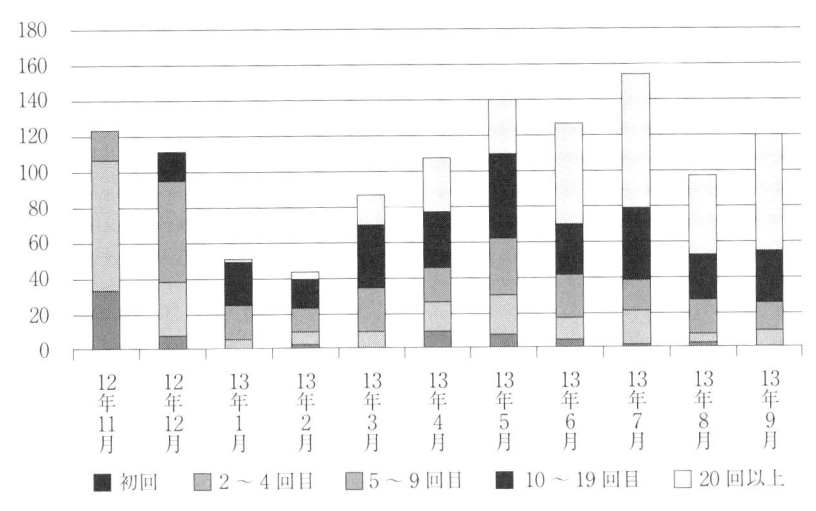

第6章　東日本大震災被災地における移動ニーズとモビリティ　111

図6-4　ジャンボタクシー利用状況

■ 初回　■ 2～4回目　■ 5～9回目　■ 10～19回目　□ 20回以上

III　避難生活におけるモビリティ確保の必要性

　前節までは，震災後のモビリティに関して，避難生活の変遷に着目して整理してきた。一方で，被災地の仮設住宅団地には，移動販売車が巡回しているケースもあり（図6-5），例えば，食料品を調達するためには，自らが商店に外出して購入する場合と，移動販売車を利用して購入する場合が考えられる。本節では，大手小売業をはじめ地元商店も含め，移動販売車が広く巡回していた大船渡市の応急仮設住宅に避難している市民を対象としたアンケート調査に基づき，個人による食料品の調達可能性を高めるうえで，どのような層にモビリティの確保が必要とされているかを明らかにする。この調査では，モビ

図6-5　仮設住宅における移動販売の広告

（市内仮設住宅内で筆者撮影）

表6-5 食料品の調達におけるモビリティ確保を必要とする層の分析

項目	カテゴリー	n	カテゴリースコア	レンジ	偏相関
送迎車	いつも頼める人がいる	157	-0.2972	0.685 (4)	0.199 (3)
	都合が合えば頼める人がいる	267	0.0441		
	頼める人がいない	90	0.3876		
震災後の路線バス利用頻度	週1～2日以上	63	0.9924	1.588 (1)	0.329 (1)
	月2～3日程度	38	1.2462		
	月1日程度・月1日未満	78	0.0582		
	利用したことがない	335	-0.3416		
個人の所有モビリティ	自動車・自転車保有	382	-0.0568	0.924 (2)	0.142 (5)
	自動車・自転車を震災で流失	30	0.8673		
	震災前から自動車・自転車非保有	102	-0.0423		
年齢層	10歳代～30歳代	91	-0.5360	1.410 (2)	0.232 (2)
	40歳代	85	-0.1058		
	50歳代～60歳代	241	0.0189		
	70歳代	61	0.8739		
	80歳代～90歳代	36	-0.0023		
食料品の調達法法	自分自身で外出・移動販売を利用	365	0.1939	0.669 (5)	0.184 (4)
	他の家族に任せている	149	-0.4750		
食料品の調達可能性	移動販売の方が調達可能性高い	44	0.1768	0.193 (6)	0.033 (7)
	移動販売と変わらない	470	-0.0116		
性別	男性	199	-0.0823	0.134 (7)	0.108 (6)
	女性	315	0.0520		
	判別中点		-0.0823		
	相関比		0.171		
	的中率		66.0%		

注：( ) は順位

リティの確保に関する設問として，回答者自身の「食料品の買物に利用できるバス」の必要性を「絶対に必要」「必要だがなくても良い」「不要」の各段階で評価してもらった。このうち，「絶対に必要」と回答した層をⅠ群，それ以外をⅡ群とした数量化Ⅱ類分析[8]を行い，食料品を調達するためにモビリティ確保を必要と考えている層の特性を考察した（表6-5）。

---

(8) 数量化Ⅱ類は，目的変数と説明変数がそれぞれカテゴリー変量（順序尺度（順位など）や「男性＝1，女性＝2」と数値化したもの（名義尺度）がある）の場合に行う多変量解析手法である。例えば，ある特性をもつ回答者がいずれのグループに属するかを判別する手法として用いられる。

その結果，送迎を依頼できない層や，既に路線バスを利用している層は，モビリティ確保が必要と捉える傾向にある一方，震災により自家用車や自転車が流失した層[9]は，もともとこれらの交通手段を保有していなかった層と比較しても，モビリティ確保が必要と考える傾向が強いことが分かった。また，移動販売の利用で食料品の調達可能性が高まる層は，食料品の買物が可能となるモビリティの確保についても必要性を重視している傾向が示された。このことから，移動販売は，食料品の買物に出かけることを補完するサービスであると位置づけることができ，移動販売により食料品の調達可能性が高まる層は，食料品の買物に利用できるモビリティの確保に対するニーズも高いことが示された。

Ⅳ　次の災害に備え「転ばぬ先の杖」をデザインする

　これまでに述べたように，災害時のモビリティ確保は，とりわけ初期段階において平時とは異なる対応をしなければならない。東日本大震災では，多くの自治体や交通事業者が困難な対応を強いられることになったが，今回は「うまく対応できたこと」が次の災害でも有効に機能するとは限らない。そこで，震災の経験をアーカイブし，災害発生以前から備えておくべきことを明確に定めることが有効である。沿岸部で津波被害を受けた青森県八戸市は，同市が設置する八戸市地域公共交通会議に分科会（市，国土交通省，鉄道・バス・タクシー，道路管理者が主な構成員）を設置し，2012年度末に「災害時公共交通行動指針」を策定した。

　災害時における自治体や関係主体の行動指針は，災害対策基本法に基づき策定される地域防災計画に定められている。表6-6は，八戸市地域防災計画（地震編）の抜粋である。同市を運行する路線バス事業者は，公営企業である八戸市交通部のほか，南部バス，十和田観光電鉄の三者がある。このう

---

[9] 震災による津波で多くの自家用車が流出したが，アンケートの回答者に占める非保有者のうち，震災前に乗用車や二輪車を保有していたのは約3割であった。

表6-6 八戸市地域防災計画（地震編）抜粋

第1章　総則	処理すべき事務または業務の大綱
東日本旅客鉄道㈱ (八戸駅)	1　応急資材の確保に関すること。 2　災害警備体制の確保に関すること。 3　列車運転の安全と輸送の確保に関すること。
県トラック協会 三八支部 南部バス㈱ 十和田観光電鉄㈱ 日本通運㈱八戸支社	1　災害時における災害対策要員及び物資等の輸送の確保に関すること。

第2章　防災組織	分担事務
運輸班（八戸市交通部）	1～3　省略 4　バス緊急輸送の確保に関すること 5　バス運行路線の確保に関すること 6　バス運行の広報に関すること 7～8　省略

ち，八戸市交通部は，「バス緊急輸送の確保に関すること」など，運行に関する事項が分担事務に含まれているが，南部バスと十和田観光電鉄は，物流事業者とともに「災害対策要員及び物資の輸送の確保に関すること」が処理すべき事務に位置づけられている。同市内には，八戸市交通部が運行していない地域もある一方，乗合バス事業者自体は貨物輸送を行っていないことから，民間バス事業者であっても，八戸市交通部と同様の事務を担うことが適当である。また，鉄道事業者に関しては，JRから経営分離された第三セクターの青い森鉄道（目時～青森間の旧東北本線）が位置づけられていない。つまり，地域防災計画に位置付けられた内容が災害時のモビリティ確保に向けた実質的な指針になっていなかったという課題がある。このことは，八戸市に限ったことではなく，多くの自治体で共通した特徴である。

　八戸市災害時公共交通行動指針は，地域防災計画に位置づけられた公共交通事業者の事務内容を確認した後，東日本大震災の経験に基づいて，災害発生により想定される公共交通運用の場面（図6-6）を設定し，公共交通事業者個々の対応可能性やリスクを整理した。そのうえで，表6-7に示したよ

図６－６　災害発生により想定される場面

			緊急対応期			応用期	復旧期
			当日	３日間	１週間	１ヶ月間	１ヶ月以降
			避難・救援・安否確認			避難所生活	仮説住宅生活
運行	安全確保		運行中に乗客と乗務員が被災				
運行	安全確保		事務所内の職員が被災				
運行	サービス提供	インフラ被害対応	道路が被災して定期路線バスを運行できない				
運行	サービス提供	インフラ被害対応	鉄軌道，駅舎，電力供給施設等が被災したため，代替バス運行の必要性が発生				
運行	サービス提供	需要への対応	被災者の避難所までの移動などの緊急的な輸送の需要が発生			通院や入浴などの最低限交通確保のための臨時的な輸送の需要が発生	仮説住宅への以降に伴い，通勤通学，買物などに関わる公共交通需要が変化
運行	サービス提供	需要への対応	遠隔地への移動のため，高速バスや新幹線との接続の需要が発生				
運行	交通資源の確保	施設	社屋等が被災				
運行	交通資源の確保	車両	バス車両が被災して，路線バスを運行できない				
運行	交通資源の確保	燃料		燃料不足により，路線バスを運行できない			
運行	交通資源の確保	人	乗務員が被災またはマイカー通勤者の燃料不足により通勤できず，乗務員が不足				
運行	交通資源の確保	人	職員が災害対応しており，運行にあたる職員が不足				
情報	情報収集及び発信	伝達	停電や基地局の被災により，平常時の通勤・連絡手段が使用できず，情報を伝達できない				
情報	情報収集及び発信	収集	各関係機関で情報収集しなければいけないので，その労力がかかる上，情報も不足				
情報	情報収集及び発信	発信	日々変化する公共交通の運行状況を地域住民に情報発信しきれない				

出所：城平ほか（2013）

表6-7 公共交通の主な連携対応場面

サービス提供 (インフラ)	・道路が被災して定期路線が運行できない場面において，バス事業者間だけでは対応できず，行政の調整が必要となった場合，バス事業者，交通事業者，道路管理者，交通管理者で協議し，代替運行路線及び運行条件を決定する。
サービス提供 (需要の対応)	・通院や入浴施設などの最低限な交通確保のために臨時的な輸送の需要が発生した場面において，現行の運行路線では対応できない場合，八戸市都市政策課（市地域公共交通会議事務局）からバス事業者に運行依頼と運行条件を提示して，東北運輸局と協議し，臨時的な輸送を実施する。
交通資源の 確保（車両）	・バス車両が被災して，路線バスを運行できない場面において，数台程度が必要な場合，バス事業者同士で融通する。
情報収集	・行動指針を適用する災害や被害が発生した場合，各関係機関（交通事業者，道路管理者，交通管理者）は60分以内に情報連絡網に沿って八戸市都市政策課に状況連絡を行い，都市政策課が一元的に管理する。
情報発信	・一元的に管理した交通事業者の運行情報を八戸市役所，中心市街地，八戸駅の3拠点，ラジオ，「ほっとスルメール（市が運営する防災メーリングリスト）」等を活用して発信する。

出所：城平ほか（2013）をもとに筆者加筆

うに，行政や事業者相互の連携が必要になるケースを定めているが，事前に「取り決め」をしておかないと，災害時に運用できない事項も多く，「転ばぬ先の杖」をデザインすることの重要性が見て取れる。

なお，本行動指針は，地域防災計画で想定されている災害が発生した場合には，災害対策本部を最高機関とし，市公共交通会議を所掌する都市政策課が適用の判断等を行うことを定めているが，災害対策本部が設置されない場合でも，公共交通の運行に大きな影響を及ぼすケースが想定され，市都市政策課が行動指針の必要性を判断した場合もしくは交通事業者等から要請があった場合は適用することを定めている。したがって，本指針は，地域防災計画を補完する役割を担っており，同計画の改定にも作用する。

V　さいごに

本章では，はじめに，乗合バス事業者による震災直後の対応と復旧状況を

整理したうえで，東日本大震災から概ね2年間の被災地におけるモビリティの提供状況を避難生活の変遷に着目して整理した。緊急対応期のモビリティは，平時の公共交通とは異なるニーズ（米軍など支援者の輸送や入浴施設への送迎）に対応していた半面，復旧期には，応急仮設住宅からの通学や買物，通院といった平時のモビリティ確保策と共通した考え方が求められていたのが，両市に共通した特徴であった。なかでも，応急仮設住宅の入居募集以前から基本的なバス路線網を示していた大船渡市の手法は，無料運行が終了した後も無料運行当初と比較して多くの乗客が利用しており，路線網の設計方法も含めて，平時の公共交通計画においても示唆に富んだ事例である。一方で，原子力災害による直接的な被害を受けた南相馬市では，市外・県外を含め，従前地から離れた場所に分散して避難していることが特徴である。そのため，広域的な移動手段を提供することが地域復興の観点からも，平時以上に重要である。鉄道の復旧が見通せないなかで，既存の乗合バス事業者と市内の新規事業者がそれぞれ都市間バスの運行に踏み切った点が特徴的であった。しかし，原発事故直後の避難に関しては，公共交通事業者にも放射性物質の飛散予測やリスクに関する情報が適切に提供されず，車両の調達が円滑ではなかった等の課題があった。

　また，東日本大震災の経験を踏まえ，災害時の公共交通運用指針を検討した青森県八戸市の事例では，災害時に行政や交通事業者間の連携が必要になる場面を事前に想定し，「取り決め」をしておくことの重要性が確認された。

（吉田　樹）

参考文献
①国土交通省総合政策局（2012）『地域モビリティ確保の知恵袋　2012』。
②吉田樹・松浦克之・川崎謙次・長谷川潤（2012）「東日本大震災後の地域モビリティ確保に関する考察」『土木計画学研究・講演集』45，CD-ROM．
③国土交通省東北運輸局（2012）『東日本大震災に対する地域公共交通のあり方調査業務報告書』。
④吉田樹（2013）「東日本大震災被災地におけるモビリティと避難者のアクセシビリティに関する考察」『交通科学』34-1, 11-18頁。

⑤城平徹・吉田樹・室谷亮・畠山智・井上幸光（2013）「災害時における地域公共交通の提供方策―八戸市地域公共交通会議による検討を事例として―」『土木計画学研究・講演集』46，CD-ROM。

第7章　復興戦略としてのスマートコミュニティ構築

I　スマートグリッドとスマートコミュニティの概念と定義

　様々な産業から用いられた多数の技術と製品やサービスによって構築されるスマートグリッドとスマートコミュニティは，各国別にその目的と発展方向などが異なり，世界共通の定義や発展パターンは存在しないのが現状である。
　スマートグリッドは，発電から消費の流れを電力企業が主導する従来の電力系統に，様々な再生可能エネルギー発電による「分散」型の電力システムを加えること，電気の流れを効率的に制御する「双方向」の電力統制システムを加えることで完成される。このような「分散」「双方向」を重視するスマートグリッドの構築目的は，各参加主体が持つ目標と参加動機などによって異なるが，電力網の信頼性（電力や消費者の損失低減），経済性（電気代・送電ロス・運送料・運用上の無駄・CO_2排出量の削減，分散電源による収益・エネルギー輸出収益・雇用の増加など），環境性（CO_2の削減），安全性（災害時の安全性）などを高め，それらに要するコストを最小に抑えることを挙げることができる。
　一方，スマートコミュニティは，電気を有効利用するスマートグリッドに加え，電力・上下水道・熱供給・交通・通信・医療などの社会インフラを総合的に整備した地域社会を意味する。即ち，生活の全般において効果的なエネルギーの制御と利用を可能にする社会システムの概念である（図7-1）。
　このスマートコミュニティは，エネルギーに関わる課題を解決する新たな試みであり，再生可能エネルギー資源の活用及び地域経済を活性化する政策の中核として位置付けられている。
　各国・各地域におけるスマートコミュニティ構築事業は，それぞれ異なる目的と戦略を持って展開されているが，①CO_2削減と環境問題解決のための

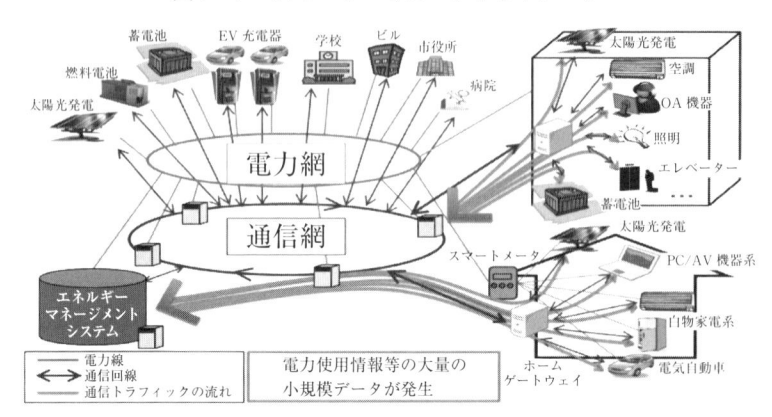

図7-1　スマートコミュニティのイメージ

出所：総務省『情報通信白書2013』。

低炭素社会実現，②エネルギー問題解決のための再生可能なエネルギーの積極的な導入と電力供給力の安定化，③関連産業の育成と地域経済の活性化，④生活全般の変革を図る新事業の創出，⑤国際市場を意識した技術標準化と輸出産業化などを目指していることには共通している。

　なお，各分野の参加主体による，①効率的なエネルギーの消費と活用，②消費者への付加価値の向上，③自社の経営戦略上の目的達成，④新たなビジネス可能性の探索とビジネスモデルの確立，⑤初期市場の形成と早期システムの構築なども共通している。

II　震災後のエネルギーミックスとスマートコミュニティ

1　エネルギーミックスの変化とスマートコミュニティの登場背景

　2011年の東日本大震災と原発事故により，既存の基幹電力源である原子力発電は，万一事故が発生した場合に膨大な被害を及ぼす可能性が高いことが確認された。このような原発安全神話の崩壊によって，既存の水力・火力・原子力を中心とした電力システムに，様々な再生可能エネルギーを中心とす

る小規模・分散型の電力システムを加えるエネルギーミックスが全世界的に注目されている。

日本においても，大震災後に顕在化した電力供給制約によって，災害に強い分散型のエネルギーシステムへの関心が高まっている。この分散型のエネルギー源である再生可能エネルギーは，①各地域に存在して枯渇しない，②小規模の分散型エネルギー源として利用できる，③設備導入期間が短い，④非常用のエネルギー源として活用できる，⑤停止時の影響が少ないなどの利点がある。

なお，燃料電池を含む太陽光発電や風力発電などの分散型電源はCO_2など温室効果ガスの削減効果があり，再生可能エネルギーや高効率の分散型電源を利用した循環型社会の構築は，環境政策の視点からもエネルギー自給率の向上を目指す新たなエネルギー政策の視点からも重要な役割を担うものとして強調されている。このような，新たなエネルギー政策のポイントは，①新エネルギー源の研究開発と活用を促進（図7-2），②災害に強い防災対策としてのエネルギー源の確保，③エネルギー地産地消による地域活性化などにまとめることができる。

日本では国の政策的支援を通じた再生可能エネルギーの普及を促進するため，RPSとFITを再生可能エネルギー導入推進政策の柱にする「再生可能なエネルギー特別措置法」と「固定価格買取制度」が策定された[1]。しかし，様々な国からの支援策にもかかわらず，日本の再生可能エネルギーによるエネルギー自給率は，他の先進諸国より低い水準である4%程度に留まっており，水力を除いた太陽光，風力，地熱，バイオマスなどの再生可能エネルギーは，約1%程度に留まっているのが現状である（表7-1）。

---

[1] RPS（Renewable Portfolio Standard）は，新エネルギーによる電力を一定割合以上利用することを義務つける制度であるが，新エネルギーによる電気は買取価格が高いので電力事業者が義務量以上は購入しないので，長期的には普及を障害する可能性がある。他方，FIT（Feed-in Tariff）は，再生可能なエネルギーの発電設備導入時に一定期間の買取価格を法的に保証し，生産コストの変化に応じて弾力的に買取価格を調整する制度であるので，設備投資回収を法的保証することで普及を促進させるメリットがある制度である（各資料より整理）。

図7-2　新エネルギーの分類

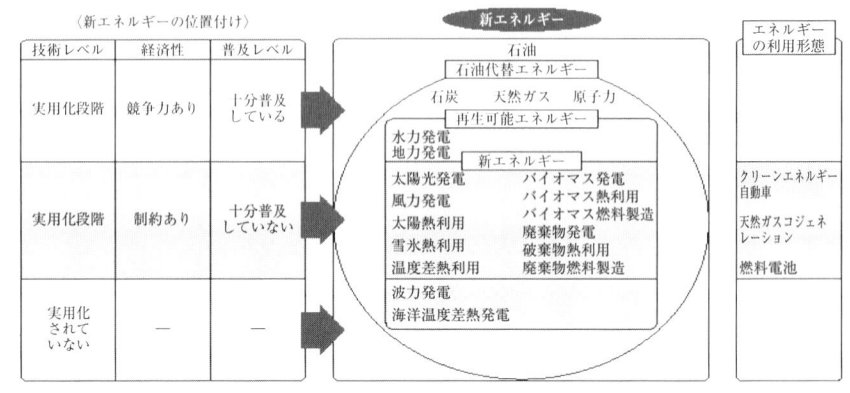

出所：資源エネルギー庁『エネルギー白書2005』。

表7-1　日本の年間国内エネルギー供給量（2012）

（年）	1960年	1970年	1980年	1990年	2000年	2005年	2010年
年間エネルギー国内供給量	0.8	2.6	3.4	4.4	5.2	5.2	5.0
原子力	0.0%	0.5%	6.2%	12.0%	16.2%	15.3%	15.1%
地熱・新エネルギー等	0.0%	0.0%	0.2%	1.8%	1.9%	2.1%	2.2%
水力	6.2%	2.5%	2.2%	1.7%	1.4%	1.3%	1.4%
石炭	58.8%	24.0%	17.3%	17.4%	18.7%	21.1%	23.1%
天然ガス	0.8%	1.2%	6.2%	10.1%	12.7%	13.6%	17.3%
石油	34.2%	71.8%	67.8%	57.0%	49.2%	46.7%	40.9%
エネルギー自給率	58.1%	14.9%	6.3%	5.1%	4.2%	4.1%	4.4%
	(58.1%)	(15.3%)	(12.6%)	(17.1%)	(20.4%)	(19.3%)	(19.5%)

出所：IEA, Energy Balances of OECD Countries 2012, 資源エネルギー庁『エネルギー白書2013』。

　このような現状を踏まえて，最近では電力生産及び消費の両側における効率性の向上が期待できるスマートグリッドとスマートコミュニティが注目され，政策の見直しによる研究開発と投資が拡大されつつある。

　再生可能なエネルギーの活用は，各地域のエネルギー資源で発電し，消費

することで，エネルギーの地産地消を実現し，運営コストを削減するだけではなく，エネルギー自給を通した新たな地域つくりへの貢献が期待されている。なお，スマートコミュニティは，スマートグリッドを基盤とした省エネ（スマート家電），発電（太陽光発電），蓄電（蓄電池），制御（スマートメーター）を同時に達成できる効果が期待できるため，地域課題の解決策として，その価値が注目されている。

2 世界のスマートコミュニティ動向

世界のスマートコミュニティ構築プロジェクトは，各国別に推進するパターンが異なる。各国のプロジェクトは，①老朽化された電力インフラの代替策，②急増する電力需要の対応策，③電力需要の管理策，④大規模集中型の電力システムの補完策，⑤新たな産業育成策，⑥関連産業の輸出産業化，⑦地域活性化策など，異なった背景や状況に合わせて推進されている（表7-2）。

米国では，送電網の老朽化対策，停電対策と安定的な電力供給対策として，電力系統の近代化が国家的な課題として認識された。これらを背景とした電力需要に対応できるエネルギー源の開発，老朽化した送電網再構築の必要性によりスマートグリッドの構築が推進されている。特に，リーマンショック後に就任したオバマ大統領は，スマートコミュニティを国内景気対策及び国際競争力強化対策とグリーンニューディール政策の一環として位置づけ，大規模投資を行う政策を表明した。以後，100件以上のプロジェクトに膨大な投資が行われ，意欲的に研究開発と関連技術の世界市場先占を図っている。

再生可能なエネルギーの普及が最も進んでいるEUでは，再生可能エネルギーとIT技術の結合を通じた既存電力網の安定的な制御と省エネを目指している。2006年から「Smart Grids Vision & Strategy」を通じて，再生可能エネルギーの積極的な導入を通じた効果的なスマートコミュニティの構築を急いでいる。また，2008年末から「Climate and Energy 20-20-20 Package」を策定し，1990年対比再生可能エネルギー比重の20％増加，温室ガス20％削減，エネルギー効率性向上を通じたエネルギー消費の20％削減を目指している。

お隣の韓国では，2010年に国家単位の「スマートコミュニティ2030」構

表7-2　スマートコミュニティの発展パターン

タイプ	目的	該当地域	機能・能力
供給信頼度強化型	・老朽化した電力網を更新 ・保全コストを抑制しつつ，供給信頼性を向上	・米国（東北部など）	新送電・配電網設備 停電監視，障害解析 系統安定化技術など
再生可能エネルギー大量導入型	・RE発電を積極的導入 ・低炭素型の街づくり	・欧州，日本，韓国	RE分散電源，蓄電技術 PHEVなど
急成長需要充足型	・急成長する新興国のエネルギー需要を充足 ・盗電を含むロスを削減	・インド ・ブラジル	新規電源 新たな送電・配電網 遠隔監視，遠隔操作
ゼロベース都市開発型	・低炭素型の新都市構築 ・社会システム一式の輸出	・ポルトガル ・中国（沿岸部） ・シンガポール	エネルギーインフラに，生活，ビジネス，交通などを含む 社会システム一式

出所：NEDO（2010）『スマートコミュニティの技術の現状とロードマップ』。

築に関する政策を策定し，チェジュ島で世界初かつ世界最大級のスマートコミュニティ実証実験を展開した。この実証実験は，知能的電力網（Smart PowerGrid），知能的運送（Smart Transport），知能的再生可能エネルギー（Smart Renewable），知能的電力消費（Smart Place），知能的家電（Smart Electricity）の5つの分野から構成され，段階的な技術開発とビジネスモデルの創出を目指す国家プロジェクトとして位置付けられている。そして，電気自動車関連インフラの構築と輸出産業化を支援する政策の一環として，スマートコミュニティ特別法を策定している。

3　日本におけるスマートコミュニティ構築事業

停電時間が非常に少ない上に電力の供給も安定している日本では，既存のエネルギー需給システムの強化とエネルギーの効率的な制御，再生可能なエネルギーの大量普及を通じた安定的なエネルギーの需給システムの構築を目指したスマートコミュニティの構築を推進している。この特徴は，①再生可能エネルギーの積極的な導入を重視すること，②関連産業の競争力と基盤を

表7-3　次世代エネルギー・社会システム実証事業の特徴

	横浜市	豊田市	けいはんな学研都市	北九州市
主な特徴	・広域大都市型 ・既成都市機能スマート化モデル ・再生可能エネルギー大量導入と市民参加促進 ・CEMSを通じた地域連携と補完実現 ・世界展開可能なソリューションの構築	・戸別住宅型 ・家庭とEVを中心としたエネルギー利用最適化 ・低炭素交通システムの構築 ・商業・公共施設等エネルギー利用最適化	・住宅団地型／新技術型 ・地域全体のエネルギー地産地消達成。 ・市民意識の変革を重視 ・太陽光発電と蓄電池を活用したEMS ・オンデマンド型のEMS ・都市開発パッケージとして開発し海外展開	・地方中核都市型 ・新エネルギーを10%利用する街区 ・地域節電所など街区全体を省エネシステム化 ・次世代交通システムなどの地域社会の構築 ・製鉄所の副次エネルギーを積極的活用

出所：各資料により，筆者再整理．

活用して産業の強化を図ること，③スマートコミュニティ関連機能に都市機能と社会的インフラの結合を通じた「スマートシティ」の概念として推進されること，④経済産業省が「産業構造ビジョン2010」で新産業分野として選定した先端産業が多数か関わってくることなどが挙げられる．特に，電力，電機，建設，通信，家電など，様々な産業の参加によるスマートコミュニティ実証事業の目的には，異種産業間の相互協力を通じた新たなビジネスの創出と，ビジネスモデルの確立が含まれている．

例えば，2010年からスマートコミュニティ構築を目指した「次世代エネルギー・社会システム実証事業」が横浜市，豊田市，けいはんな学研都市（京都府），北九州市で展開されている．この事業では，2010年〜2014年までの詳細な実証計画に沿って，関連機器・システムの運営面の安定化と性能面の改良を目的とする様々な実証研究が進められている（表7-3）．

このような地域レベルの実証事業に参加するプレイヤーは，①電力，②家電（スマート家電），③情報通信，④電力網（電力系通運用，配電自動化），⑤関連産業（鉄鋼・造船・自動車・建設），⑥半導体（電力用半導体）など，部品や

素材レベルから統合システムまで幅広い分野に及んでいる。そして，この事業で実証されるものは，地域内でエネルギー分野のみならず社会全般の革新を促進させるものであり，①電力の有効利用，②熱や未利用エネルギーを含めたエネルギーの効果的利用，③新たな地域交通システムの構築，④都市インフラの再構築など，様々な分野の細部項目に定められている。この事業の意義は，①関連産業の強化と関連分野の世界市場主導を目指すこと，②国家レベルでエネルギー産業の競争力強化を図ること，③地域と企業レベルで新たなビジネスの創出可能性を実証することにある。

4　スマートコミュニティ構築のメリットと効果

各国のエネルギー政策は，各国の事情を色濃く反映して策定されている。前述したように，日本は安定的な電力需給インフラを保有しているが，エネルギー消費量が多く，エネルギー資源の海外依存度が高い，さらに厳しいグローバル競争に直面した日本企業と産業の成長を目指した新しいビジネスの創出に関するニーズが高い。日本のエネルギー政策にはこのような状況が反映されている。

各国の政策でも自国のエネルギー需給問題・経済活性化・関連産業と技術を強化する産業政策上の課題解決を目指すという特徴がみられる。従って，各国が構築を目指す新たなエネルギー政策は国別に異なるエネルギー資源の状況や国内産業の技術性と成熟度などによって内容と推進方向が異なる。しかし，基本的な構築方法において①再生可能エネルギーによる分散型電力システムの導入拡大，②既存の大型・集中型電力システムの強化と効率化，③ICTを活用した新エネルギー管理システムの導入を通じたエネルギー生産と消費の効率性を向上することには共通している。

各国の実証事業で重視することは，①スマートコミュニティ関連事業の有効性を高めるための課題導出と解決策の探索，②スマートコミュニティ活性化を促進させるための政府役割と支援策の点検，③政府主導の実証事業を通じた民間部門の投資誘因策の探索，④新ビジネスの可能性探索とビジネスモデルの確立，⑤地域エネルギー活用を通じた地域経済と地域産業育成策の探

索などにある。

　これらの最終目的は既存の優位性を十分に活用しながら異業種・異分野との協力を通じた関連産業育成と地域レベルの活性化にあるので，多様な分野の技術体系とサービスを連携させて，新たな価値を創出することが重要である。従って，その実現方法では，各主体の適切な役割分担と連携を可能にする体制を構築して，最適なビジネスモデルを設計し，明確な段階別目標と検証項目を定めて実証事業を計画的に実施するべきである（表7-4）。

　スマートコミュニティ構築によって，短期的には新たな電力システムの構築に必要な膨大な電力設備の新規と交代需要や新たな市場創出による雇用と収入の増加が期待される。その上，中核である電力とICT産業に加えられた分散電源装置と電力保存装置（Battery），家電と電気機器，建設，自動車など多数の産業分野における経済的効果と新たなビジネスチャンスという波及効果が期待できる。この観点からスマートコミュニティ構築の効果測定と評価は，単なるスマート（Smart）な電力網（Grid）の構築による直接的かつ短期的な効果だけではなく，多様な産業分野から由来した最先端の技術体系とシステム及び機器と装置の融合と結合による新たな価値創造と市場創出，各産業の成長，消費者便益の増加などの間接的・長期的な効果を重視されるべきであると考えられる。なお，この効果は，経済発展程度と該当分野の初期市場規模，再生可能エネルギーと関連産業の技術レベルと競争の程度，社会インフラ，地域の特性，産業支援政策と制度，地域のエネルギー源別の量と特性など様々な要因の影響によって内容と発展方向と規模が異なる。そして，この効果は，行政，企業，大学，研究機関など参加プレイヤー間の連携と協働を通じた異質的な経営資源と技術の融合を促進させる活動を通じて極大化でき，新たなイノベーションの創出，新技術・製品・サービスの創出を通じ

表7-4　スマートコミュニティの段階的実証実験

第1段階　技術重視	多数技術の組合せと調達で相互運用性を検証→確立
第2段階　運用モデル重視	安定した技術を各主体の運用モデルやプロセスで検証
第3段階　ビジネスモデル重視	安定した運用モデルに基づくビジネスモデルを構築

出所：世界経済フォーラム（2010）。

て現れるものであると考えられる。

特に，地域レベルでの構築と発展を重視するスマートコミュニティは，地域内の効果的な発電と送配電システムの構築を通じたエネルギー部門の強化，製造と組み立てから施工と運営など多数の地域内関連産業の強化を可能にするので該当地域の発展と経済活性化に大きく貢献すると期待されている。この社会と地域を大きく変化する基盤になるスマートコミュニティの構築は，海外の技術動向や推進動向を綿密に分析しながら，外部から参加するプレイヤーだけではなく，地域内の企業成長と雇用創出など地域活性化を可能にするように地域のメリットと効果を重視するべきである。

Ⅲ　スマートコミュニティの登場による関連産業の変化

1　スマートコミュニティへの履行による変化と対応策

スマートコミュニティの構築による関連産業と社会の変化パターンは，該当地域の立地条件と自然資源量，関連産業の技術と成熟度などの状況に加えて構築動機や目的によって異なる。しかし，スマートコミュニティへの履行で，小数の事業者により寡占状態であった既存のエネルギービジネスは必然的に急変する。その上，電力と情報の融合，様々な産業と技術分野の融合が促進され新産業と新事業，新市場が創出するので，関連産業と社会を取り巻く環境も大きく変化するようになる（表7-5）。特に，主要プレイヤーである電力会社と様々なサプライヤーを供給する各企業の経営環境と事業領域は急変し，①大規模・階層構造の電力システムからネットワーク構造の電力システムへ，②電力インフラは，電力プラットフォームからビジネスプラットフォームへ変化することになる。

この新たなエネルギーシステムへの履行による変化のポイントは，多数の分散されたプロシューマーの登場，様々な異業界からの参加者が加えることにより様々なビジネスのチャンスが生まれることである。なお，様々な産業から持ち込まれた製品とサービスに都市機能と社会インフラが結合することで，該当

表7-5　スマートコミュニティへの履行

従来の電力網		スマートコミュニティ
アナログ・電気機械		デジタル・マイクロプロセンサー
集中電源		分散電源
受動的な障害／停電対策		能動的な障害／停電対策
手作業で復旧		準自動／全自動で復旧
単一料金		リアルタイム料金
消費者選択肢なし／限定的	⇒	消費者の選択肢の拡大
一方向Communication		双方向的／総合的Communication
限定的センサー		ユビキタスモニター／センサー
時間ベースの保全		稼働監視Systemの保全
顧客と規制当局による不完全な透明性		顧客と規制当局に対する透明性
電力フローの限定的制御		全域的・体系的制御
推定に基づく供給信頼性		測定に基づく供給信頼性

出所：世界経済フォーラム（2009）「スマートコミュニティ投資の加速に向けて」7頁。

地域の経済社会システムが新たな経済社会システムへ履行することである。

今日の先端技術産業分野では，事業分野，組織の規模と目標，経営戦略が異なる多数企業が連携を通じて事業を展開するケースが多い。協働を通じて事業展開を行う目的では，①共通目的の達成，②急変する環境変化への対応，③長期・大型R&Dの推進，④リスク分散，⑤多様な分野の専門知識と経営資源の確保，⑥複雑な社内問題と経営課題の解決，⑦範囲と規模の経済達成，⑧技術標準の確立と拡大を図ることなどが挙げられる。特に，最近は商品レベルを越えた技術体系レベル間の競争が激しくなっているので，連携参加企業らが共通的に採択した技術・製品・サービス・デザイン・システムを国際標準として確立する目的が重視されている。

世界各国においてスマートコミュニティに参加するプレイヤーは，中核産業である電力産業とICT産業の企業を始め，再生可能エネルギー（Micro Grid技術，電力品質保証関連，電力取引技術），蓄電（素材，蓄電池），スマート電力網（送電システム，配電システム，電力危機，通信網システム），知能型家電・双方向通信（AMI機器，EMS機器，両方向通信N/W），スマート運送（部品・素材，充電／インフラ），サービス（新料金制度，需要反応，新電力取引）など幅広い

分野に及んでいる（図7-3）。

図7-3のように，スマートコミュニティに参加する多数企業の戦略では，既存事業を新たなスマートコミュニティ関連事業に適合させることで，自社の利益と収益率の向上を図ることが求められる。そのため，既存ビジネスの強化と新ビジネスに必要な新製品とサービスの開発，補完的な経営資源の確保を目指した連携強化を図ることなどを重視するべきである。なお，現時点までスマートコミュニティによって創出される新事業は，未だに収益性が得られる市場形成と産業構造の確立までは至ってないので，収益性がある事業として成長させるためには相互協力と標準化を通じた関連産業間のインタペース統一化で早期市場形成と産業の規模拡大を図る必要がある。

このようにスマートコミュニティへの履行は，多数の産業と事業を融合して新たな事業や産業を創出する可能性が潜められているので，積極的に既存産業と新たな産業の競争と協働を通じて，新たなビジネスモデルの確立を模索するべきである。例えば，電力関連分野だけ見ても，供給側には送電網や変電所および配電網のエネルギーシステムと設備，需要者側にはスマートメーターと関連機器などの分野で新たなビジネスと新規需要が創出される。また，都市機能と需要側である自動車，家電，住宅産業などを加えると様々な新ビジネス

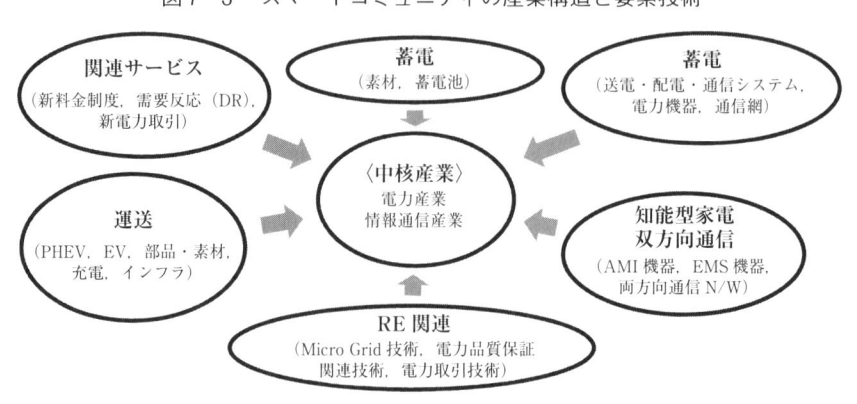

図7-3　スマートコミュニティの産業構造と要素技術

- 関連サービス（新料金制度，需要反応（DR），新電力取引）
- 蓄電（素材，蓄電池）
- 蓄電（送電・配電・通信システム，電力機器，通信網）
- 運送（PHEV，EV，部品・素材，充電，インフラ）
- 〈中核産業〉電力産業　情報通信産業
- 知能型家電　双方向通信（AMI機器，EMS機器，両方向通信N/W）
- RE関連（Micro Grid技術，電力品質保証関連技術，電力取引技術）

出所：各資料より筆者作成

が創出されることになる（図7-1）。そのため，多種・多様・多数プレイヤー間の連携を通じて，初期段階のリスクと不確実性を低減させながら，特化したサービスと新たなビジネスチャンスを創出する必要がある。その際，実証事業は，垂直的・水平的連携を通じた様々なビジネスチャンスの探索，新製品やサービスの運営データと顧客のニーズなど新事業展開に必要な資料収集を可能にするチャンスとして機能するとその意味を把握することができる。

2 連携と協働を重視する経営戦略

経営学分野では，相互の経営資源を補完する協働を促進させるネットワークを通じてシナジー効果を極大化し，長期的に相互利益を得る企業戦略を強調している。

多くの学者は，不確実な環境の中で企業が競争優位を確保しながら企業成果の向上を達成するためには，戦略や組職構造間の適合性を考慮する必要があり，自社の経営資源の最大限活用を可能にする効率的な連携システムの構築が求められると論じる（Porter, 1985;[2] Mate, Fuerst, Barney, 1995）[3]。特に，多数産業分野を融合しながら発展する産業分野において，企業間協働ネットワークを通じて他社が持つ補完的技術や能力を有効に活用して自社の経営資源を強化すること，その活動を促進する方法を探索することを強調する。そして，その協働ネットワークにおける異質的な経営資源の最大限活用，諸活動と機能の技術的・運営的連携が重視され，協働を通じた①顧客，②内部組織，③資源と供給者，④技術と計画，⑤成果測定，⑥関係統合の重要性を強調する（Bowersox and Closs, 1996）[4]。彼らは，既存の個別企業間の競争関係より，経営資源の共有と協働，全体のシナジー効果を追求する多者間の協力関

---

[2] Michael E. Porter, (1985) "TECHNOLOGY AND COMPETITIVE ADVANTAGE", *Journal of Business Strategy*, Vol. 5 Iss: 3, pp.60-78.

[3] F. J. Mate, W. L. Fuerst, J.B. Barney Information Techno-logy and Sustained Competitive Advantage: A Resource-Based Analysis, *MIS Ouarteriy*/December 1995, pp.487-505.

[4] Bowersox, D.J., Closs, D.J., *Logistics Management: The Integrated Supply Chain Process*, McGraw-Hill Companies, 1996.

係が経営目標達成の可能性が高いと論じている。

　スマートコミュニティには，最先端技術と膨大な経営資源を保有してシステム化した製品を持って参加するグローバル企業と，単品や部品レベルの製品を持って参加する相対的に弱い立場の中小企業が多数参加している。その際，異質的な経営資源や異なる事業領域，異なるビジネスモデルなどは，相互補完を重視する連携形成に肯定的影響を与える要因であるが，事業領域と利害関係をめぐる衝突，情報と経営資源の非対称性と成果の不均等な分配をめぐる葛藤を噴出させ持続的な協力関係に悪影響を与える要因でもある。この葛藤と衝突を最小化し，協働を促進させる調整活動を，誰の主導で，どのように低減するのかは重要な課題である。そして，新たな事業分野の初期発展段階には非常に高い不確実性とリスクが存在するし，未経験による不測事態が生じる。これらは，初期段階にあるスマートコミュニティ関連事業にも十分予測される。これら事業展開上に発生するリスクを綿密な分析を通じて予測し，効果的な連携を通じて克服しながら推進するべきである。

　従って，スマートコミュニティに参加する企業戦略で強調できるポイントとして，①各プレイヤーがもつ異質的・補完的な競争優位と地域資産の最大限活用，②多種・多様・多数プレイヤーとの連携を通じた初期リスクと不確実性の低減，③既存事業の成長に貢献する特化した製品とサービスの開発，④地域エネルギー使用者にメリットがある特色ある新製品やサービスの開発と提供，⑤垂直的・水平的連携を通じたRD&D実施とビジネスモデルの確立[5]，⑥新事業に必要な経営資源の確保を重視することなどを挙げることができる。

　そして，スマートコミュニティの構築と関連産業の育成には，①単なる商品やサービスのみの開発ではなく，国際標準として採択された製品とサービスを連動できるシステムとしての開発，②明確な目標と役割分担を通じた実証実験を実施で性能改良と安定的な運営実績の確保，③国内外の技術資源の組合せと融合を促進させた技術優位性の確立，④産官学連携を通じた効果的な推進戦略の展開などを重視するべきであると強調できる。

---

[5] RD & D = Reseach, Development and Demostration

Ⅳ 復興事業におけるスマートコミュニティの構築と地域活性化

1 被災地域における復興プロジェクト

 東日本大震災から3年が経過した現時点でも被災地域では，地震，津波，原子力発電所事故とこれに伴う風評被害による厳しい状況が続いている。この震災被害からの復興は，単なる震災復旧（災害前の状況まで回復）を越えた再構築を前提にする復興（復旧を越えた更なる発展：Revive, Reconstruction, Rehabilitation）の概念に近い。なお，本来の復興プロジェクトは，被災地の地域レベルの課題を地域生活者の視点に立って，地域主体の主導的かつ積極的な参加により，各地域の特性を生かしながら特色あるプロジェクトとして推進することが重要であると考えられる。このような考えから，東日本大震災後の復興プロジェクトは創造性を最も重視するべきであり，震災被害から復旧と既存の地域課題の解決を越えた震災から披露された新たな社会経済的課題の解決を目指した「地域の再創造」であると理解できる。

 実際の東北地域の復興プロジェクトには農水産物の風評被害，放射線の除染，商工業者の倒産，地域コミュニティの崩壊などの生活，住居，雇用から地域産業の活性化など広範囲に及ぶ課題が含まれている。なお，これは非常に長い時間と努力を要するものであり，明確な推進目標とプログラムをもって実施される巨大なプロジェクトである[6]。従って，福島を含む東北地域の復興戦略では，「地域の防災と安全」「少子化と過疎化問題の解決」「高齢化対策と福祉」「インフラの再整備と強化」「地域産業の育成」「新たな成長動力の創出」など複雑な地域課題の解決と地域再構築と関連した重点課題の解決に貢献することが重要であると指摘できる。

 今日の福島県を含む東日本大震災の被災地域では，被害復興と更なる経済

---

[6] 阪神大震災後の復興事業は①復旧期，②復興初期，③復興中期，④復興完成期に区分された段階別プログラムの実施によって16年目に完了することができた。

活性化を図るために，様々な復興プロジェクトが実施されている。その中で，飛躍的な技術発展による性能改善と新商品開発，急速な市場拡大が見込まれるスマートコミュニティの構築が中核として位置付けられている。その背景には，前述した東日本大震災後からの防災意識の向上，非常時電源確保や災害に強いインフラ構築に関する意識向上，震災後のエネルギーミックス政策の見直しによるスマートコミュニティへの関心と期待感の向上がある。その上，単なるエネルギーや環境問題の解決ではなく，ICTと異業種・異分野からの関連技術の活用/融合を通じた被災地の産業再生と復興，被災地の中小企業の支援，地域内の新たな雇用と収益創出など多数の直面課題を解決する必要があった。これらを背景にして，地域のスマート化，つまり都市インフラと交通インフラのスマート化を通じた復興と地域活性化を検討している自治体ではスマートコミュニティの構築を地域再構築と地域活性化を目指す復興事業の重要なツールとして積極的に検討している。

2 被災地域におけるスマートコミュニティの期待効果

前述したようにスマートコミュニティは，地域内にある多数の自治体・団体・民間企業・住民などとの相互協力を最も重視しながら，外部から参加するプレイヤーとのメリットの共有を通じて持続的な発展を図るものである。なお，地域のエネルギーシステムの再構築をベースにした被災地域の復興と地域活性化を促進する実践的なツールという意味を持つ。そのため，震災地域におけるスマートコミュニティの構築は，地域の資産である再生可能なエネルギー資源を重視したスマートグリッドに基盤を置いて，地域内の関連産業と企業の成長，地域内の雇用と収入の増加を通じた地域活性化など直接的・可視的な効果を重視しながら実施されている。

2012年から被災地復興を目指す福島，宮城，岩手の被災3県では，8つの地域で自治体と地元のエネルギー企業と大手自動車メーカー，通信事業者等の協力に基づくスマートコミュニティ構築事業が推進されている（表7-6）。この事業は国の地域スマートコミュニティ導入促進事業として選定され補助金（80.6億円）の支援を受けている。この事業推進は，国内4地域実証事業

表7-6　東北地域におけるスマートコミュニティ構築事業

福島	会津若松市	富士通㈱,東北電力㈱
宮城	気仙沼市	荏原環境プラント㈱,スマートシティ企画㈱,㈱マルフジ,㈱阿部長商店,㈱カナエ,㈱カネカシーフーズ,㈱八葉水産,気仙沼水産加工業協同組合,サンリク東洋㈱,㈱高順商店,高橋水産㈱
	石巻市	㈱東芝,東北電力㈱
	大衡村	トヨタ自動車㈱,セントラル自動車㈱
	山元町	㈱エネット,東日本電信電話㈱
岩手	宮古市	㈱エネット,㈱エヌ・ティ・ティ・データ,日本国土開発㈱
	釜石市	新日鉄エンジニアリング㈱,東北電力㈱
	北上市	JX日鉱日石エネルギー㈱,㈱北上オフィスプラザ

出所:経済産業省,エネルギー庁。

(表7-3)の成果を活かした再生可能エネルギーと地域エネルギーマネジメントシステムに関連したシステム及び機器などH/W的な側面の積極的な導入と運用の性格が強いが,多岐に分かれている様々な地域の課題解決と地域の活性化を図る復興プロジェクトとしての性格も強い。

　ここで被災地域の地域活性化へ貢献できるスマートコミュニティの具体的なメリットを各側面から分析する。

　まず,エネルギーの側面では,既存の大規模・集中型の電力網に地域資産である再生可能エネルギー資源を加えることで創出されるメリットが挙げられる。この電力供給の信頼性と能力向上,災害に強い電力インフラ構築,効果的なエネルギー管理,地域エネルギー資源の活用によるメリットは地域内の関連企業に新たなビジネスチャンスを与えるものであり,国家レベルと地域レベルの経済活性化の実現,また新たな社会システムへの移行を促進することが期待できるものである。

　次に,特定地域に集積されている化石エネルギー資源と異なって広く分散されている地域の再生可能なエネルギー源を活用するメリットとして,地域内におけるエネルギー源の多様化による安定性向上,自給率の向上,エネルギーセキュリティの強化,エネルギーの地産地消の達成が挙げられる。このエネルギー地産地消は,単なる地域内でエネルギー生産と消費の完結するこ

とによって生まれる経済的効果に加えて，地域内に関連産業と企業の集積を促進させて地域内産業を振興させる効果がある。これにより地域内の雇用と所得の増加，経済活性化が期待できる。特に，再生可能なエネルギー資源が豊富な農山村地域と海岸部地域は，第1次産業に基盤を置く地域が多いので，若者の定着と少子高齢化，過疎化などの地域課題を抱えている。その地域で再生可能エネルギーを活用することは地域の課題解決とエネルギー供給地としての新たな発展を可能にする。

そして，関連サービスの創出による新ビジネスの創出というメリットが挙げられる。供給者側のエネルギー関連H/W的機器に加えて，需要者側の効果的な電力需給管理システム[7]導入は，地域内にエネルギーインフラを活用する様々な関連サービスを創出させる。具体的に，各家庭のHEMSを介した省エネの家電機器，EV，ICT技術を活用する医療と介護や教育など様々な新サービスを提供することによって，電力の買電収入以外のメリットが創出する。これは，地域のCEMS運用者や発電事業者を含む関連企業に他の関連サービスと関連機器を通じたビジネスチャンスを与えると期待されている（図7-4）。

そのため，復興プロジェクトの中核として構築されるスマートコミュニティは，①単なる売電収入と固定資産税の増加などによる収入増加という直接的なメリット以外に，②地方に関連事業の創出と企業の集積させること，③エネルギーの流れと情報と物・サービスの流れを地域内で完結させること（図7-4），④新しいビジネスを創出すること，⑤地域が主導する産業育成と地域活性化を可能にする波及効果が極大化させることを最も重視して長期的な観点で推進するべきである。このような長期的観点でのプロジェクト推進により，地域内の基盤産業の強化と新規企業誘致を通じた工業団地の活性化，周辺地域の魅力度の向上を通じた観光客の誘致など地域産業振興・地域活性

---

[7] エネルギーマネジメントシステム（EMS, Energy Management System）は，HEMS（Home Energy Management System），BEMS（Building Energy Management System），FEMS（Factory Energy Management System），CEMS（Community Energy Management System）など電力管理主体のニーズと用度に最適化されたシステムとして運営されている。

図7-4 スマートコミュニティ事業の産業構造と関連ビジネス

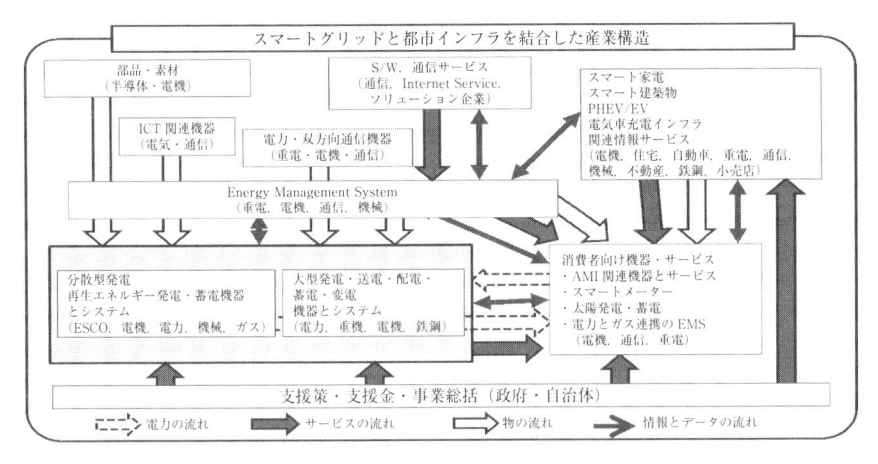

出所：尹卿烈（2012）「スマートグリッドにおける連携活動と事業開発に関する研究」『福島大学地域創造』第24巻第1号。

化が期待できると考えられる。

V　スマートコミュニティ構築の課題と発展方向

1　スマートコミュニティ構築上の課題

近年の先端産業では，異質的な経営資源の活用による「融合と統合を通じた新たな創出」を重視する。これは，単なる異質的な技術の組合せや新製品の開発を越えて，新たなビジネスを開拓することを目指す。この活動には，様々な形態の連携と相互協働を促進する仕組みをどのように構築するのかが重要な課題である。

異質的な経営資源の投入と多数プレイヤーの参加によって構築されるスマートコミュニティにおいても，どのように各プレイヤー間の連携を促進させるのか，どのように長期的に消費者を誘引できるビジネスとして発展させていくのかが重要な課題である。

表7-7　スマートコミュニティにおける連携と協働の目的

既存事業	既存ビジネス基盤を最大限活用	⇒	新事業に必要な新製品とサービス開発, コスト削減
	既存事業を新事業に適合	⇒	利益と収益率の向上
新事業	高いリスクと不確実性を低減	⇒	市場と収益・事業モデルの確立
	関連産業の連携で市場規模の拡大	⇒	新機器やサービスのシステム化と標準化

出所：筆者作成。

　そのため，地域と参加プレイヤーのニーズを綿密に観察し，他事業の実証成果を十分踏まえながら国際的に通用できる技術とシステムを開発して，新たなメリットが期待できるモデル，相互連携によるシナジー効果を極大化できるモデル，安定的な運営モデルとして確立する必要がある。このスマートコミュニティにおける連携と協働の目的は，表7-7のように要約できる。

　このような既存事業と新事業の結合を通じて，①優位性の活用（各産業と地域の優位性の活用⇒保有資源の最大限活用），②連携の促進（初期リスクと不確実性を低減⇒効果的なRD&Dとビジネスモデルの確立），③地域内での相互協力（⇒新たなビジネスの創出），④地域使用者の誘因（⇒新製品やサービスの普及，早期市場の形成）などが達成できる。しかし，このような連携を通じた巨大プロジェクトの実施は簡単なものではない。世界経済フォーラム（2009）は，スマートコミュニティの発展を障害する要因として，①政策と規制，②適切な投資評価，③技術成熟度と導入リスク，④認識の不足，⑤資金調達，⑥スキルと知識，⑦サイバーセキュリティと個人情報保護等を挙げている。これらは産業や関連技術確立の初期段階に必然的に存在するものであり，具体的に，収益性のあるビジネスモデルの確立問題，初期市場の形成問題，既存システムや技術体系との統合問題，魅力ある関連サービスの開発問題，事業全体をリードする主体選定の問題，各主体間の役割分担と利害衝突の解決問題，多数参加者の参加誘因の問題，地域活性化へ繋げる仕組み構築の問題など，様々な形として噴出する。特に，多数プレイヤーとの協働は利害関係の衝突や葛藤という深刻な問題を発生させる。この問題を解決するため，スマートコミュニティ特性と全般的な構造分析を通して各プレイヤー間の利害関係を把握し，お互いに悪影響を与える要因を排除していく必要がある。その際，

全体目標と段階的活動を明確に定義し，下位目標と事業活動に関する戦略を具体化する必要がある。

実際，スマートコミュニティの構築には，多様な技術に基づく製品とサービスの開発を始め，製造から設置と運営に必要な膨大な投資など，長期間を要する場合が多い。その際，供給側には，新たな収益源の創出や新規ビジネスの成長可能性に関する確信が必要であり，需要側には，関連機器とサービスを導入することで現れる便益に関する確信が必要である。両側がそれぞれのメリットを認識した上で，長期的にコストを負担することを前提に構築されるものである。そのため，適切な長期的支援を保証する政策開発と実施が，民間部門の事業活動より先行されるべきである。

2　東北地域におけるスマートコミュニティへの提言

本章では，スマートコミュニティの概念を，単なるエネルギー分野の変換だけではなく，震災地域において復旧を越えた更なる復興を促進させ，地域産業の復活と雇用や収入の増加など地域活性化に貢献できる巨大な社会システムとして捉えた。さらに，スマートグリッドに基盤を置いたスマートコミュニティ構築を，新たな事業と産業，社会的システムを創出させながら復興地域の活性化を実現する中核的ツールとして捉えた。

そして，本章では，スマートコミュニティの構造と動向，構築戦略など諸要因の分析を通して，復興事業を展開していく被災地域における示唆点を提示することを試みたが，未だに実証段階にある等の限界があり，各事業の動向と戦略を立体的に把握することまでは至らなかった。しかし，今までの分析を踏まえて，以下の示唆点を導出して強調することができた。

第一に，各プレイヤーがもつ資源と能力に基づいた連携を促進させながら，各プレイヤー間・機能間・部門間の最適的な協働と役割分担を可能にする「連携仕組みの構築」が最も重要であると強調することができる。例えば，「会津若松地域スマートコミュニティ導入促進事業」では，富士通，東北電力，会津若松市が構築の主体になって，地域のエネルギー源によるエネルギー地産地消を目指すスマートグリッド構築を図っている。その際，①富士

通は事業全体の管理，エネルギーコントロールセンターの構築，②東北電力はDR開発，③会津若松市は災害時電源確保，再生可能エネルギーとバイオマス発電の普及拡大，地域民の意識向上と参加誘因を担当するなど適切な役割分担と相互協力を図っている。実際，補助金や助成金の採択に依存している構築事業は，先進的・普遍的・短期的な成果を重視する傾向があって，該当地域が直面している課題にうまく対応できているとは言い難い。従って，上の例のように事業の推進主体である中央政府と地域自治団体，参加企業間の適切な役割分担を通して，地域課題解決を含んだ構築を目指すべきである。

第二に，スマートコミュニティの本質であるエネルギーマネジメントシステムの高度化や再生可能エネルギーの活用を通じて，各参加主体の参加メリットを最大化させることの重要性が強調できる。そのためには，なにより需要家側の主導的参加と導入を促進する便益とビジネスモデルを開発することが肝心なことである。各プレイヤーの利益創出と地域社会の発展に繋がるモデルの確立によって，地域主体が期待するエネルギー需給の安定性，地域の特化資源を活用した産業の更なる発展，新産業と企業の誘致，雇用と収入の増加，特色ある地域ブランドの確立など目的達成ができる。

第三に，参加企業のビジネスモデルの確立及び事業基盤になる競争優位の構築活動において，連携関係を有効に活用し，相互協働のシナジー効果を誘発していくことを強調することができる。そのため，相互協力と相互信頼を生み出す積極的な支援と促進策の開発が必要とされる。

最後に，現在の世界では，複雑な社会問題の対応と解決を向けた様々な取り組みを試みている。その中，電力とICTを中心として下水道や交通などの重要都市インフラまで概念を拡大して，日常生活のレベルアップを可能にする新たな行政・医療・教育サービスの創出を図るスマートコミュニティの構築が含まれている。この計画には，企画段階から国際展開できるスマートコミュニティモデルの開発と確立，地域コミュニティのニーズを十分反映しながら地域レベルの再生と再構築を目指す特徴がある。このグローバルとローカルという両側面のニーズを重視しながら構築されるスマートコミュニティは，初期の政府主導から地域社会主導へ，国内専用モデルから国際展開

できるモデルへ，H/W中心からS/Wと日常生活中心へ発展すると予測されている。このような発展動向と展開パターンに注目しながら，東北復興に貢献できるものとして発展させるべきである。

これまでの分析を通じて，スマートコミュニティの構築は，新たな地域社会再構築の可能性を潜めた巨大な社会経済システムへの履行として捉えるべきであり，相互連携と協働を通じた価値創造と，長期的な視点での将来的な波及効果を最大化する推進戦略を明確に確立して，推進することの重要性を再確認することができた。

(尹　卿烈)

参考文献

①阿部裕（2010）『スマートグリッドが引き起こす社会インフラの変革』三井物産戦略研究所，4月。
②柏木孝夫（2012）『スマートコミュニティ』時評社。
③澤山弘（2012）『躍動する環境ビジネス』金融財政事情研究所。
④経済産業省（2010）『エネルギー基本計画』6月（http://www.meti.go.jp/press/ 20100618004/20100618004-2.pdf）
⑤経済産業省（2010）「次世代エネルギーソリューション―海外展開のための総合戦略」6月（http://www.meti.go.jp/committee/materials2/downloadfiles/g100326a05j.pdf）
⑥佐々木純一郎外（2013）『地域経営の課題解決』東友館。
⑦塩崎賢明・西川栄一・出口俊一（2009）『世界と日本の災害復興ガイド』かもがわ出版。
⑧次世代エネルギーシステムに係る国際標準化に関する研究会（2010）『次世代エネルギーシステムに係る国際標準化に向けて』1月（http://www.meti.go.jp/press/20100128003/ 20100128003-2.pdf）
⑨次世代送配電ネットワーク研究会（2010）『低炭素社会実現のための次世代送配電ネットワークの構築に向けて―次世代送配電ネットワーク研究会報告書』4月（http://www.meti.go.jp/report/data/g100426aj.html）
⑩世界経済フォーラム，アクセンチュア（2009）「スマートコミュニティ投資の加速に向けて」
⑪尹卿烈（2012）『スマートグリッドにおける連携活動と事業開発に関する研究』『福島大学地域創造』第24巻第1号。
⑫吉村真弥（2006）「イノベーション促進のためのネットワーク最適化の考察」『Unisys Technology Review』第90号，136-149頁。
⑬Joff Gooding. (2009) "Collaboration is Key to Smart Grid." *The Utility Technology*

Association, Quarterly Report, August.
(14)Nohria, N. and Garcia-Pont, C. (1991) Global strategic linkages and industry structure. *Strat. Mgmt. J.*, 12: 105–124.

第8章　東北地方太平洋沖地震の概要と今後の地震発生の予測

I　東北地方太平洋沖地震の前震・本震・余震・誘発地震について

　2011年3月11日午後2時46分に発生した東北地方太平洋沖地震（Mw9.0）は，20世紀以降に世界で発生した地震の中で4番目に規模が大きい地震である。本震は宮城県沖であるが，本震が発生する2カ月ほど前から本震の震源から50kmほど北の地点で地震活動が活発になった。この地震活動は時間の経過とともに南下し，本震発生2日前の2011年3月9日には本震の震源から20kmほど離れた地点でM7.3の地震が発生した。この地震は東北地方太平洋沖地震の前震であると考えられ，50cm程度の小規模な津波が発生し三陸海岸のカキの養殖場などに被害を与えた。

　東北地方太平洋沖地震の本震では九州地方の一部や沖縄を除く日本の大部分の場所で有感の揺れを感知し，宮城県大崎市では震度7を，岩手県から茨城県におよぶ広い範囲で震度6強の揺れを計測した。東京の震度は震度5強であったが，長周期の揺れのために東京タワーの先端部が折れ曲がるなどの被害を受けた。本震の15分後に岩手県沖でM7.5，同30分後に茨城県沖でM7.7の余震が発生したのをはじめ，本震から2年半が経過した2013年8月現在においても活発な地震活動が継続している。

　2011年3月の本震以降には東日本を中心として大小様々な地震が発生しているが，
　1．日本海溝のプレート境界に沿って発生する余震。
　2．日本海溝の外側で発生するアウターライズ地震。
　3．福島・茨城県境付近など，内陸で発生する正断層型の誘発地震。
　4．東北地方太平洋沖地震の震源域から離れた地域で発生している誘発地震。

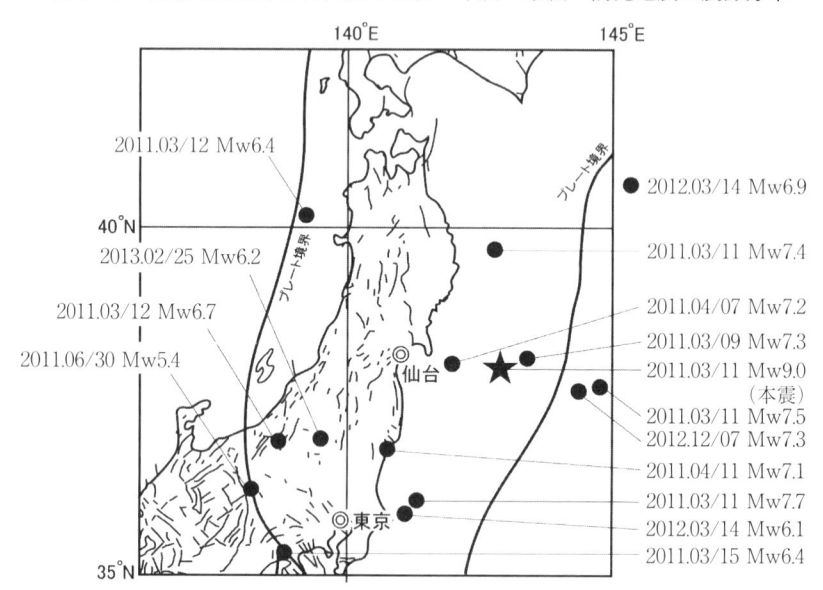

図8-1　東北地方太平洋沖地震の前震・本震・余震・誘発地震の震源分布

2011.03/12 Mw6.4
2013.02/25 Mw6.2
2011.03/12 Mw6.7
2011.06/30 Mw5.4
2012.03/14 Mw6.9
2011.03/11 Mw7.4
2011.04/07 Mw7.2
2011.03/09 Mw7.3
2011.03/11 Mw9.0（本震）
2011.03/11 Mw7.5
2012.12/07 Mw7.3
2011.04/11 Mw7.1
2011.03/11 Mw7.7
2012.03/14 Mw6.1
2011.03/15 Mw6.4

注：中村（2013）を一部改変。

など，地震の特徴から数種類に分類することができる。

　1のタイプの地震は東北地方太平洋沖地震の本震当日に発生した岩手沖の地震（M7.4）や茨城沖の地震（M7.7），本震から約1カ月後の2011年4月7日に宮城沖で発生した地震（M7.2）などが挙げられる。東日本沿岸における今後の地震活動を考える上で参考となる地震として，2004年スマトラ沖地震（M9.1）は，2004年12月26日に発生した本震以降，10年弱の間にマグニチュード7～8クラスの余震が10回以上発生している。2011年東北地方太平洋沖地震と2004年スマトラ沖地震は，プレート境界で発生した低角逆断層型の地震でメカニズムが非常によく似ており，東北地方太平洋沖地震においても本震発生以降余震ならびに誘発地震が頻発し，現在もなお地震活動が活発である。したがって，東北地方太平洋沖地震もスマトラ沖地震と同様に長期間にわたって大規模な余震が発生すると考えられる。

　一般に，最大余震の規模は本震からマグニチュードを1引いた程度が多

く，本震がMw9.0の東北地方太平洋沖地震ではM８クラスの巨大な余震が起こる可能性が想定される。最大余震は震源断層の端部で発生することが多いが，その理由は本震時の断層のずれの量が場所によって変化するためであり，一般的には震源断層の中央部における変位量が大きい。例えば2013年４月20日に四川省で発生した地震（M7.0）は2008年５月12日に発生した四川大地震（M8.0）と同じ竜門山断層帯で発生した地震である。2013年の四川地震は竜門山断層帯の南西の端で発生した本震よりも一回り規模の小さい地震であることから，この地震は2008年四川大地震の余震であると考えられる。東北地方太平洋沖地震においても，震源断層中央部の変位量（最大20～30ｍ）と断層の端部（数ｍ以下）とでは変位量に大きな差があり，今後は岩手沖や茨城沖といった震源断層の端部における大きな余震の発生が懸念される。また，東北地方太平洋沖地震の余震の発生領域の南限がフィリピン海プレートの北東端に一致していることから，同プレートの北東端が，地殻破壊の房総半島沖への南下を食い止めたことが指摘されている。このことは，東北地方太平洋沖地震がMw9.0の規模でおさまったことを一方で，フィリピン海プレートの北東端に大きな力が加わっていることを示唆する。

　２のタイプの地震は，東北地方太平洋沖地震の本震の約40分後に日本海溝から沖合100kmの海域で発生したM7.5の地震，ならびにその近隣地域で2012年12月７日に発生したM7.3の地震などがこれに該当する。アウターライズ地震が発生するメカニズムは後で改めて説明するが，一般にアウターライズ地震は陸地から遠く離れた場所で発生するため地震の揺れ自体による被害は小さいが，地震のマグニチュードが大きいことから津波が発生することが多いという特徴を持つ。1933年に発生した昭和三陸地震（M8.1）は，1896年に発生した明治三陸地震（M8.2）のアウターライズ地震であると考えられており，本震から相当の年月を経てもアウターライズ地震は本震とほぼ同じ規模で発生する場合がある。したがって，Ｍ９クラスの地震である東北地方太平洋沖地震では，今後数十年間にわたってアウターライズ地震の発生が懸念される。

　３のタイプの地震は，東北地方太平洋沖地震以降に地震活動が活発化した

図8-2 断層のタイプ

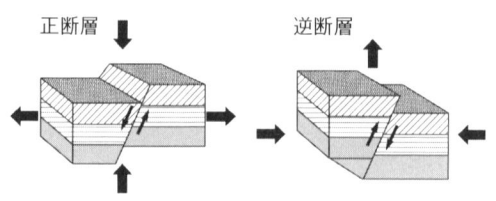

正断層　逆断層

注：中村（2013）より。

図8-3 茨城県北部ならびに福島県浜通りにおける正断層型地震の発生のメカニズム

いわき市周辺で発生する地震のタイプ
引張で沈降　圧縮で隆起
太平洋プレート
50m
東北地方太平洋沖地震の震源断層
太平洋プレートの沈み込み

注：大陸地殻の体積が増えることなく東西に延びたため、引張の力が加わった。

茨城県北部や福島県浜通り地方における、主として正断層型（図8-2）の引張応力で発生する地震である。この地域では東北地方太平洋沖地震以前はほとんど地震活動が無かったが、3月11日以降活動が活発化した。

東北地方太平洋沖地震は大陸プレート（ユーラシアプレート）が海洋プレート（太平洋プレート）の上にのし上がるプレート境界地震であるが、同地震では断層が50m程度動き、また断層の傾斜が低角であることから、上下方向よりも東西方向への移動量が何倍も大きい（図8-3）。したがって、震源断層よりも西側は断層の方向に引っ張られて、例えば牡鹿半島では5.3mの東側へ移動している。しかしながら、横滑りをしても大陸地殻の絶対的な体積は変化してないので、断層付近では圧縮されて大陸地殻が盛り上がる反面、震源域よりも西側では震源方向へ移動した分、相対的に東西に引っ張られる引張の力がはたらくので、地殻が薄くなって沈降が起き、茨城県北部や福島県浜通り地方では正断層型の地震が頻発していると考えられる。

東北地方太平洋沖地震から1カ月後の2011年4月11日には福島県いわき市を震源とする福島県浜通り地震（M7.0）が発生し、福島県浜通り、同県中通り、茨城県南部で最大震度6弱を観測した。この地域では、福島県浜通り地震発生以降も活発な地震活動が続き、福島県浜通り地震から約2年半が経過した2013年9月20日にも同じくいわき市を震源とするM5.9の地震が発生し、

いわき市では震度5強を計測した。福島県浜通り地震では，地震に伴って発生した土砂崩れによって4名が亡くなるなど，東北地方太平洋沖地震の発生から1カ月しか経過していないいわき市に大きな被害を与えた。本地震は従来推定活断層として記載されていた井戸沢断層・湯ノ岳断層の活動によるもので，井戸沢断層の西側に並走して明瞭な正断層型の地震断層が出現した。この地震断層で行われたトレンチ掘削調査の結果では，今回の福島県浜通り地震のひとつ前の活動時期が12500〜17000年前という結果が出た（堤・遠田，2012）。869年の貞観地震の際に活動した痕跡は見出せなかったことから，井戸沢断層が必ずしも日本海溝の発生する巨大地震に付随して地震を起こすことはなく，その時の状況に応じて井戸沢断層に平行する断層などが動いている可能性が示唆される。

　4のタイプの地震は，東北地方太平洋沖地震の翌日に発生した長野県北部地震（M6.7），2011年3月15日に発生した静岡県東部地震（M6.4），同年6月30日に発生した長野県中部地震（M5.4），2012年2月25日に発生した栃木県北部地震（M6.2）などが挙げられる。長野県北部地震では震源に近い長野県栄村で震度6強，新潟県津南町，同十日町市で震度6弱を観測し，栄村では村の総人口1900人の8割以上にあたる1700人が避難するなどの影響が出たが，東北地方太平洋沖地震の被害への注目があまりにも高かったために，同地震の被害状況を全国的に伝える報道の回数は限られた。東北地方太平洋沖地震の4日後に発生した静岡県東部地震は，静岡県富士宮市では震度6強を計測し，静岡県内で50名の負傷者などが出た。震源が富士山のマグマだまりの直上であったことから火山学者は富士山の噴火を警戒したが，幸いにも地震直後から本書を執筆中の2013年夏の時点までには噴火には至っていない。

　長野県中部地震は人口が多い松本市の直下で発生したため，4000件を超える建物被害が発生し，男性1名が本の下敷きになって死亡した。この地震は地震発生当初は活断層である糸魚川静岡構造線の牛伏寺断層で発生したことが推定されたが，震源の位置を詳細に調べたところ，震源は牛伏寺断層から分岐する赤城山断層のさらに西方に位置することが判明した（地下では赤城山断層とつながっている可能性がある）。栃木県北部地震では，栃木県日光市で

震度5強を計測し地震に伴って発生した雪崩で温泉旅館の宿泊客が一時的に孤立するなどの被害が生じた。この地域は那須岳や日光白根山などが並ぶ日本でも有数の火山地帯である。東北地方太平洋沖地震北海道から九州までの20の火山の直下で地震活動が活発化したことから，火山地域における地震活動も注視していく必要がある。

II　モーメントマグニチュードと気象庁マグニチュードについて

マグニチュードは，地震で発生したエネルギーの大きさを表した指標値である。すなわち，マグニチュードと地震のエネルギーは対数関係にあり，マグニチュードが2増えるとエネルギーは1000倍になるという関係がある。アメリカの地震学者チャールズ・リヒターが，和達清夫が書いた最大震度と震央までの距離の地図を見て考案したリヒターマグニチュード（Ml）が世界で最初のマグニチュードである。リヒターマグニチュードは，地震計の最大振幅を震央からの距離100kmの地点の値に換算し，さらにその常用対数をマグニチュードに換算した値である。マグニチュードは人間が感じることのできないごく微小地震から，数百年に1回程度の巨大地震まで規模に応じて様々な名称があり，数値では-1～9までの11段階に区分することができる。M7以上の大地震の日本周辺における発生頻度は年に1～2回程度以下であるが（表8-1），東北地方太平洋沖地震が発生した2011年以降は大地震の数が大幅に増え，マグニチュード7以上の地震が2011年だけで9回発生した。また，マグニチュード3～4の小地震は，東北地方太平洋沖地震の発生から2年半が経過した現在でもなお，同地震の震源断層上で毎日のように発生している。

マグニチュードの種類は，上述のリヒターマグニチュードの他に，モーメントマグニチュード（Mw），気象庁マグニチュード（Mj），表面波マグニチュード（Ms），実体波マグニチュード（Mb），津波マグニチュード（Mt）などがある。日本では気象庁マグニチュードが採用されている。気象庁マグニチュードは，強震計（周期5秒までの揺れを観測）に記録された地震波形の

第8章　東北地方太平洋沖地震の概要と今後の地震発生の予測　149

表8-1　マグニチュードの分類　（防災科研防災地震WEBをもとに作成）

名称	M	地震の概略（浅い地震の場合）	日本周辺での発生頻度
巨大地震（大地震）	9	数100〜1000kmの範囲に大きな地殻変動を生じ，広域に大災害・大津波。	数百年に1回程度
大地震	8	内陸に起これば広域にわたり大災害，海底に起これば大津波が発生する。	10年に1回程度
大地震	7	内陸の地震では大災害となる。海底の地震では津波を伴う	1年に1〜2回程度
中地震	6	震央付近で小被害が出る。Mが7に近いと，条件によって大被害となる。	1年あたり10〜15回程度
中地震	5	被害が出ることは少ない。条件によっては震央付近で被害が出る。	1月に10回程度
小地震	4	震央付近で有感となる。震源がごく浅いと震央付近で軽い被害が出る。	1日に数回程度
小地震	3	震央付近で有感となることがある。	1日に数10回程度
微小地震	2	震源がごく浅い場合に，震央付近でまれに有感となる場合がある。	1時間に10回程度
微小地震	1	人間に感じることはない	1分に1〜2回程度
極微小地震	0	人間に感じることはない	無数に発生している。
極微小地震	-1	人間に感じることはない	

注：表の右側の日本付近での発生頻度は，東北地方太平洋沖地震以前の目安である。

最大振幅の値を用いて計算する方式で，地震発生から3分ほどで計算可能であり，限られた面積に人口が密集する日本においては非常に有効なマグニチュードの算出方法である。一方で，気象庁マグニチュードはM8を超える地震の場合はマグニチュードの飽和が起き正確な数値を推定できないという欠点がある。例えば，東北地方太平洋沖地震の気象庁マグニチュードは速報値で7.9であった。

その後，気象庁が発表した東北地方太平洋沖地震のマグニチュードは，マグニチュード8.4→8.8→9.0と3回変更されたが，8.8と9.0はモーメントマグニチュードである。モーメントマグニチュードは地震モーメント（発震機構を2組の偶力で表現した時にその偶力の大きさを指すもの）の大きさをマグニチュードに換算したもので，地震を起こした断層運動の規模に関係するので大地震

の規模の表現に適している。1979年に金森博雄が考案した。M8以上の地震では，地震の大きさのわりにマグニチュードが大きくならない「頭打ち」現象がしばしば発生するが，モーメントマグニチュードはこれが起こりにくい。ゆえに，アメリカ地質調査所をはじめ世界的に利用されているマグニチュードであるが，マグニチュードの算出に時間がかかるため日本では地震速報としては採用されていない。

　気象庁は東北地方太平洋沖地震発生（2011年3月11日14時46分）の3分後にMj7.9と推定した時点では，マグニチュードの頭打ち現象が起こっているとは認識せず想定された宮城県沖地震が発生したと判断した。しかしながら，実際の地震の規模があまりに巨大であったため，地震発生当日の16時には気象庁マグニチュードを8.4修正して発表したが，その値も実際のものとは大きくかけ離れていた。モーメントマグニチュードは通常15分程度で算出が可能であるが，国内の広帯域地震計がほぼ振り切れたため対応できず，国外の地震波形データを用いMw8.8と算出したのは約1時間後であった。結局，気象庁が東北地方太平洋沖地震のモーメントマグニチュードが9.0であることを発表したのは本震2日後の3月13日のことであった。

Ⅲ　アウターライズ地震について

　海溝よりもさらに海寄りに存在する海溝外縁隆起帯（アウターライズ）で生じる地震をアウターライズ地震と呼ぶ。海洋プレートが大陸プレートに向かって沈み込みを開始するアウターライズ付近では，プレートが下向きに曲げられるためプレートの浅い部分では伸張応力が作用する（図8-4）。このため，アウターライズ地震のメカニズムは震源が浅い場合には正断層型の地震となる場合が多い。また，アウターライズ地震は逆断層型のプレート境界型地震によって断層が破壊された影響で，本震のペアをなして引き起こされることが多い。今回の東北地方太平洋沖地震のように本震の発生直後にアウターライズ地震が発生する場合もあるが，本震から数十年経過してからアウターライズ地震が発生する場合もある。東北地方太平洋沖地震後に海溝外縁

第 8 章 東北地方太平洋沖地震の概要と今後の地震発生の予測　151

隆起帯に加わっている力が現時点で全て解放されている可能性は否定できないので，今後もアウターライズ地震に注意していく必要がある。

　アウターライズ地震の顕著な例として昭和三陸地震が挙げられる。1993年に発生した昭和三陸地震（M8.1）は，その37年前に起きた明治三陸地震（M8.2）の影響を受けて発生した正断層型のアウターライズ地震だったと考えられている。明治三陸地震は1896年6月15日に岩手県釜石市の東方沖200kmを震源として起こったM8.2のプレート境界型の逆断層型の地震である。震源が陸地から離れていたため，地震動による被害は比較的軽微であったが，地震に伴って本州における当時の観測史上最高の遡上高（38.2m）を記録する津波が発生した。この津波による死者・行方不明者は2万人以上に上ぼり，1万戸近くの家屋が流出した。この地震は規模が大きかったことから，本震源域から離れた地域でも大きな誘発地震が発生しており，明治三陸地震から2カ月半後の1896年8月31日には秋田県の千屋断層を震源とする陸羽地震（M7.2）が発生し，横手盆地に多大な被害を与えた。また，8カ月後の1897年2月には宮城県沖地震（M7.4）が発生した。なお，この地震の後に岩手県・宮城県の43の集落で高台移転が行われた。

　昭和三陸地震は1933年3月3日に，岩手県釜石市の東方沖約200km（明治三陸地震よりもさらに東側）を震源として発生したM8.1の地震である。明治三陸地震と同様に地震による直接の被害は少なかった。一方で，地震のエネル

図 8-4　アウターライズ地震の概念図

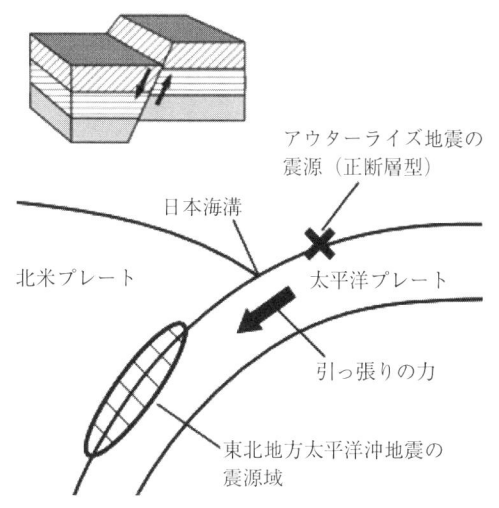

注：プレート境界地震の発生に伴って海溝外縁隆起帯が引っ張られる。
出所：「「アウターライズ地震」が列島を襲う」『現代ビジネス』ホームページより。

ギーは大きいために大津波が襲来し被害は甚大となった。最大遡上高は岩手県気仙郡綾里村（現大船渡市）で，海抜28.7mまで津波が駆け上がった。3000人を超える死者・行方不明者ならびに5000戸近い家屋が流出するなどの被害を受けた。本地震は領域海溝外縁隆起帯で発生した正断層型の地震でかつ，震源も明治三陸地震の震源の東に位置することから明治三陸地震のアウターライズ地震であると考えるのが妥当である。

IV　首都圏直下地震の歴史について

　首都圏では繰り返し大地震が発生したことは歴史学的に見て明らかである。1855年に発生した安政江戸地震では，当時の将軍家定が一時的に吹上御苑に避難せざるを得ないほどの大きな被害が生じた。首都圏に被害を及ぼす地震は，相模湾から房総半島南東沖にかけてのプレート境界付近で発生する地震と，陸域の様々な深さの場所で発生する地震が挙げられる（地震調査研究推進本部，2009）。プレート境界地震の例としては，1703年元禄関東地震（M8.1）や1923年大正関東地震（M7.9）が挙げられ，このタイプは200年～300年に1回の割合でM8クラスの地震が発生することが知られている。元禄関東地震（M8.2）は，関東地方の南部の広い範囲で震度6相当，相模湾沿岸地域や房総半島南端では震度7相当の揺れであったと推定される（宇佐美，2003）。この地震の際に東京では津波が隅田川へ遡上し，深川における津波高は1.5mと推定されている（羽鳥，2006）。大正関東地震では関東地方南部のほぼ全域で震度5弱以上の揺れとなり，低地を中心に震度6の地域の揺れに見舞われた（諸井・竹村，2002）。元禄関東地震が発生した際，東京湾岸は干潮時ということもあり津波高は比較的小さく，品川で波高1.3m，深川で0.8mと大きな被害は免れた（羽鳥，2006）。

　東京湾周辺のプレート境界では，数十年に1度の割合でM8クラスの関東地震よりも一回り小さいM7クラスの地震が発生している。特に，江戸時代から大正時代にかけて頻繁に発生した。これらの地震は，首都直下型地震もしくは南関東直下型地震などと呼ばれ，1855年安政江戸地震（M6.9）や1894

第 8 章　東北地方太平洋沖地震の概要と今後の地震発生の予測　153

図 8-5　首都圏で発生した地震のサイクル

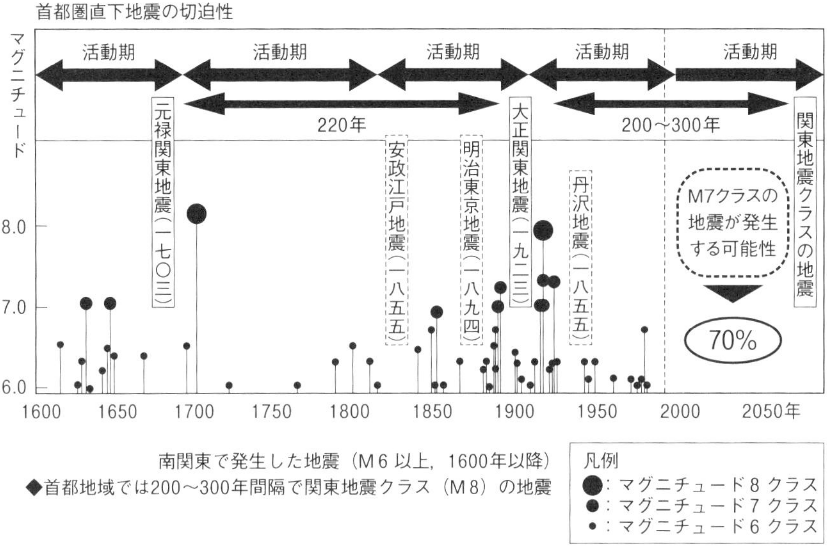

出所：内閣府防災白書（平成24年度版）

年明治東京地震（M7.0）などがその例として挙げられる。従来の研究では，これらの地震はフィリピン海プレートと太平洋プレートの接触部，もしくはその周辺で発生すると考えられていた。しかしながら，近年の研究によって関東フラグメントと呼ばれる厚さ約25km，幅約100kmの独立した岩盤ブロック（太平洋プレートが剥がれた断片であると考えられている）がフィリピン海プレートと太平洋プレートの間に存在し，安政江戸地震は関東フラグメントの周辺で発生した可能性が高いことが指摘されている（遠田，2009）。

図 8-5 は1600年以降に首都圏で発生した規模の大きな地震の年表である。首都圏ではM8クラスの関東地震の数十年前からM7クラスの地震が頻発し，その後に関東地震が発生していることが読み取れる。元禄関東地震の後の静穏期は100年程度であったことと，東北地方太平洋沖地震の発生で首都圏の地盤にも強い力が加わっていることを考慮すると，首都圏は地震の活動期に入りつつあることは十分に想定される。仮に首都圏で直下型地震が発生した

場合，M7クラスならば安政江戸地震のような揺れが，M8クラスならば大正関東地震のような揺れが予想される。

　安政2（1855）年に発生した安政江戸地震（M6.9）は，東京湾北部を震源とした地震である。震源の深さについては研究者によって見解の相違があったものの，遠田ほか（2006）では深度40－60kmの深さで発生したやや震源の深い地震であると推定されている。震度は山の手台地地域では震度5であったのに対し，浅草や深川などの低地地域では震度6弱もしくは震度6強であったと推定され，地盤による震度の差が認められる（宇佐美，2003）。被害は東京湾沿岸から埼玉県東部ならびに千葉県北西部に及んだ。軟らかい堆積物が厚く堆積している東京低地の深川・本所・浅草・日本橋などで被害が大きく，江戸町方の被害だけでも建物の全半壊及び焼失は1万4000余，死者は4000余とされる。また，地震後30カ所余から出火した火災によって2.2km^{2}が焼失した（宇佐美，2003）。

　1923（大正12）年9月1日午前11時38分頃に発生した大正関東地震（M7.9）は，相模湾，神奈川県全域，房総半島の南部を含む相模トラフ沿いの広い範囲を震源域として発生したプレート境界型地震である。関東地方の南部を中心に強い揺れが広範囲に生じ，関東地方の南部の広い範囲で震度6が観測されたほか，家屋の倒壊状況などから相模湾沿岸地域や房総半島南端では，現在の震度7相当の揺れであったと推定されている（諸井・武村，2002）。この地震による死者・行方不明者は10万5000名，全壊全焼家屋は29万3000棟に及び，そのほかにも土砂災害，津波，液状化等の被害をもたらした。地震直後に発生した火災が被害を大きくし，特に東京府の死者数は6万6000人にのぼっている（諸井・武村，2004）。

　その他に首都圏に被害を及ぼした主な地震としては，1782年天明小田原地震（M7.0），1812年神奈川地震（M6.8～7.0），1985年霞ヶ浦付近の地震（M7.2）などが挙げられる（地震調査研究推進本部，2009）。東京都内には活断層である立川断層が走っているが，江戸時代以降において大規模な地震を発生させた形跡は認められない。1923年の大正関東地震発生以降は1987年の千葉県東方沖地震（M6.7）を除くとほとんどないが，これは首都圏の地震活動がた

またま静穏期であったからであると考えられる．しかしながら，2011年東北地方太平洋沖地震の発生に伴い首都圏を含む日本全体が地震の活動期に入った可能性が高く，大正関東地震からも既に90年が経過していることを考えると今後の首都圏は特にM7クラスの地震の発生に注意である．

V 南海トラフ地震と富士山の噴火について

南海トラフは，海洋プレートであるフィリピン海プレートが大陸プレートであるユーラシアプレートの下に沈み込む衝突型のプレート境界である．これまでの歴史を振り返ると，南海トラフでは東海地震，東南海地震，南海地震などのM8クラスの巨大地震が約100年～150年ごとに発生している．特にこれらの3つの地震は，過去の傾向から非常に高い確率で連動して発生するものと考えられている（東海・東南海・南海連動型地震）．例えば，1707年の宝永地震（M8.7）の際には東海・東南海・南海地震の震源域が同時に動き，

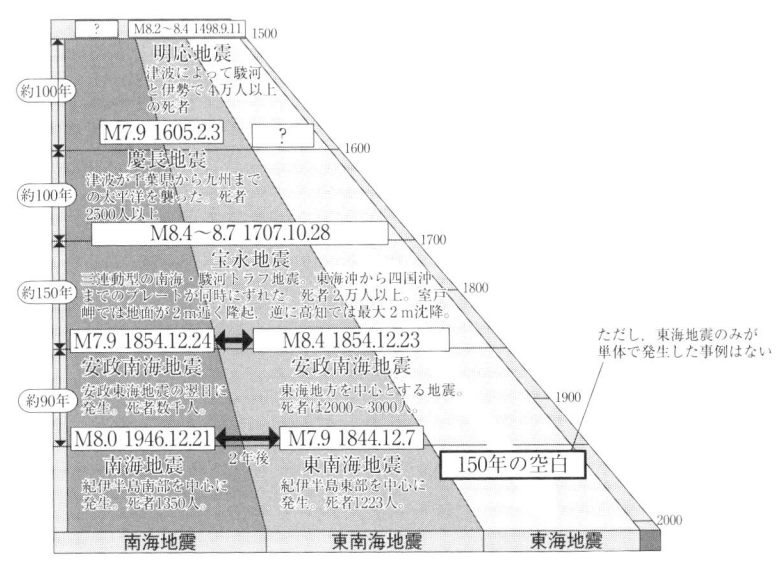

図8-6 南海トラフ地震の年表

```
約100年
  M8.2～8.4 1498.9.11  1500
  明応地震
  津波によって駿河と伊勢で1万人以上の死者

  M7.9 1605.2.3     ?
  慶長地震          1600
  津波が千葉県から九州までの太平洋を襲った．死者2500人以上

約100年
  M8.4～8.7 1707.10.28
  宝永地震          1700
  三連動型の南海・駿河トラフ地震．東海沖から四国沖までのプレートが同時にずれた．死者2万人以上．室戸岬では地面が2m近く隆起，逆に高知では最大2m沈降．

約150年                          1800
  M7.9 1854.12.24 ⇔ M8.4 1854.12.23
  安政南海地震      安政東海地震
  安政東海地震の翌日に発生．死者数千人． 東海地方を中心とする地震．死者は2000～3000人．

                                 1900
約90年
  M8.0 1946.12.21 ⇔ M7.9 1844.12.7
  南海地震    2年後  東南海地震
  紀伊半島南部を中心に発生．死者1350人． 紀伊半島東部を中心に発生．死者1223人．
                        150年の空白
                                 2000
  南海地震    東南海地震    東海地震
```

ただし，東海地震のみが単体で発生した事例はない

出所：『ニュートン』別冊（2005）を参考に作成．

1854年には東海・東南海地震が同時に発生した安政東海地震（M8.4）の32時間後に安政南海地震（M7.9）が発生した。また，1944年の昭和東南海地震（M7.9）の2年後には，昭和南海地震（M8.0）が発生している。このような状況から，次回の南海トラフ地震でも3つの震源域のうち2つもしくは3つ全部が連動して地震を発生させると考えられている。

宝永地震は東海，東南海，南海地震が同時に発生した三連動地震で，2011年の東北地方太平洋沖地震が発生するまでは日本史上最大規模の地震であった。死者数は約2万人であるが，その大半は津波で亡くなった。特に被害が大きかったのは大阪で，道頓堀界隈は全滅し5000人もしくはそれ以上の死者が出た。

最近では東海地震2回に1回の割合で富士山の噴火が連動して発生していることが指摘され，1707年の宝永地震の49日後には宝永噴火が発生している。富士山が噴火するための条件としては，マグマがマグマ溜まりに充分に供給されていることや近場における大きな地震などの噴火を誘発する現象（ただし，地震と関係なく噴火したこともある）などが挙げられる。仮に富士山で宝永噴火並みの噴火が発生した場合には，火山灰が偏西風に乗って東京都心部まで到達することが想定されており，東京都内では以下のような状況が予想される。

1．噴火から20分～30分位で偏西風に乗ってきた火山灰に上空が覆われ真暗になる。
2．火山灰は電気を帯びているので送電線に付着した火山灰で電線がショートし大停電が起きる（＝バスやタクシーも含めて交通機関が止まる）。
3．空中の火山灰を核として水蒸気が凝結し雲を作り灰色の雨を降る。さらに大気中の火山灰の摩擦で火山雷が発生する（3.11と違って歩いて帰ることもできない）。
4．浄水場のプールに火山灰が降下すると水道水は飲めなくなる（2週間くらい）。
5．人間が火山灰を吸い込むとぜんそくや気管支炎になりやすくなる。

以上をまとめると，富士山で宝永噴火並みの噴火が発生した場合には東日本大震災以上の混乱が東京都内で発生することが推測される。

VI　今後の地震発生の予測

最近の地震活動やこれまでの地震発生の歴史から，今後地震の発生が予想されるのは以下の地震である。

・東北太平洋沖地震の余震（茨城沖，岩手沖など）
・房総沖のプレート境界地震（M8クラス）
・南関東直下型地震（M7クラス）
・内陸に誘発される直下型地震
・火山性の地震
・南海トラフ地震

少なくても，東北地方太平洋沖地震の余震・誘発地震は最低10年間続くと予想され，首都圏直下型地震や東海地震も切迫していると考えられる。また，東北地方太平洋沖地震に誘発されて内陸の活断層が地震を起こしたり，火山噴火が誘発される可能性もある。過去の地震から学べることは大変多く，過去の事例をしっかりと頭に入れた上で「いつ地震が来てもおかしくない」という認識を持って普段から行動し，有事に備えていく必要がある。

（中村洋介）

参考文献
①宇佐美龍夫（2003）『最新版　日本被害地震総覧　416-2001』東京大学出版会。
②森省歩（2012）「「アウターライズ地震」が列島を襲う」『現代ビジネス』ホームページ，http://gendai.ismedia.jp/articles/-/31609?page=2
③地震調査研究推進本部地震調査委員会（2009）「日本の地震活動─被害地震から見た地域別の特徴─」（第2版）文部科学省。
④遠田晋次・中村亮一・宍倉正展・William H. Bakun・Ross S. Stein（2006）「関東のプ

レート構造と安政江戸地震の震源」『歴史地震』21号。
⑤遠田晋次（2009）「首都直下に潜むプレートの断片と地震発生における重要性」『科学』79号。
⑥内閣府『平成24年度　防災白書』http://www.bousai.go.jp/kaigirep/hakusho/h24/index.htm
⑦中村洋介（2013）「東北地方太平洋沖地震の概要について」『2013年　日本地理学会秋季学術大会公開シンポジウム』日本地理学会。
⑧羽鳥徳太郎（2006）「東京湾・浦賀水道沿岸の元禄関東（1703），安政東海（1854）津波とその他の津波の遡上状況」『歴史地震』21号。。
⑨防災科学技術研究所，防災地震WEB　http://www.hinet.bosai.go.jp/about_earthquake/part1.html
⑩諸井孝文・武村雅之（2002）「関東地震（1923年9月1日）による木造住家被害データの整理と震度分布の推定」『日本地震工学会論文集』2-3，35-71頁。
⑪諸井孝文・武村雅之（2004）「関東地震（1923年9月1日）による被害要因別死者数の推定」『日本地震工学会論文集』4-4，21-45頁。

第 3 部

復興における諸アクターの役割 2（国際編）

第9章　災害復興メカニズムと社会経済の調整パターン
―― レギュラシオン・パースペクティブ ――

I　はじめに

　巨大地震，津波，および原発事故が重なった「3.11東日本大震災」からの復興は，災害の複合的・広域的な性格により，国全体をあげた長期的な取り組みが必要となっている。大型自然災害からの復旧・復興には，厖大な資源，資金，人力，および知恵が長期に渡って投入されることから，復興事業は被災地域の社会経済システムを大きく変化させる可能性がある。とりわけ，被災地域では産業構造，就労形態，および人々の生活様式の大転換が起きる可能性がある。

　そして，このような復興事業には，中央政府，地方自治体，企業，研究機関，個人，NPOなどのさまざまなアクターが参加するが，諸アクターの役割，およびその集約としての復興メカニズムは，その国と時代における社会経済システムの調整様式と深く関わる。すなわち，当該社会経済システムにおける被災前から存在したレギュラシオン様式が，復興を担う諸アクターの役割を規定し，地域社会のあり方を方向づけ，被災地域の社会経済システムの持続可能性に強い影響を与える。

　例えば，3.11以降の日本におけるグローバルビジネスの利益を重視する「民間主導の創造型復興」と呼ばれる災害復興メカニズムは，「企業単位のコーディネーション」を主な調整パターンとしてきた日本型企業主義レギュラシオン[1]の帰結であると言える。そして，2008年四川大地震における短期間での集中的な復興支援を通じて，被災地域の発展を20年も前進させた[2]「国家主導の成長型復興」と呼ばれた災害復興メカニズムは，「国家主導のコー

ディネーション」を主な調整パターンとする現代中国の社会経済システムの特徴を如実に表している。

本章では，2011年に発生した日本の「東日本大震災」と2008年に発生した中国の「四川大地震」からの復興メカニズムが，日本と中国における異なる社会経済調整様式に大きく規定されていることから，復興にかかわる諸アクターの役割も大きく異なっていることを明らかにする。そして，これらの二つの復興メカニズムを特徴づける分断的，経済的，および短期的という限界を超える新しい復興メカニズムとして，地域住民の主体的な参加と役割に基づく「地域主導の持続可能な発展型」災害復興メカニズムの姿を人間復興の視点から描く。

II 社会経済システムの調整パターンと復興メカニズム

自然災害は，それが有する強い歴史性と地域性ゆえに，被災地域の長期的な社会経済発展過程で累積されたさまざまな問題を表面化させる傾向がある（岡田，2012）。例えば，2011年の東日本大震災は，グローバル化に伴う東アジア地域内分業構造の進化と競争激化，そして日本経済の「東京一極集中」に伴う地域経済の衰退により，周辺化，過疎化，および高齢化が急激に進んでいる被災地域の現状を浮かび上がらせた。また，2008年の四川大地震は，1990年代以降の中国における輸出主導型成長の恩恵に預かれず，若い人は東

---

(1) バブル崩壊以降，企業を取り巻く国際的・国内的経営環境の変化に伴い，長期安定的な信頼関係に基づく「企業主義レギュラシオン」の領域は大きく縮小された。とりわけ雇用システムにおける企業主義的な日本的労使妥協のカバー範囲は非正規雇用の増加に伴って大幅に縮小され，企業の資金調達方式が間接金融から直接金融へ転換したことによって企業と銀行間の長期安定的な金融妥協も弱体化し，メインバンク制と企業間株式持ち合いの解消に伴ってコーポレートガバナンスの形態も大きく変化した。しかし，制度の経路依存性や補完性により，依然として企業単位のコーディネーションを主な調整様式としており，それに代わる新しい調整様式はまだ現れていない。
(2) 2011年9月時点で復旧と復興事業の99%が完了し，四川大震災の復興は3年間という短い期間で「奇跡的な復興」を遂げたと言われている。

表9-1　日本の年間国内エネルギー供給量（2012）

	東日本大震災	四川大地震
震災発生日	2011年3月11日14時46分	2008年5月12日14時28分
震　　央	宮城県三陸沖（仙台市の東方70km）	四川省（阿坝チワン族自治州・汶川県）
震源の深さ	24km	19km
地震の規模	マグニチュード9.0	マグニチュード7.9
死　者　数	16,140人	69,226人
負傷者数	6,112人	374,643人
行方不明者数	3,123人	17,923人
倒壊家屋数	128,582戸	7,789,100戸
損壊家屋数	935,913戸	24,590,000戸
経済的被害	約17兆円	8451億元（約14兆円）

出所：各種資料に基づき作成。

南沿海部，都市部へ出稼ぎに行き，高齢者と子供たちが小さい土地を守りながら留守をしていた貧しい内陸山間部の厳しい社会経済実態を明らかにした。

　表9-1に示すような二つの大型自然災害によって明らかになった被災地域の厳しい実態は，これまでの日本と中国における経済発展戦略，経済構造改革，地域経済政策，および社会政策など，さまざまな政策課題の「中心部―周辺部」構造が深まった結果である。とりわけ経済構造において，周辺部は食糧，原材料，労働力，エネルギー等の生産と供給を通じて中心部の発展を支える役割を果たすことに限定されてきた。その結果，経済成長の利益は中心部に集中し，産業構造の変化や国際競争環境の変化に伴い，周辺部である被災地の衰退はますます進んでいた。

　そして，「中心部―周辺部」構造の下での傾斜的な発展戦略とともに被災地域の衰退に拍車をかけたのが，両国における社会経済システムの調整様式である。すなわち，日本の場合，企業単位のコーディネーションを主とする「企業主義レギュラシオン」は，中心部（東京，大阪，名古屋などの大都市）の発展を優先的に進める大きな原因となった。とりわけ中心部に本社を置くグローバル企業の利益確保が優先され，グローバル経営の視点に基づく中間財調達，生産拠点，販売市場の国際化が進んだことにより，国内の周辺地域と

の経済リンクの度合いがますます希薄になっていた。中国の場合，国家主導のコーディネーションに基づく輸出主導型成長体制においては，社会経済発展のためのモノ，カネ，ヒトなどの経済要素が，輸出産業の発展に有利（中間財の輸入と完成品の輸出）な東南沿海部地域に集中的に投入され，西北部の辺境地域は経済発展から取り残されたままであった。

表9-2に示すとおり，経済調整は調整主体と調整単位の違いから，五つのパターンに分類される。すなわち，調整の主体が市場か制度か，それとも国家かによって，市場的調整，制度的調整，および国家的調整に分けられる。そして，その調整が企業単位で行われているか，それとも社会単位で行われているかによって，制度的調整は「企業単位コーディネーション」[3]と「社会単位コーディネーション」に，国家的調整は「関与」と「国家主導のコーディネーション」にさらに細分化される。

まず，アメリカなどのアングロサクソン型資本主義においては，価格メカニズムによる需給調整を基本とし，「市場的調整」が支配的な役割を果たす。社会を構成するさまざまなアクターの需要と供給に関する情報はすべて価格に集約され，価格の変動によって需給が調整される。しかし，アングロサクソン型資本主義を除くほかの国々においては，市場の役割は限定され，「制度」や「国家」による調整の役割が強調されている。

日本の調整パターンは，ヨーロッパ諸国と同じく制度的調整の領域に属しているが，調整の単位において決定的な違いがある。すなわち，日本の企業単位のコーディネーションは企業グループないし単一企業内におけるヒエラルキー構造に依拠しているが，ヨーロッパの社会単位のコーディネーション

---

(3) 宇仁（2009）では，企業単位の制度的調整を協議・妥協ベースか権力・命令ベースかによって，さらに「企業単位コーディネーション」と「ヒエラルキー」に細分化している。そして，近年の雇用システムにおける非正規化の拡大により，日本の雇用調整に占める前者の割合が減り，後者の割合が増加していると説明している。さらに，大手メーカーの外注率の縮小と内製率の拡大，という企業間分業構造の変化からも，同じような調整パターンの変化が検証されている。本章では，これらの企業単位の調整と社会単位の調整の区別だけではなく，制度的調整と国家的調整の区別にも焦点を合わせるため，ヒエラルキーも「企業単位のコーディネーション」に含めている。

表 9-2　調整様式の分類

調整単位	調整のパターン		
	市場的調整	制度的調整	国家的調整
企業単位の調整		企業単位のコーディネーション	関与（直接的／間接的）
社会単位の調整	市場	社会単位のコーディネーション	国家主導のコーディネーション

出所：厳（2011，表0-1）を参考に作成。

は、政労使を含むさまざまなアクター間の協議と妥協、および合意に基づく制度的調整を主としている。

　そして、国家的調整もその調整が企業単位で行われているか、社会単位で行われているかによって二つに分けられる。一つは、中国で現在も見られるように、国家が経済の管理範囲を縮小しつつも、国民経済の根幹にかかわる産業と企業に関しては、直接的・間接的に影響を維持する「関与」という調整メカニズムである。もう一つは、主として「市場の失敗」や「外部不経済」を回避するために行われる国家による「規制」、制度や政策の決定も含む国家主導での社会的合意形成メカニズムとしての「国家主導のコーディネーション」である。

　社会単位での国家的調整の形態としての「国家主導のコーディネーション」には、たとえば制度改革案の立案、財政政策の決定、金融政策に対する影響、さらには社会経済システムの発展に関する戦略の策定、天災地変への対応（救済と復興）などが含まれている。これらの制度改革案や政策案、国家の発展戦略、災害の復旧と復興対策の基本内容や方針は、政府が国内諸勢力の要求を反映するかたちで立案し、その承認については、議会における複数政党間での議論を中心とした国民的議論を経ることが一般的である。とりわけ社会単位での調整に基づく「国家主導のコーディネーション」は、国内諸勢力の間での協議と妥協に基づく、国家主導の国民合意形成プロセスとして理解することができる。[4]

　中国においては、1990年代以降の社会主義市場経済システムの構築に伴い、国家による経済の規制や管理は一部の産業と企業を除いては縮小しており、

国家的調整の形態は,「関与」から「国家主導のコーディネーション」に変容しつつある。政府が直接・間接的にコントロールする国有経済部門がマクロ経済全体に占める割合は傾向的に低下し,市場原理と法制化に基づくマクロ経済運営が中心となりつつあり,市場的調整と制度的調整の領域は拡張している。しかし,どの分野でどの程度市場的調整と制度的調整を拡大させるかを決定する権限は国家が有しており,国家的調整の領域がなくなったわけではなく,その形態が変容したと考えられる(厳,2011)。

中国における国家主導のコーディネーションは,「全国民に対する高度成長の恩恵と引き換えに共産党が政治権力を独占する」という基本的妥協(ボワイエ,2011)のもと,さらに「政府の許容範囲内での市場競争への参加と経済利益の所有」という政府と市場主体の間の市場妥協,「人事権と財政決定権を握る中央政府が地方政府,および地方官僚の自主的な発展の成果を評価する」という中央と地方政府の間の権力妥協を通じて,市場競争の活性化

---

(4) もちろん,どの国においてもこれらの五つの調整パターンは併存しているが,各々の調整パターンの比重とヒエラルキー構造には大きな違いがある。さらに,これらの調整パターンの組み合わせ,ならびに各々の役割は,社会経済システムの発展段階やその変容に伴い変化するのが一般的である。伝統的に市場的調整をベースとするアメリカにおいても,2008年以降の「金融主導型資本主義」の崩壊を目前にして,不良債権の買い取りや公的資本注入などによる大手企業の救済,複雑なデリバティブ商品に関する規制,金融機関の財務健全性強化など,既存の金融システムへの国家的調整の役割が拡大する傾向が見られる。しかし,自由市場経済への信奉は無くなったわけではなく,金融権力の驚くべき頑強性により,再規制の過程が一貫して金融権力によって方向づけられている実態(ボワイエ,2011,292頁)から,調整様式には強い制度的経路依存性があり,その修正と転換には膨大なエネルギーと時間が要されると考えられる。そして,国際的・国内的マクロ経済環境の変容と経済動態の変化に対応できず,成長体制と調整様式の間の不整合性から生まれる構造的危機を克服できないまま,長期的な不況に陥っているのが日本である。すなわち,「企業主義的レギュラシオン(companyist régulation)」と呼ばれる企業単位の制度的調整を基軸とする日本の調整様式は,グローバル競争の拡大と国内の少子・高齢化,格差・不平等の拡大などによる成長源泉の枯渇に直面しているが,高度・安定成長時代に成長を前提として作られた諸制度の抜本的改革は先送りされ,結果的に深刻な構造的危機に陥っている。日本における企業主義的レギュラシオンの構造,役割,変容,およびその限界に関しては,山田(1994,226-236頁;1999,21-43頁;2008,221-227頁)が詳しく論じている。

と政府機能の変化をもたらしている。そして，このような調整内容（ゲームのルール）の変化に基づく経済的達成は，政治領域における「専制的かつ後見的」な統治集団の内発的な変容を促し，国内諸勢力の利益調整と妥協に基づく成長体制と発展様式の転換が行われている。

もちろん，「市場経済」である以上，中国の「社会主義市場経済システム」においても，価格，賃金，利潤，利子，株価，地価などのさまざまな経済変数が存在している。現代の先進資本主義諸経済において，これらの変数が純粋に市場メカニズムの調整によって決定されていないのと同じく，中国においても上記の諸変数は，純粋に市場の需給状態の影響だけで変化しているわけではない。とりわけ，国家主導のコーディネーションの下，上記の諸変数は国家ないし政策の影響を強く受けているのである。もちろん，ここでいう国家主導のコーディネーションは，従来の計画経済時代の国家による集権的な「管理と支配」，さらに現在も残されている「直接／間接的な関与」とは異なるが，社会主義市場経済システムにおける国家的調整の範囲と影響力は決して小さくない。[5]

上記のこれまでの各国・地域の社会経済発展を規定し，特徴づけているコーディネーション様式は，各国の自然災害からの復興メカニズムの形態を強く方向づけている。日本の場合，東日本大震災からの復興は，グローバル企業の利益創出および経営環境のさらなる自由化のための規制緩和を推進す

---

[5] 中国の社会主義市場経済システムにおける経済諸変数に関する具体的な国家的調整の内容に関しては，厳（2011，280-283頁）において詳しく説明されている。そして，このような国家的調整の存在が，今日の中国における「社会主義市場経済システム」の独自性，さらには中国の経済調整の「社会主義」的特徴を構成する主要な要因であると言える。「ビッグバン・アプローチ」を採用したロシアや東欧諸国に比べ，中国の漸進的改革による体制移行の経済パフォーマンスと社会の安定が優越していること（関，2007）も，このような国家的調整の存在に依存するところが多い。とりわけ，国家的調整を基軸としながら市場的調整と制度的調整の役割を徐々に拡大させていく，という国家主導のコーディネーション様式は，旧体制の周辺で新体制を育成，発展させ，新体制の成長を通じて旧体制を改革するための条件を創出する（樊，2003），という中国の漸進的改革の成功の基となっていると言える。

る良い機会として捉えられる側面が強く，被災地の地域経済，住民生活の復旧・復興は遅れている。そして中国の場合，中央政府の強いリーダシップに基づいて推進された「ペアリング支援」メカニズムは，短期間で被災地域の道路，公共施設，住宅などの建造物の建て直しを完成させたが，復興事業にかかわる資金，建設資材，労働力のほとんどが，ペアリング支援を行う東南沿海部地域から調達されたことから，復興需要が生み出す経済利益の多くは地域外へ流出した。その一方，大地震と災害からの復興事業に伴う産業構造の劇的な変化や居住地の移転などは，被災地住民の就労と生活様式の大きな変化をもたらした。

　もともと，このような異なる国と時代における異なる調整パターンが，災害以前の被災地を含む社会経済システム全体の発展を規定しており，冒頭で概括した被災地域における厳しい社会経済の現状を生み出したと考えられる。そして問題は，このような調整様式が，災害からの復興メカニズムの構築と復興プロセスにも強い影響を及ぼし，従来の社会経済発展モデルからの離脱を妨げていることである。とりわけ復興を主導するアクターと参加する諸アクターとの間のヒエラルキー構造と，それぞれの役割を規定していることである。続く二つの節では，日本と中国における復興メカニズムと社会経済システムの調整パターンの相互関係について詳しく考察していく。

III　日本における民間主導の創造型復興メカニズム

　日本政府の「東日本大震災からの復興の基本方針」(2011年7月29日公布)では，その前月に発表された政府の東日本大震災復興構想会議の提言を踏

---

(6)　「ペアリング支援」とは，被災地の特定の自治体に，東南沿海部の特定の自治体を割り当て，一対一の直接支援を行う仕組みである。とりわけ社会経済発展が先行している東南沿海部の省（直轄市）が，その資金，人材，技術，および発展のノウハウを積極的に活用して，発展が遅れていた被災地の県（市）の復旧と復興を支援する復興メカニズムである。ペアリング支援における各ペアの組合せ，復興プロジェクトの事例，成果，および残されている課題などに関する具体的な論述は，厳（2012）を参照せよ。

襲して，「創造的復興」を基本理念とし，東日本大震災を「日本経済のさらなる成長」や「構造改革」の好機とみなす考え方を強く押し出した（岡田，2012）。そして，被災地域の多くの地方自治体の「復興ビジョン」においても，さまざまな復興特区の構想が盛り込まれ，規制緩和の大合唱がはじまった。

このような「創造的復興のための規制改革」の発想は，中心部に本社を置く大手企業やその団体（経団連，経済同友会），およびその利益の代弁者たちの謳い文句であり，日本の企業単位のコーディネーションの表れである。とりわけ，短期間で利益が創出できる復興事業に参入して利益を確保すると同時に，大災害を機に，国民的議論と合意を粗末にして規制改革をすすめ，長期的利益を確保しようと目論んでいる。これらの発想には被災地域の経済再建や地域住民の生活基盤再建は，単なる企業の短期的利益の追求の手段でしかなく，地域根ざした経済構造の一層の破壊をもたらすだけである。

さらに，規制改革の具体的な施策として注目されている経済特区の構想においても，被災した各地域で新たな可能性を模索する動きよりも，中心部（東京，大阪）における規制改革特区の整備が先行しているのが実態である。

---

(7) 「創造的復興」という用語は，阪神・淡路大震災（1995年）の際に，当時の兵庫県知事が造った言葉であり，新自由主義的な経済政策思想が強まるなかで，空港や高規格道路，都市の再開発投資を先行させて，災害を奇貨として一気に産業構造の高度化を図るための基盤を創るべきだという考え方である。その結果，復興ではハード事業が優先され，被災者の生活再建に結びつかず，多くの震災関連死者も出るなど，多くの問題点が指摘されている（岡田，2012）。

(8) 実際，各地方自治体の復興プランの策定には，東京に本社を置く大手コンサルティング会社がかかわっており，地域の特性・実情とかけ離れたな抽象的な計画（プロジェクト）が並べられていることも多かった。

(9) このような特徴をもつ今日の震災復興に関して，岡田（2012）はナオミ・クラクインが提起した『便乗型資本主義』という言葉に倣って「惨事便乗型震災復興」と名づけている。

(10) Krugman（1991）の「新経済地理学」やFujita, Krugman and Venables（1999）などの「空間経済学」の知見が明らかにしたように，関連する産業の集積が少なく，産業間の十分な前方連関効果も，後方連関効果も欠けている周辺地域の工業は，ますます中心部に移転し，周辺部では長期間にわたり不利益を被る。ただし，輸送費の十分な低下が起きると，消費者と中間財の供給者に接近することの価値が減少し，核と周辺の間の賃金価格も均等化に向かう可能性もある。

実際，高齢者の割合が高く，中心部との経済的リンクが弱まり，長期に渡って衰退してきた周辺地域である被災地に新しい産業や企業が集積する可能性は極めて低いと言わざるを得ない。(10)特に，復興建設プロジェクトの多くは東京に本社を置く大手建設会社が受注し，復興需要の増加に伴う経済利益も中心部へ流れている実態を見てもわかるように，企業単位のコーディネーションを主とする現在の日本的調整様式の下では，被災地域の持続可能な発展の道は開けない。

実際，被災地の復興過程も日本の企業単位のコーディネーションを主とする調整パターンに強く規定されている。すなわち，企業レベルでの復興のスピードは速く，大手グローバル企業の被災地域に立地している事業所（支社）の復旧作業と生産（営業）再開は，震災後の早い段階からはじまった。グローバルサプライチェーンの断絶は，東京にある本社や被災地以外の支社からの支援により短期間で回復した。しかし，被災地域の自治体，協業団体，地元住民との協議と合意を必要とする復興事業は遅れている。例えば，JR東日本の新幹線と東北本線をはじめとする在来線の復旧と運転再開は，たびたび起きる余震の影響を克服しながら急ピッチで進められた。しかし，居住地の高台移転や路線変更が必要な福島県浜通りにあるJR常磐線の復旧・再建は，震災から2年半が過ぎた今日でもまだ目途が立っていない。また，宮城県沿岸部の漁港再編と民間企業の参入は，県知事が推進する規制改革の肝いり政策であるにも関わらず，進んでいないのが実態である。

そして，上記の日本的調整パターンの特徴は，政府による被災地産業復興支援プログラムにおいても明らかである。企業単位のコーディネーションを主とする日本の社会経済システムにおいて，政府（国家）の役割は企業主義レギュラシオンの補助的な役割に限定されてきたことから，東日本大震災のような大型自然災害からの復興においても政府は，企業主導の創造的復興を側面から支える副次的な役割しか果たしていない。震災を受けて急きょ組まれた補正予算の多くが，地域密着型の産業，企業の復旧・復興ではなく，グローバルサプライチェーンの復旧に投入されている実例が，それを説明している。

また，復興予算の投入によって創出された雇用は，瓦礫収集，建設現場，サービス業，災害情報発信，被災者支援関連などで増加しているが，これらの雇用の多くは一時的な短期需要の発生によるものであり，被災地域の内生的な産業循環と被災者の生業を長期的に支えるものではない。短期的には被災者の就労と所得を確保し，その生活を保障する役割はあっても，長期的な視点に立つ人間能力の開発と被災地域の持続可能な発展につながるものではない。被災地域の自治体，団体，住民が主導する復興とその後の地域の自主的発展を支えるための知識と技能を持ち備えた人的資源の蓄積を目指す「人間中心の復興」の視点が欠如している。

IV 中国における国家主導の成長型復興メカニズム

冒頭でも述べたように，2008年5月の中国四川大地震からの復興事業は，中央政府の強いリーダシップに基づく国を挙げての経済的・人的支援により，3年間という短い期間でほぼ完成した。巨大地震によって破壊された道路，公共施設，住宅などの建造物のほとんどが新しく建てられ，新しい産業や企業の誘致に向けた工業団地も多く造成された。その結果，これまでの中国における高い経済成長に比べて相対的に遅れていた被災地域の社会経済発展が，20年も前進したとも言われている。

このような「奇跡的な復興」を支えたのが，災害復興の「ペアリング支援メカニズム」においても強く現れている中国的国家主導のコーディネーションである。図9-1に示すように，ペアリング支援メカニズムは，中央政府が復興戦略の策定と復興メカニズムの構築を行い，財政システムや人事評価システムを通じた制度的調整のもと，各地方政府の復興支援の成果を競わせるものである。そして，企業と個人は政府主導の復興支援（国家的プロジェクト）に参加し，「被災地支援」という社会的責任を果たすとともに，他者との競争のなかで経済的利益を得ることが可能な，国家的調整，制度的調整と市場的調整が結合された復興メカニズムである。ここで，社会経済システムにおける共産党組織の重要な役割以外の諸項目は，中国独自のものではなく，

図 9-1　ペアリング支援における国家主導のコーディネーション構造

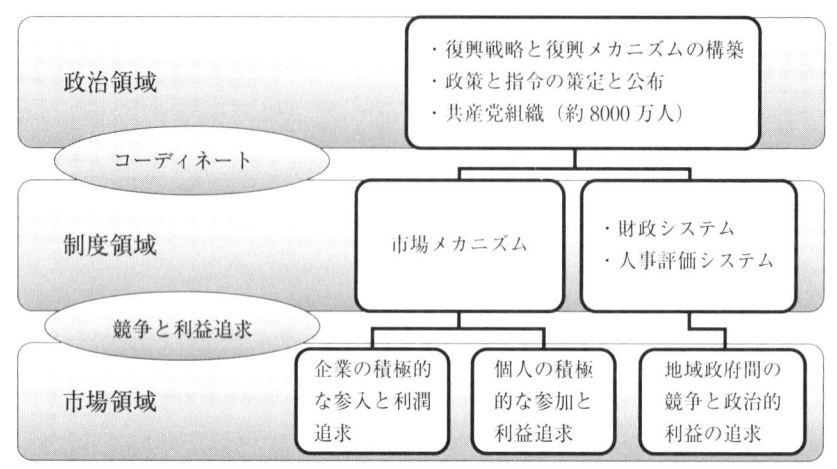

政治領域
・復興戦略と復興メカニズムの構築
・政策と指令の策定と公布
・共産党組織（約 8000 万人）

コーディネート

制度領域
市場メカニズム
・財政システム
・人事評価システム

競争と利益追求

市場領域
企業の積極的な参入と利潤追求
個人の積極的な参加と利益追求
地域政府間の競争と政治的利益の追求

出所：筆者作成。

他の国においても実行可能な国家主導のコーディネーション構造であり，特に大型の自然災害からの復興メカニズムとして有効に機能する可能性は高いと考えられる。[11]

　そして，ペアリング支援に基づく復興事業がほぼ完成した2011年からは，表9-3に示すような『四川省被災地発展振興計画』が策定され，復興事業によって新建された社会・経済インフラを活用しながら，地域の比較優位に基づく国家主導の成長型復興が推進されている。[12] しかし，上記のような発展振興計画の遂行にあたり，一部地域ではその土台となる復旧・復興計画の未

---

[11] 「3.11東日本大震災」以降，日本においても「ペアリング支援」の必要性が提起され（石川，2011），四川省の復興経験も多く紹介された（厳，2012）。また，関西広域自治体連合は，被災地支援における重複を避けるため，具体的に担当する府県を決め復旧・復興支援を行っている「カウンターパート方式」も中国のペアリング支援メカニズムの理念と形式を見做ったものである（金坂，2011）。

[12] 具体的には，他の省よりも高い経済成長率を達成し，被災以前よりも産業構造を効率化し，新しい産業と企業を誘致して雇用を創出し，住民所得の向上を図ることで都市と農村との所得格差の是正を目指している。また，地質に関連する災害の防御と生態系の改善を行い，防災と減災能力の向上を図る具体的な政策も含まれている。

表9-3 『四川省被災地発展振興計画』(2011〜15年)の主な内容

発展戦略	具体的な事例
自然と調和する農業発展	・都江堰市―生態農業基地
比較優位を特色とする製造業育成	・成都市―電子情報モデル基地 ・綿陽市―デジタル放送産業発信基地 ・徳陽市―大規模技術装備製造基地
自然・民俗関連観光産業の育成と強化	・「チベット族・チャン族文化体験観光地区」 ・「龍門山レクリエーション観光地区」 ・「三国志文化観光地区」 ・「パンダ国際観光地区」

出所:顧(2012)などの資料に基づいて作成。

完了によるいくつかの課題も懸念されている。

例えば、地域経済の回復スピードの遅れや中小企業の業績不振による自主的な内生発展力が不足し、継続的な成長を遂げるための前提が揺らぎかねないという問題がある。そして、短期間で復興を成し遂げたがゆえに、復興事業完了後の域内需要が大きく低下していること、ペアリング支援に伴い新しく増加した労働力と産業構造の転換に伴う農業部門からの余剰労働力の排出によって、地域内の雇用圧力が増加していること、などがあげられる。また、地震災害や二次災害に遭遇し、自宅を含む財産を失った貧困層の債務増加が生活の再建における大きな障害となり、貧困人口が増加する恐れも増えている[13]。

しかし、日本の民間主導の創造型復興が直面している困難と同じく、中心部との距離が遠く、域内における経済発展に必要な資本、技術、人材、および市場などの要素が限定的である四川省の被災地域が、新しい産業、企業を誘致することは容易ではない。実際、復興事業として新しく造成された工業団地に立地した企業数は少なく、復興支援策としての特別優遇措置期間の終

---

[13] 顧(2012)では、貧困村2516地区における貧困世帯の発生率は、四川大地震前の11.7%から地震後の34.9%に増加したと指摘している。

[14] 被災地復興支援の一環として、工業団地に新しく立地する企業に対して最初の三年間は、法人税、固定資産税などを含むほとんどの税を免除する措置に加えて、雇用支援などの優遇措置が取られている。

了とともに外部へ移転する例も多く現れている。特に，経済発展が相対的に遅れ，高い所得をめざした沿海部への出稼ぎ労働力の流出地域であった被災地に，労働生産性の高い産業と企業が立地しようとしても，必要な知識と技能を備えた労働力の供給可能性は乏しく，新しい企業の立地と集積を妨げる大きな要因となっている。

また，被災地における観光産業も，被災地支援意欲や新鮮さが薄れ，政府機関が組織する地震遺跡見学ツアーも縮小するにつれ，被災地観光の需要も徐々に減っている。四川大地震からの復興においては，復興事業に伴う産業構造の大転換と居住地の大移転により，観光産業の発展が，地域内の雇用創出と住民所得保障の重要な手段として位置づけられている。とりわけ，「退耕還林」（山間部の畑に植樹をし，耕作地の縮小による所得の減少分は政府が補償する）や観光施設の建造によって耕作地を失った従来の農業労働者を，観光産業の拡大に伴うサービス産業へ移転させることが必要であった。

実際，観光案内，観光客輸送，レストラン，宿泊，お土産販売業など，観光業の拡大に伴う雇用の増加は著しい。上記のような観光関連の雇用は，製造業に比べて知識要求が低く，被災地域における労働力の技能水準にマッチングしている。しかし，現在のような個人経営的な零細観光サービスの提供を，地域の自然・民俗観光資源を発掘しながら持続的に発展できる観光産業に育てあげ，地震遺跡観光需要の減少を克服するためには，それを担う人材の養成が条件となる。

すなわち，大震災により予期せぬ生活環境の大きな変化と産業構造の大転換に直面している被災地の住民にとって，短期的な復興支援や復興事業の需要に依存した経済成長から，地域特有の資源の開発と活用に基づく新たな域内経済循環を構築するためには，人的資源のレベルアップが急務となっている。また，国家（中央政府，共産党）主導の外部からの支援や義援金を受けることにより，被災地住民の向上心低下や自己発展能力の喪失が憂慮されている。そして，公共部門における技術者，管理者などの不足が公共サービス質の低下や量的不足をもたらしていることが指摘されており，人的資源の不足が明らかになっている。日本と同じく，中国においても被災地域の自治体，

団体，住民が主導する復興メカニズムの構築と，その後の地域の自主的発展を支える知識と技能を持ち備えた人的資源の蓄積を目指す「人間中心の復興」の視点が必要であると考えられる。

V　おわりに──地域主導の持続可能な発展型復興メカニズムの構築に向けて

　以上，日本の企業単位のコーディネーションに基づく「民間主導の創造的復興メカニズム」と，中国の国家主導のコーディネーションに基づく「国家主導の成長型復興メカニズム」の実態を明らかにし，それぞれの復興メカニズムにおけるさまざまなアクターの役割について検討した。社会経済システムの異なる調整様式に基づく日本と中国における災害復興の戦略，過程，スピード，および諸アクターの役割は大きく異なる。

　その一方で，既存の「中心部―周辺部」構造が維持されるなかで，中心部の経済利益が優先され，被災地域の社会経済発展の実態とかけ離れた成長志向的な災害復興である，という点では二つの復興メカニズムは共通する。すなわち，被災地における経済の復興と住民生活の復興に向けた諸施策は，短期的で，外部依存的な性格が強く，持続可能な地域内経済循環と生業の力強い推進に至っていない。何よりも，周辺部に属し，これまでの経済発展から取り残されてきた被災地域の持続可能な発展を担う労働力の質的，量的増加を促すための「人間復興」の理念と戦略が不足している。[15]

　「人間復興」の考え方は，福田徳三（1924）が，1923年の関東大地震の復興に際して提起した「数多くの復興事業の中で人間の復興が最優先されるべきだ」という主張からはじまる。その理念に基づくと，道路や建物の復興は，人間の労働，生活，営業などの機会を維持し，擁護する道具立ての再建，新建であって，本体たり実質たる人間の営生の機会の復興より重要視されるべきではない。とりわけ人間の生存機会の復興が第一であると説いており，こ

---

[15]　例えば，岡田（2012），北野（2013）なども，人間復興を中心とする東北の復興を主張している。

れまでに検討してきた日本と中国における，グローバル大企業の利益や経済成長（中国では世界金融危機による輸出需要の縮小を補い，経済成長を維持するための内需創出）が優先される復興とは大きく異なる。

確かに，日本における東日本大震災からの創造型復興も，中国における四川大地震からの成長型復興においても，経済活動と住民生活にかかわるインフラの復旧・復興は進んでおり，今後の経済復興と人間復興のための条件を整えている側面では評価できる。しかし，それが国内需要創出や経済成長を優先目標とし，被災地住民の生活再建や人間発達を二次的な目標としているところに大きな問題があると考えられる。

復興事業による経済成長，雇用拡大，企業収益増加，ならびに国民の復興政策に対する支持は，短期性を有することは明らかである。被災地域が抱える社会経済発展の障害要因を正確に把握し，地域が有する独自の開発資源を発掘し，規模が小さくても持続可能な域内経済循環メカニズムの復興こそが，人間復興の理念に基づく長期的な復興戦略である（Natural Hazard Center, 2005）。そして，これまでに被災地域に住み，地域を理解し，地域を愛する地域住民が，復興の実践のなかで知識と能力（capability）を蓄積することができ，地域の持続可能な発展を支える担い手に成長することを，大型自然災害からの復興のもっとも重要な課題とすべきである（Chandra and Acosta, 2009）。

このような人間復興の理念，および被災地住民の主体的な参加と役割に基づく復興メカニズムのことを「地域主導の持続可能な発展型復興」と呼びたい。日本におけるグローバル大手企業の利益が優先される「創造型復興」が，日本の社会経済システムの企業単位のコーディネーションによって規定され，中国における経済成長維持と国家（政府）統治の正当性が優先された「成長型復興」は，中国の国家主導のコーディネーションによって規定されている。このような災害復興メカニズムと社会経済システムの調整パターンとの関係から言うと，この新しい「地域主導の持続可能な発展型復興」メカニズムは，社会単位のコーディネーションに依拠すると考えられる。すなわち，復興に関わるさまざまなアクターの意見と利益は，諸アクターの間の協議と妥協，

そして合意に基づいて調整され，その過程で，被災地の住民の中心的な役割が発揮されるような復興メカニズムの構築が望まれる。

（厳　成男）

参考文献
①Boyer, R. (2012) "The Chinese Growth Regime and the World Economy", in R. Boyer, H. Uemura and A. Isogai eds., *Diversity and Transformations of Asian Capitalism*, London: Routledge.
②Chandra, A and J. Acosta (2009) *The Role of Nongovernmental Organizations in Long-Term Human Recovery after Disaster: Reflections from Louisiana Four Years after Hurricane Katrina*, US-CA: the Rand Corporation.
③Fujita, M., P. Krugman, and A. Venables (1999) *The Spatial Economy: Cities, Regions, and International Trade*, MIT Press.
④Krein, Naomi (2007) *The Shock Doctrine: the Rise of Disaster Capitalism*, Metropolitan Books.
⑤Krugman, P. (1991) "Increasing Returns and Economic Geography", *Journal of Political Economy*, Vol.99, pp.483-499.
⑥Natural Hazards Center (2005) *Holistic Disaster Recovery: Ideas for Building Local Sustainability after a Natural Disaster*, US-CO: NHC, December.
⑦石川幹子（2011）「東北関東大震災復興ペアリング支援で」『SciencePortal・オピニオン』3月22日。
⑧宇仁宏幸（2009）『制度と調整の経済学』ナカニシヤ出版。
⑨岡田知弘（2012）『震災からの地域再生』新日本出版社。
⑩関志雄（2007）『中国を動かす経済学者たち―改革開放の水先案内人』東洋経済新報社。
⑪金坂成通（2011）「関西広域連合の"カウンターパート方式"の支援とは」『ボイスプラス』5月30日。
⑫北野正一（2013）「東北の震災復興―人間復興の意味について」『基礎経済科学研究所　2013年春季研究交流集会予稿集』63-65頁，3月。
⑬厳成男（2011）『中国の経済発展と制度変化』京都大学学術出版会。
⑭厳成男（2012）「中国における国家主導のコーディネーションと2008年四川大地震からの復興」『商学論集』（福島大学）第81巻第2号，23-39頁。
⑮顧林生（2012）「四川大地震の復興戦略と諸アクターの役割―中国復興モデルのあり方」『大規模災害からの復興戦略と諸アクターの役割』（福島大学国際シンポジウム報告集）21-37頁。
⑯樊綱（2003）『中国　未完の経済改革』岩波書店。

⑰福田徳三（1924）『復興経済の原理及若干問題』同文舘。
⑱ボワイエ，R.著，山田鋭夫他訳（2011）『金融資本主義の崩壊』藤原書店。
⑲山田鋭夫（1994）『20世紀資本主義：レギュラシオンで読む』有斐閣。
⑳山田鋭夫（1999）「日本資本主義と企業主義的レギュラシオン」（山田鋭夫・R.ボワイエ編『戦後日本資本主義』第一章）藤原書店。
㉑山田鋭夫（2008）『さまざまな資本主義：比較資本主義分析』藤原書店。

第10章　ハリケーン・カトリーナの衝撃と
　　　　　ニューオーリンズの未来
　　　　　——災害をめぐるグローバルな対抗——

I　地球温暖化とハリケーン・カタストロフィー

　ハリケーン・カトリーナが，アメリカ南部のメキシコ湾岸地域を襲ったのは，2005年の夏であった。丁度，このとき，筆者は西海岸のサンフランシスコ近郊にあるカリフォルニア大学バークレー校で在外研修中であった。こうして，偶然にも，バークレーという社会運動のさかんな大学街において，アメリカ史上最悪の1800人を超える犠牲者を出した「自然災害」に遭遇し，全世界に与えた衝撃を目のあたりにすることになった。これが，マイク・ディヴィスによって，カタストロフィー（破局），アポカリプス（黙示録，この世の終わり）と呼ばれることになったのである。このように，世界的にも注目をあび，日本でもよく知られている論者たちによって解明されてきているので，本章では，その成果を活用しながら論点整理を行うことにする。

　最初に，ハリケーン・カトリーナ自体について，主にマイク・ディヴィスに依拠しながら，ひととおり見ておこう。周知のように，発達した熱帯低気圧やハリケーンには名前がつけられる。名前は年間21個あり，男女交互にABC順にリストが用意されている。カトリーナは11番目である。このようにしてカトリーナと命名された今回のハリケーンは，地球温暖化により海水温度が高くなったメキシコ湾で急激に発達して，気圧902ヘクト・パスカル，風速毎秒80メートルとなり，大きさは最大級を示す「カテゴリー5」となっ

⑴　参考文献⑺。
⑵　参考文献⑻。

た。その上陸地点と予想されたのは，人口約50万人（その7割近くが黒人および3割近くが貧困層），近隣まで含めた都市圏としてみれば人口約130万を擁する南部の大都市，カナダ国境近くに源を発し全米面積の三分の一の大地に降った雨を集め「泥の川」となって流れる全長6000キロの大河ミシシッピ河口に広がる全米第二の貿易港，そして観光とジャズの国際都市，ニューオーリンズである。地形的に見ると，この都市は北側をポンチャトレーン湖，東側をレークボーンと呼ばれる海水湾に区切られ，その大半は海抜マイナス2メートル以下であり，ここがまさに直撃され，壊滅的打撃を被ると予測された。

　8月29日，ミシシッピ河口付近に上陸したときは，920ヘクト・パスカル，秒速62メートルで，「カテゴリー4」に下がったが，それでも日本の台風と比較してみれば，1959年に犠牲者約5000人を出した伊勢湾台風（上陸時929ヘクト・パスカル，秒速45メートル）に匹敵する。カトリーナは上陸後に進路を東に変え，ミシシッピ河口といっても実際には170キロ内側に入ったところに位置するニューオーリンズは，幸いにも暴風がもたらす最悪の影響をまぬがれることになったが，水害はまったく別であった。ハリケーンで勢いを増した二つの湖から押し寄せる高潮は，市の東側に住む多くの黒人と隣接する白人労働者たちが居住する地域を護るべく築かれた堤防，もっともその実態といえば長年改修されず放置されたままであり流れ込む水ほどには高くない堤防を決壊させた。しかも強制避難命令は発令されない。世界中から観光客がやってくるフレンチ・クォーターなどの観光中心地や富裕層の高級住宅地は，高台にあって冠水をまぬがれたが，それ以外の市街は，屋根どころかそれを越えて冠水し，15万戸以上の家屋が全壊あるいは一部損壊を被った。被災者は，ニューオーリンズが州都のルイジアナ州，上流のミシシッピ州，そして東のアラバマ州を合わせると，総数200万人にも及ぶ。これら湿地帯の荒廃した風景は，マイク・ディヴィスによって「水浸しのヒロシマ」と呼ばれている。

---

(3)　参考文献⑫，36頁。

表10-1 熱帯低気圧・暴風およびハリケーンの分類

分類	中心付近の最大風速	
	時速（キロ）	秒速（キロ）
熱帯低気圧 （トロピカル・デプレッション）	62以下	17以下
熱帯暴風 （トロピカル・ストーム）	62 - 118	17 - 32
ハリケーン		
カテゴリー1	119 - 153	33 - 42
カテゴリー2	154 - 177	43 - 49
カテゴリー3	178 - 209	50 - 58
カテゴリー4	210 - 249	59 - 69
カテゴリー5	249以上	69以上

注：風速は1分間平均の最大値。日本の台風は10分間の平均なので，単純に比較はできない。同じ数値の場合，台風の方が，1.3 - 1.5倍ほど風は強いと言われている。
出所：参考文献⑫，34-36頁。

　これほどまでに大きくなった低気圧について，地球温暖化との関連が指摘されている。この日本でも，2013年の台風18号の急激な勢力拡大の原因として取沙汰されているので，少し言及しておこう。もともとは大西洋の西インド諸島の一角，バハマから250キロ沖合で発生し，「熱帯低気圧12」と名づけられていたが，先に述べたように，第11番目のトロピカル・ストームとなり，「カトリーナ」と命名された。8月24日，フロリダ半島のマイアミ付近に接近したカトリーナは「カテゴリー1」に分類される小型ハリケーンへと成長し，時速125キロの暴風となった。フロリダ半島を横切ってメキシコ湾へ向かったカトリーナは，そこで4日間迷走しながら8月の平均水温に比べて3度も高い異常な海水から巨大なエネルギーを吸い上げ，高さ10メートルにも及ぶ津波のような高潮を作りだすほどである時速290キロへと急成長し，最大級の「カテゴリー5」となった。

　この点について，科学誌『ネイチャー』（電子版，2005年9月5日）は，カトリーナがメキシコ湾から非常に多くの熱を吸い取った結果，カトリーナ通過後，ある海域では海水温が摂氏30度から26度まで急速に低下したと報告し

ている。研究者たちは，カリブ海のハリケーンがかくも劇的にその威力を満杯にした事例を知らないと驚き，これは地球温暖化のインパクトの前ぶれと論じている。ちなみに，「ボストン・グローブ」紙（2011年8月30日）は，ハリケーン・カトリーナに「地球温暖化」という名前を与えているほどである。ここに人類が抱える21世紀のグローバルな問題を見て取ることができる。

II　21世紀をめぐる戦場——新自由主義経済プロジェクトvs.誇るべき第三世界

今度は，社会的災害（人災）としての特徴を見てみよう。これについては，すでに世界的に著明な論者たちによって的確に整理されているといってよい。そのうちの1人，著書『帝国』において21世紀のグローバルな世界のあり方と，そこにおける対抗主体（マルチチュード）を先駆的に示したアントニオ・ネグリ（そしてマイケル・ハート）を見てみよう。近著『コモン・ウェルス』において，アメリカの単独行動主義および新自由主義経済プロジェクトの失敗が劇的な形でアメリカ国内に表れたものと，次のように位置づける。

> 「アメリカの単独行動主義プロジェクトの失敗を構成する複数の糸は，2005年に襲来したハリケーン・カトリーナの余波のなかで一気によりあわさり，まさに嵐となって吹き荒れた。非常事態への対応をまかされた政府機関は腐敗と無能さを露呈したが，それは実のところ，長年にわたって組織的に弱体化させられてきた社会構造が表面化しただけのことだった。世界中に及んでいた新自由主義プロジェクトの失敗の影響が，ここにいたって劇的な形でアメリカ国内にあらわれたのだ。[4]」

このような劇的な形で露呈した「一人勝ち」するアメリカの実態は，ネグリによれば，具体的には三つに集約されてくる。第一は「住む場所を失った住民たちを一部のジャーナリストや政治家が『難民』と呼んだことで沸き起

---

[4]　参考文献②下，36頁。

こった怒りの声は，いつもなら世界の従属諸地域を連想するようなテレビ映像を目の前に突きつけられ，内側と外側の区別がなくなったことから生じた国民の不安を暗示していた。」というものである。

　これは，従属地地域・第三世界化するアメリカ資本主義の最底辺・都市，と言うことができる。文字通り，アメリカの空洞化・解体の形で進行するひとつのグローバルな世界の成立である。さらに，こうした形でまざまざと見せつけられた事実がある。続けてネグリは言う。「ハリケーン・カトリーナの余波は，アメリカはいまだに人種により分割されていること，人種と貧困の間には強い相関関係があることをあからさまに示してみせた。この大災害は，ルイジアナ州やミシシッピ州のような地域では，十分な資産もなく生活するアフリカ系アメリカ人の割合が高いことだけではなく，人種によって政府機関やメディアの反応が異なるという事実も，改めて思い起こさせた。ハリケーン襲来から数週間の間に，政府機関からあふれた偏見まで，社会のあらゆるレベルに存在する人種差別が白日のもとにさらされたのだ。」

　第二は，このように「人種と貧困」のからみあいという形で進行するアメリカ資本主義の大分裂である。階級的大分解の極限と言ってもよい。そして第三は，対抗関係の鮮明化・可視化である。続けて，このように言う。「カトリーナのもたらした惨事は，イラク戦争に対するアメリカ国民の支持の転換点をともなった。論者のなかには，戦争に金を注ぎ込んだために国内のインフラがおろそかにされたとか，ミシシッピとルイジアナの州兵が戦地に派遣されていたため災害救助に投入できなかったなど，イラク戦争とハリケーンの人災的側面との直接の関連性を指摘するものもあった。」

　このように，イラク戦争という「対テロのグローバルな戦争」と災害救助との直接的な対抗関係が誰の目にも明らかになった。ちなみに筆者は，アメリカ研修中に参加した集会においてじかに体験する機会をもった。2005年9月24日にサンフランシスコのドローレス広場で開催された集会（主催は

---

(5)　同上。
(6)　同，36-37頁。
(7)　同，37頁。

「戦争と人種差別をただちにやめさせよう」連合）のメイン・スローガンは、「イラクからニューオーリンズまで，お金を戦争ではなく人々の必要なものにまわせ」というものであった。文字通り，イラクという国外・軍事要因と，ニューオーリンズという国内・民生要因とが，表裏一体の対抗関係において結合されていた。

　では，こうした政府や行政に代わって，災害現地において「普通の人たち」はどのように考え，行動したのであろうか。ここで，代表的な三人の生々しい証言を聞いてみよう。ニューオーリンズ近郊のヴィーユ・プラッテ（人口3800人，所得の中央値が全国のそれの半分以下のケージャン［フランスからの移民の子孫。祖先が最初に「新大陸」のカナダに渡ったのはイギリスのピルグリム・ファーザーズに先立つ1604年で，ミシシッピ川を下ってきて，長らくフランス語を話してきた人たち］と黒人のクレオール［白人・スペイン人との混血］のコミュニティ）から災害救助に駆けつけた住民の一人，エドナ・フォンテノット（40代後半）は次のように語る。

　　「俺たちゃ，みんなでニューオーリンズの状態をテレビで観てたんだ。それでわかったんだ。誰かがニューオーリンズのみんなを助けに行かなくっちゃ，って。だって誰も何もしないんだから。何もね。そんなこんなしていると，ルイジアナ州の野生生物保護協会から要請があったんだ。小さなボートが数隻欲しいって。俺は言ったさ—『俺が行くよ』って。」[8]

　ここに住民自身の自発性と直接行動をみることができる。さらに，同じ地域に住み，避難民を受け入れたボランティアセンター（その入り口には「赤十字も救世軍も，連邦政府のお金もありません。いるのはただ仲間だけです」と書いてある）で活動する人たちの一人，ジェファニー（ルイジアナ州立大学を卒業し，最近ハーバード大学のケネディ・スクールを獲得）は次のように語る。

---

(8) 参考文献⑧，71-72頁。

第10章 ハリケーン・カトリーナの衝撃とニューオーリンズの未来

「街頭は疲れ切って傷ついた人びとで埋め尽くされていました。車のなかだけでじゃなくて、自分たちで自分たちに残されたあらゆるものをバックパックにいれて歩いている人もいましたし、泣いている人もいました。希望を失っているように見えたわ……黒人も、白人も、カソリックも、バプティストも、コミュニティ全体がこのプロジェクトを支援したのです。おそらく個人は所有していた家屋全体の三分の一が他の町から来た人びとを受け入れたのです。私たちの『仲間』がどこから来たのかなど問題ではありませんでした。第九区（黒人最貧困地区）から来た人だろうが、シャルメット（白人地区）から来た人だろうが、そんなことには誰も気に留めなかったのです」[9]

ここでは、誰でも受け入れるオープン性、開放性が注目される。では、こうした自発的な協力活動が立ち上がっていく、その組織原理を見てみよう。ジェファニーは続けて語る。

「よく聞いて。私の委員会は私の電話よ。私は住民に電話を掛け、みんなが応えてくれたの。食料、衣類、赤ちゃん用のベッド、医薬品……みんな調達できたの。ここではどんな貧しい人びとだって、冷蔵庫には鹿の肉や古いキルトや余分なベッドを持っているのよ。私たちはみんな、自然に協力しあう方法を知っているの。だって私たちはいつだって洗礼式やパーティを組織しているんですから。だからなんで形式的な指導を必要としなくちゃならないの？」[10]

このように、日常の行動や生活様式が、災害という非日常においても、貫く。しかも、自然に協力しあうので、命令を発する指令塔やピラミッド型の組織は必要としない。一言で言えば、「自然に協力しあう」日常的な習慣が

---

(9) 同、78頁。
(10) 同、76頁。

決定的となる。では，こうした考え方や行動は，21世紀のグローバルな世界において，どんな意味をもっているのであろうか。俳優で，オンボロ車のバンパーに「ルイジアナ―誇るべき第三世界」と書いてあるステッカーを張っているマーク・クラスノフは次のように語る。

　「分かるかい，ルイジアナは，ナイジェリアやベネズエラといった，ぼったくられている産油国と同じなんだ。何世代にもわたって，巨大な石油会社やガス会社が俺たちの湿地帯や沿岸の水を汲み出してきた。俺たちに残されたものと言えば，沿岸の侵食，汚染，ガン，そして貧困だけだ。そしていま，パンパンに腫れ上がった屍体と死に絶えた町……俺たちの石油やガスから入る収入は俺たちのものだ。俺たちのライフ・スタイルを残してゆけるさ。俺たちは同じシステムなんかに属しちゃいない。おめーらは金や競争や個人的な成功をありがたく思っているらしいが，俺たちにゃ家族やコミュニティやお祝いが大切なのさ。俺たちに独立を与えろ。そうすりゃ，湿地帯を元に戻して，第九区を再建し，エバンジェリアン郡に州都をもってくるよ。お望みなら，自由の女神を運んでくるよ。」[11]

ここに，21世紀の世界をめぐるグローバルな対抗が打ち出されている。ニューオーリンズこそ，その最前線，戦場となっている。

Ⅲ　災害アパルトヘイト vs. 災害ユートピア

このように，ニューオーリンズの惨状は，新自由主義経済プロジェクトの帰結であったが，ハリケーン襲来後の事態，いわゆる「ポスト・カトリーナ」の事態もまたすさまじいものがある。世界的なジャーナリスト，ナオミ・クラインが提起した「ショック・ドクトリン」の現場，Disaster

---

(11) 同76-77頁。

Capitalism（直訳すれば，災害資本主義，日本語翻訳は「惨事便乗型資本主義」）に他ならない。すなわち，行政および資本による復興支援が，新自由主義プロジェクトとして展開されるのである。カトリーナ襲来直後に行われた行政側の対応を，箇条書きにして整理しておこう。[12]

行政の「復興と救済」（資本と国家の新自由主義経済プロジェクト→災害アパルトヘイト）
- 連邦政府（ブッシュ政権）
  - ヘリテージ財団の救済プラン「自由市場に基づく提言」実行（連邦政府の受注工事で労働者に一定の生活水準・生活賃金を支払うことを義務付けた法律の一時停止。包括的な税制優遇措置と規制の撤廃。学童のいる家庭にチャーター・スクールで使えるバウチャー・利用券を配布。メキシコ湾岸の環境規制撤廃）。
  - 災害関連事業87億ドルの大型契約をイラク復興事業契約企業に発注。
  - 契約企業が地元労働者を雇用せずヒスパニックなどの不法移民を生活賃金以下で雇用。
- 連邦議会（共和党が多数）
  - 財源不足を埋め合わせるため400億ドルに上る連邦予算が削減され，その対象となったのは学生ローン，低所得者向けメディケイド・医療保険，フードスタンプ・食糧配給券など，失業者・低所得者を直接支援する政策を切り捨てる。
- ニューオーリンズ市当局（民主党黒人市長だが，ブッシュ支持）
  - ブッシュ政権が緊急予算から公務員の給料を支払うことを拒否したので，課税基盤を失った市当局は職員3000人を解雇。
  - 公立学校教員4700人（123校）解雇→チャーター・スクール設立。
  - 公共交通システム職員の半数解雇。
  - 電力事業の民営化。
  - 公営住宅は空き家のまま釘が打ち付けられ，5000戸取り壊し。

---

[12] 参考文献③，596-600頁。

こうした事態に対する住民の声を聴いてみよう。公営住宅の取り壊しに抗議し、仮設キャンプ建設に参加したエンデシャ・ジュアカリは語る。

「あいつらはずっと前からこの公共住宅を狙っていたんだ。でも人が住んでいる限りは何も手を出せなかった。そこで今回の災害で住宅から人がいなくなったのをこれ幸いと、ここを更地にしようってわけだ。ここはでっかい家やマンションを建てるには絶好の場所だからね。唯一の問題は、貧乏な黒人がそこに居座っていることだったのさ！」[13]

これは一言にして、災害を好機と捉えた「黒人・民族浄化」であり、都市計画論で言えば、貧困層を排除するジェントリフィケーション（Gentrification, 貧困街の高級住宅化）に他ならない。これをナオミ・クラインは「災害アパルトヘイト」と規定する。ニューオーリンズ在住の弁護士ビル・クイグリーは、この事態が全米に広がる深刻さを次のように語る。

「ニューオーリンズで起きていることはアメリカ各地で進行している問題を凝縮し、より生々しくしたものだ。アメリカ各地の都市ではニューオーリンズと同じような深刻な事態が起きている。どの都市にも放棄された居住地が存在し、公教育や公共住宅、公的医療制度、刑事司法制度などが部分的に切り捨てられている。われわれが今ここで立ち上がらなければ、公的な教育、医療、住宅に反対している人々がアメリカ中を下第九区（ロウワー・ナインス）地区にしてしまうだろう。」[14]

対抗の焦点は何よりも居住地（土地と住宅）の確保をめぐってであり、ニューオーリンズ下第九区こそが、その戦場になっているのである。

さて今度は、こうした行政側の新自由主義経済プロジェクトに代わる、住

---

[13] 同、604頁。
[14] 同、614頁。

民自身の自主的活動を整理してみよう。最初にカトリーナ襲来直後の救助活動を見てみよう。『災害ユートピア』の著者，レベッカ・ソルニットが，最新作において「普通の人たち」の相互扶助（「救助と連帯行動」）について，28の具体例を，ニューオーリンズの地図でその場所を示しながら挙げている。以下，見てみよう。[15]

- 「ケージャン海軍」グループの人たちが救出ボート数百隻を動員する（アメリカ野生生物保護協会がボート60隻を持ち込み，2100人を救出する）。
- マイケル・プレヴォストがカヌーで「レイク・ビュー地区で屋根の上に避難している人々」を救出する。
- セントバーナード・プロジェクト：ドーネル・ヘリングトンといとこたちがボートを使って100人以上を救出する。
- セントラファエル学校：避難者300人を受け入れる。
- 「チャールズ湖ケージャン海軍」グループの人たちが高齢者1000人以上を救出する。
- ベトナム人教会メアリークィーンがベトナム系アメリカ人コミュニティの人たちを宿泊させる。
- 「ケージャン海軍」グループの人たちが救出ボートを繰り出す。
- ジョージ・W・カーヴァー小学校：避難者100人を受け入れる。
- 男性が一人でボートを使い300人を救出する。
- 「母と魂のパトロール隊」の人たちが自分たちのコミュニティを見回る。
- 女性が一人で丸木舟（水平底のボート）を使って高齢者を救出する。
- シエラ・クラブ（環境保護団体）の人たちが「環境公正プログラム」を立ち上げる。
- パンクな人たち5人が近所の62歳の人を避難させる。
- メモリアル医療センター：医者と看護師が待機する。
- チャリティ病院：医者と看護師が待機する。

---

[15] 参考文献⑪，129頁。

- ホテル客が相互扶助コミュニティを立ち上げる。
- 警察官がキース・バーナードさんや近所の人たちを救出する。
- ホーリィ・クロス町内会が地域を組織する。
- WWLラジオ：アナウンサーのガーランド・ロビネッティが放送を続ける。
- ハラッシュ・カジノ：「ケージャン海軍」グループの人たちが救出活動を組織する。
- 旅行客数百人が相互扶助コミュニティを立ち上げる。
- メモリアル・コンベンション・センター：マスコミで「略奪者」と呼ばれた人たちが高齢者や幼児に食料などを配給し，これを，その傍らで警察官ドメーニ・カーターが警護する。
- 「コモングランド」診療所が開設する。
- アナーキストの医師が一軒一軒診察して回る。
- 沿岸警備隊の「ダンケルク救出作戦」開始する。
- マリク・ラヒムの家で，「慈善ではなく連帯」を理念に掲げる「コモングランド」が生まれる。
- 大出血していたドーネル・ヘリングトンが見知らぬ人によってウェスト・ジェファーソン医療センターに運ばれ，一命を取り留める。
- ウィリアム・ターナーが警官に撃たれ怪我をしたヘンリー・グローバーを助ける。

ごく限られた具体例であろうが，まことに多様な「普通の人たち」が自発的に協力・連帯し，相互扶助活動と自己組織化に立ち上がったことが窺える。もちろん，医師・看護師や警官などの専門家およびその職業倫理も含まれている。

今度は，以上のようなカトリーナ襲来直後に行われた救助の自主活動から，その後の再建の自主活動を見てみよう。「災害ユートピア」と言われるものである。下第九区を中心とした主なものを整理すれば次のようになる（表10 - 2 参照）。

このような被災住民の自主活動，そしてこれを支援する活動を全体として

表10-2 下第九区および支援組織の自主再建活動（災害ユートピア）

	組織名称	中心人物	目的・活動
1	下第九区住民権利拡大連合	元会計士住民	帰還住民の支援金や保険などの手続き支援
2	ホーリークロス町内会	政治活動家	毎週ミーティング開催し，外部グループや資金の調整。アパート・住宅，デイケアセンターを組み込んだコミュニティセンター設計コンペに協力
3	コモングランド	元ブラックパンサー党員	「慈善ではなく連帯」「被災者とともに働く」。救護センター・クリニックや食料支給・道具貸し出しセンター開設
4	シエラ・クラブ		環境公正問題にカトリーナ以前から取り組む
5	エマージェンシー・コミュニティズ		ボランティア活動
6	ハリケーン市民救済基金		救済基金の調達と分配
7	ACORN	ウェイド・ラスキ	貧困者コミュニティの住宅・仕事開発活動
8	ハビット・フォー・ヒューマニティ		「汗の公平性」。ボランティア活動

出所：参考文献⑥

みてみると，そこを貫く原理ともいうべきものが，いくつか析出されてくる。活動原理としては自発性と相互扶助，組織原理としては参加型直接民主主義と非ヒエラルキー，そして経済原理としてはギフト・エコノミー，連帯経済となる。これらは，確かに「ユートピアの出現」に他ならない。

IV レジスタンスとレジリエンス，そして歴史・文化・記憶

ここから，これまで見てきた住民の自主再建活動について，概念的な総括を試みることとしよう。その手がかりは，ニューオーリンズに30年在住し，カトリーナからの再建活動において中心的な役割を果たした人物の一人，ACORN（The Association of Community Organizations for Reform Now）の代表・チーフオーガナイザーのウェイド・ラスキの見解に見出すことができる。ちなみにラスキは，2012年10月に来日し，東京で開催された「ニュー

オーリンズ洪水と東日本大震災の復興の経験から」と題する海外労働情報研究会において記念講演「コミュニティオーガナイジングの展開と災害復興」を行っている（主催は労働政策研究・研修機構および明治大学労働教育メディア研究センター）。

ラスキは，ニューオーリンズ下第九区での支援活動を取りまとめた近著の序文において，「二つのR」，すなわち「抵抗（Resistance）」および「回復力（Resilience）を提起している。(16)この二つの概念は，まことに的確なものと判断されるので，ここでは，これら「抵抗」および「回復力」がどのように展開していくのか，その媒介項を深めることとしよう。この著書の解説において，フクシマを含めた近年の世界的な災害に言及しながら，ラスキ自身が教訓を次のようにまとめている。

　「あなたの町（Community）を世界と結びつけることは，再建に向けた政治的な意思や国民の支持を得るために重要である。カトリーナほどの大災害でさえ，明日になれば他のニュースに入れ替わり，過去の出来事になってしまう。今日インドネシアのバンダアチェで起きていることをフォローする人などほとんどいない。日本のすさまじい津波は環境や原子力（Nuclear）の議論へとつながったが，既に死者の数や帰宅可能性に関わる部分は失われてしまった。ハイチの大地で現実に起きていないことについて何を今私たちは知っているだろうか。いずれも未曾有の災害だった。自分の地域の大変動はそれこそ激烈なものに思われるだろうが，一ヶ月もすれば他の人にはほとんど遠い昔の記憶になる。回復力や生存能力の一部は忘却力とも言えるが，それでも記憶に意味を持たせ広めることを計画に加えなければならない。(17)」

ここで言われている，「世界と結びつけること」，世界連帯および「意味を

---
(16)　参考文献④。
(17)　同，224頁。日本語訳は，2012年10月18日の東京での研究会において配布された資料（11頁）によっている。

もたせ広める」べき「記憶」のふたつが，媒介項とみてよいであろう。最初に，「記憶」なるものを，いま少し深めてみることとしよう。『ショック・ドクトリン』の著者ナオミ・クラインは，この著書の結論である終章「ショックからの覚醒―民衆の手による復興へ―」の，これまた一番最後の段落において，災害により一旦は消し去られたものに見える「歴史・文化・記憶」なるもののかすかな残り物，断片に裏打ちされて，運動そして回復力が始まっていくと，次のように力強く語る。

　「民衆による再建の運動は，人間が生み出したおびただしい混乱から逃れることはできないという前提から出発する。歴史，文化そして記憶まで，これまで消されてきたものはもう十分すぎるほどある。この再生のための運動は，白紙からではなく，残り物――つまり，瓦礫や廃品など周りにいくらでも転がっているものから始めようという試みだ。……地域社会（コミュニティ）に根を張り，ひたすら実質的な改革に取り組むという意味においてのみ急進的（ラディカル）なこれらの人々は，自らを単なる修繕屋とみなし，手に入るものを使って地域社会を手直しし，強化し，平等で住みやすい場所へと作り変えている。そして何にも増して，自らの回復力（レジリエンス）の増強を図っている――来るべきショックに備えて。」[18]

　地域コミュニティに「根を張る」ということは，だがしかし，ローカルなものに閉じこもるということを意味しない。その正反対である。世界に向かって開かれ，つながっていくのである。

　　　Ｖ　住民による再建運動のグローバリゼーション

　今度は，「世界と結びつけること」，世界連帯をみてみよう。周知のように，

---

[18]　参考文献③，681頁。

アメリカ南部の黒人たちは，イギリス資本主義が作り上げた世界市場編成，いわゆる「大西洋を挟んだ三角貿易（トライアングル）」の産物である。重商主義段階のイギリスは，西アフリカから黒人を奴隷としてカリブ海や北米大陸に連れて行き，そこでサトウキビやタバコ，綿花プランテーションの労働力として使用し，その生産物・加工品を本国に運び，そこで製造・工業製品化しながら，国内やヨーロッパのみならずアフリカをはじめ全世界に販売する。

こうした「トライアングル」については，『災害ユートピア』の著者，レベッカ・ソルニットは最新作において，かつての奴隷貿易トライアングルから，新たな「リズムと抵抗のトライアングル」へと反転していると喝破する[19]。ソルニットによれば，西アフリカから連れられてきた黒人たちは，同時にアフリカの「記憶・音楽そして抵抗」の習慣を持ち込み，これらの「アフリカ遺産」は，ここニューオーリンズで花開き（ルイ・アームストロング広場にあるコンゴ・スクエアでのドラム・管楽器と踊り），さらに1960年代になるとヒップ・ホップ文化が生まれ，アメリカ全土はもとより世界中に広まり，とうとうアフリカにまで到達する。2010年末から2011年初めに始まった「アラブの春」は，現地のラッパーたちによって切り開かれることになったことは，記憶に新しい。

この運動は，周知のようにヨーロッパの「怒れる若者たち」，そしてアメリカの若者たちの共鳴を惹き起こし，「オキュパイ・ウォールストリート」運動，広場占拠運動へと展開していく。これがまた，全世界に伝播していく。ちなみに，ニューオーリンズでは，エジプト・カイロのタハリール広場占拠に呼応して，はやくも2月5日，数百人の人たちが連帯のデモ行進をした。こうして，ニューオーリンズの位置は，ミシシッピの河口として見れば北米（白人社会）の南端となり，カリブ海やラテン・アメリカ，そして西アフリカ圏においてみればその最北端となり，まさに両者の接点・交流点と再規定されてくる。同時に運動においても，南北の結節点となっていく。

---

[19] 参考文献⑪。

第10章　ハリケーン・カトリーナの衝撃とニューオーリンズの未来　　195

　これまでのことを，運動の思考・行動様式においてごく一般的に総括すれば，あらたに"グローバルに思考し，グローバルに行動しよう"（Think Globally, Act Globally）と定式化されてこよう。21世紀初頭，ポスト冷戦下のグローバルな資本と国家の展開，すなわち，新自由主義・市場原理主義がもたらす「市場の暴力」，ならびに対テロのグローバルな戦争がもたらす「国家の暴力」のなかにあって，人々は地球上の何処に住んでいようとも，テロ・暴力の連鎖の形であれ，経済不況，格差と貧困の形であれ，そしてまた災害の形であれ，すべからくただひとつの地点に接近しつつあると言わなければならない。スラヴォイ・ジジェクが言うところの「アポカリプスティック（黙示録，この世の終わり）・ゼロ・ポイント」に他ならない。[20]したがって，運動主体もまた，この「ゼロ・ポイント」にまで引きもどされ，そこを通過することによって，そこから出発・反転していくこととなる。こうして，災害論も，そして住民の自主活動・再建運動論も，こうした資本主義の「客体ならびに主体の全機構」にわたる危機論，そして変革主体形成論のきわめて重要な一環として展開することが求められる。

（補注）　ここで，参考までに，3・11後フクシマの運動の論点について，「災害ユートピア」および「世界とのつながり」との関連で浮かび上がってくるものをいくつか摘記しておくこととする。
　⑴「リズムと抵抗」（ニューオーリンズのカーニバルとジャズ・フェスティバル）：
　ミュージシャンの大友良英が立ち上げた「プロジェクト FUKUSHIMA!」主催2011年「8・15世界同時多発フェスティバルFUKUSHIMA!」に全国から1.3万人，インターネット配信に全世界から25万人が参加（福島市郊外「四季の里」広場）。[21]2013年8月15日には，幕末・維新変革期における民衆運動「ええじゃないか」にちなんで，「ええじゃないか盆おどり」を開催し，全国から5000人参加（福島市中心街「まちなか広場」）。

---

[20]　参考文献⑱。
[21]　参考文献⑳。

(2) 2011年のグローバルな運動と歴史・文化・記憶：

板垣雄三は「新しい市民革命」と規定し，その一環として3・11後の運動をグローバルに位置づけながら，フクシマは自由民権の二大中心地と喝破し，民主変革の再生を展望する。[22]

(3) 「第三世界」としてのアジア，そのなかの日本そしてフクシマ：

池上善彦は近代日本は第三世界にありながら，第一世界・先進国側に持っていかれたが，3・11後の運動は，近代日本そして米ソ冷戦体制のなかで形成されてきた戦後日本社会を抜け出て，第三世界の運動に「通じる質」を獲得しつつあると喝破し，「実践のなかに身を投ずることから，そして葛藤を共有するなかから連帯の必要が生まれる。考え抜いたと思った果てに，さらに世界は広がっている。世界は我々が考えているよりずっと広いものなのだ」と展望する。[23]

(後藤康夫)

参考文献（出版年順）
〈グローバル資本主義・ハリケーンカトリーナ・住民の再建運動に関するもの〉
①後藤康夫（2013）「特集にあたって―ポスト冷戦20年の世界史像を素描する―」経済理論学会編『季刊 経済理論』第50巻第2号。
②アントニオ・ネグリ，マイケル・ハート（水島一憲監訳，幾島幸子・古賀祥子訳）（2012）『コモン・ウェルス』（上・下）NHK出版。
③ナオミ・クライン（幾島幸子・村上由見子訳）（2011）『ショック・ドクトリン―惨事便乗型資本主義の正体を暴く―』岩波書店。
④Wade Rathke (2011) *The Battle for the Ninth Ward: ACORN, Rebuilding New Orleans, and the Lessons of Disaster.*
⑤マイク・ディヴィス（酒井隆史監訳 篠原雅武・丸山里美訳）（2010）『スラムの惑星―都市貧困のグローバル化―』明石書店。
⑥レベッカ・ソルニット（高月園子訳）（2010）『災害ユートピア―なぜそのとき特別な共同体が立ち上がるのか―』亜紀書房。
⑦Mike Davis (2007) *In Praise of Barbarians: Essays Against Empire.*
⑧マイク・ディヴィス（長原豊訳）（2006）「ニューオーリンズの置き去りにされた者た

---

[22] 参考文献⑲。
[23] 参考文献⑰。

ち」『現代思想』(特集=災害,難民,階級,セキュリティ) 1月号.
〈ニューオーリンズ・米南部・カリブ海文化圏に関するもの〉
⑨ヴィジャイ・プラシャド (栗飯原文子訳) (2013)『褐色の世界史―第三世界とはなにか―』.
⑩上杉忍 (2013)『アメリカ黒人の歴史―奴隷貿易からオバマ大統領まで―』中公新書.
⑪Rebecca Solnit (2013), Rebecca Snedeker, *Unfathomable City: A New Orleans Atlas*.
⑫『地球の歩き方 アメリカ南部2012年〜2013年版』(2012) ダイヤモンド社.
⑬ダニー・ラフェリエール (立花英裕訳) (2011)『ハイチ震災日記―私のまわりのすべてが揺れる―』藤原書店.
⑭Richard Campanella, (2008) *Bienville's Dilemma*.
⑮増田義郎 (1989)『略奪の海 カリブ―もうひとつのラテン・アメリカ史―』
〈3・11後のフクシマの運動・主体形成論に関するもの〉
⑯後藤康夫 (2013)「2011年グローバルな占拠運動の人類史的意義―フクシマと世界を貫くネット新世界,主体,そして変革像―」経済理論学会編『季刊 経済理論』第50巻第1号.
⑰池上善彦 (2013)「自分たちの生存と夢をかけた『第三世界プロジェクト』―日本は第三世界に属するのか (書評:ヴィジャイ・プラシャド『褐色の世界史―第三世界とはなにか―』)」『図書新聞』3108号.
⑱スラヴォイ・ジジェク (山本耕一訳) (2012)『終焉の時代に生きる』国文社.
⑲板垣雄三 (2012)「人類が見た夜明けの虹―地域からの世界史・再論―」『歴史評論』1月号.
⑳大友良英 (2012)「立ち上がった新しい市民運動―8・15世界同時フェスティバルFUKUSHIMAに全国から1万3千人,ネット同時発信に全世界から25万人参加―」後藤康夫・森岡孝二・八木紀一郎編『いま福島で考える―震災・原発問題と社会科学の責任―』桜井書店.

第11章 タイの大洪水に対する支援・復興活動
―― 諸アクターの役割を中心に ――

I タイにおける大洪水による被害

　タイにおいて50年に一度といわれる大洪水が発生したのは2011年10月のことであった。6月〜10月にかけて，例年に比べ1.4倍という記録的な降水量により，洪水被害はチャオプラヤ川流域を中心に北部から中部に向けて拡大し，タイ北部，東北部，中部など，77都県中1都64県に及んだ（図11-1参照）。日本の河川に比べ勾配が極端に緩やかなため，毎分8mというゆっくりとしたスピードで進み，浸水が長期化した。さらに，治水対策の不十分さ，警戒態勢の不徹底さ，行政面での協調体制の欠如など様々な要因が重なり洪水被害を拡大させてしまったと考えられている。

　2012年1月20日現在で，1360万人が被災し，死者数は815人（行方不明3人）に及んだ。[1]洪水による被害と損失の総額は1兆4327億バーツ（457億ドル）に上り，タイの名目GDPの13.5％に相当する。所有形態別では，民間が1兆2840億バーツであり，約90％を占めている（表11-1参照）。

　さらにタイ中部のアユタヤ県やバンコク近郊の7カ所の工業団地でも浸水被害が発生した。日本貿易振興機構（JETRO）によると，入居している全804社のうち日系企業は449社と55％を占めており，[2]世界的な電子電機産業，自動車関連産業の集積地であったことから，グローバル・サプライチェーン

---

[1] Asian Disaster Reduction Center, Center for Research on the Epidemiology of disasters (http://www.cred.be) 参照。
[2] 日本貿易振興機構 JETRO（2011）「タイ洪水復興に関する情報」(http://www.JETRO.go.jp/world/asia/th/flood/pdf/material_20111227_re.pdf)

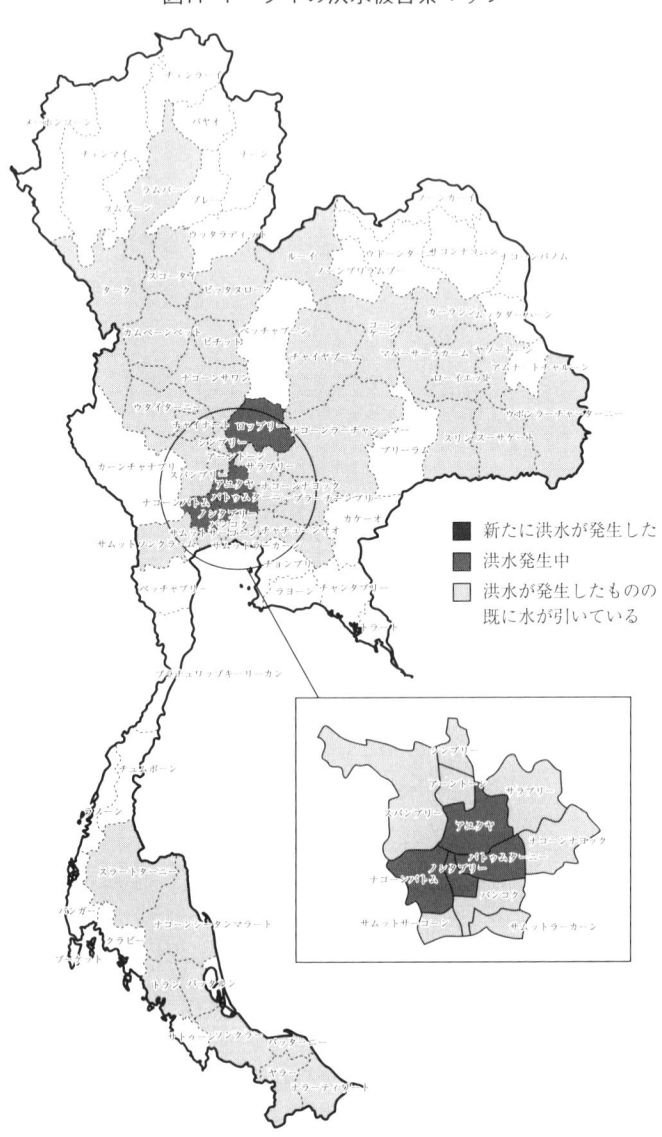

図11-1　タイの洪水被害県マップ

出所：日本貿易振興機構（JETRO）（2011）12月28日。

表11-1 タイにおける洪水による被害・損害（単位：100万バーツ）

分野	災害の影響 被害	災害の影響 損害	災害の影響 合計	所有形態 公共	所有形態 民間
インフラ					
水資源管理	8,715	—	8,715	8,715	—
交通	23,538	6,938	30,476	30,326	150
電話通信	1,290	2,558	3,848	1,597	2,251
電気	3,186	5,716	3,901	5,385	3,517
公衆衛生	3,497	1,984	5,481	5,481	
生産					
農業，畜産業，水産業	5,666	34,715	40,381	—	40,381
工場	513,881	493,258	1,007,139	—	1,007,139
観光	5,134	89,678	94,807	403	94,405
金融・銀行	—	115,276	115,276	74,076	41,200
社会					
健康	1,684	2,133	3,817	1,627	2,190
教育	13,051	1,798	14,849	10,614	4,235
家庭	45,908	37,889	83,797	12,500	71,297
文化遺産	4,429	3,076	7,505	3,041	4,463
横断的なもの					
環境	375	176	551	212	339
合計	630,574	795,191	1,425,765	141,477	1,284,066

出所：The Ministry of Finance, Royal Thai Government, The World Bank（2012）Thailand Flooding 2554 Rapid Assessment for Resilient Recovery and Reconstruction Planning. p.18. 原出所 DALA estimates, NESDB, and Ministry for Industry damages and losses.

が寸断し，日本国内や世界の生産体制に大きなダメージを与えた。工業団地の被害と損失は1兆バーツを超え，全体の70％を占めている。

　タイの2011年第4四半期の実質GDP成長率は，洪水被害と輸出の急減のため，マイナス8.9％と大幅に落ち込んだ。しかし，2012年には復興需要や輸出の増加などにより急回復し，2012年第4四半期の前年同期成長率は，18.9％となった。

　われわれが調査を実施した2012年9月には，バンコク市内・周辺の県において，洪水の痕跡は残された土嚢ぐらいであり，浸水対策用のブロックなど

写真11-1　アユタヤの工業団地を囲む防水壁

は撤去され，迅速な復旧がなされたことが見て取れた。またアユタヤの工業団地でも，コンクリートの防水壁が建設されていた（写真11-1）。

ただしその一方で，タイのピッサヌローク県で洪水被災者の住宅修繕支援をしているNPOのハビタット・ジャパンによれば，2012年11月現在でも，「政府の施策や国際的な支援が十分に生き届かず，住宅修繕の見通しが立たないまま劣悪な環境下で生活せざるを得ない世帯が未だに多く存在している。技術的・資金的理由から修繕を行うことができず，衛生面や安全面で深刻な状況に置かれている(3)」という。

このタイの洪水に関しては様々な研究がなされている。代表的なものは，玉田芳史・星川圭介・船津鶴代（2013）であり，7名のタイ研究者が，記録と教訓をまとめている。大泉啓一郎（2012）はサプライチェーンの自然災害リスクをいかに軽減させるかという視点と，タイを含む新興国との新しい支援・協力体制の必要性を述べている。また川村雅彦（2012）は，東日本大震災で被災した日本と想定外の洪水が発生したタイの両災害から，思ったほど機能しなかった企業の事業継続計画について述べている。以上のように，日本においては，洪水の原因，日系企業の被害状況や復旧状況，危機管理といった分野の研究がほとんどである。

しかし実際に被災したタイ国民の観点からは，安全な水や食料にアクセスできること，感染症にかからないことなどの日常生活に直接関わることの方がより重要であると思われる。また洪水対策，復興にかかわって政府機関，大学，国際機関，市民などの諸アクターがどのような役割を果たしたかにつ

---

(3) Habitat for Humanity Japan (http://www.habitatjp.org/) 参照。

いては，日本においてほとんど研究が行われていない現状である。

したがって，本稿では，ヒアリング調査をもとに，第一に洪水対策という観点から，①感染症を防ぐ（タイ保健省・疫学局），②首都圏の水道を守る（タイ首都圏水道公社），③洪水に対する大学の使命（チュラロンコン大学），④日系企業とタイ政府をつなぐ（JETROバンコク事務所），⑤国際的支援の役割（JICAタイ事務所），⑥国際協力NPOの役割（ADRA Japan）を取り上げる。第二に，洪水被害を予防するための取組という観点から，①洪水対策マスタープラン，②「気候変動に対する水分野の適応策立案・実施支援システム構築プロジェクト」（IMPAC-T）を取りあげ，タイにおける大洪水に対する諸アクターの役割について考察する。

II タイにおける大洪水に対する諸アクターの役割

1 感染症を防ぐ──タイ保健省・疫学局（Bureau of Epidemiology）

大洪水によって，600カ所を超える公的医療施設とさらに多くの私立病院などの医療施設が被害を受けた。被害額は16.8億バーツに上る。長期間にわたる浸水と非衛生的な環境の中で，最も懸念されたのが，コレラ，赤痢などの感染症の拡大であった。洪水時にタイ保健省疫学局が感染症を防ぐために，いかなる対応策をとったのかについて見ていく。

洪水による衛生面での主な被害は，感染症の発症であり，主に，洪水被災地における170件の感染症，ネズミの糞尿を介した感染症，工場で使用される化学物質の漏えいによる環境汚染，カビ，蛇，サソリなどの危険生物による被害，感電死などが発生した。

洪水に対する保健省の対応として，第一に，市民の安全を守るために，迅

---

(4) 国内調査は，2012年7月6日，9月6日，タイ調査は2012年9月10日〜9月18日に実施した。詳しくは佐野孝治ほか（2013）参照。本稿はこの調査報告をベースとしている。

(5) The Ministry of Finance, Royal Thai Government, The World Bank（2012），162頁。

速に監視と管理サポートのための事業継続計画を立て，4つの監視チームと監視センターの再配置を実施した。

第二に，早期に発見し，感染の拡大を抑え込むために，SRRT資源ネットワークを導入し，毎日，疫病情報の報告と警告，1週間ごとに注意すべき病気の情報の発信を行った。

第三に，水道局との情報共有と連携，疫病感染状態をマッピングすることで水環境の安全を管理するとともに，飲料水中に細菌が含まれていないかどうか検査に努めた。

第四に，タイ保健省は過去に発生した鳥インフルエンザやコレラ菌等の感染症被害の教訓を生かし，感染症への予防や対応を明記した感染症予防マニュアルのPDFファイルをメディアやウェブを通して関係者に配布し，被災地に設置された避難所にも掲示を行った。

今回の災害で以下の課題が顕在化した。①被害により市民が避難や移動を行うために各人の居場所の特定ができずに，安否や健康の確認が困難であった。②医療機関の浸水により，通院患者や洪水被害により被害を被った人々の健康に影響を及ぼす危険性が発生した。③物流の機能が停止し，市民の生活のインフラが整わなかった。④浸水地における，漏電による感電被害が発生した。そのため，より効果的なシステムの構築と災害対策マニュアルの作成が必要である。

2　首都圏の水道を守る
——タイ首都圏水道公社（Metropolitan Waterworks Authority：MWA）

WHO/ユニセフによれば，タイにおいて改善された水にアクセスできる人の割合は，都市部で99％，農村部で98％と非常に高い水準である。しかし今回の洪水によって農村部で2698カ所の井戸が浸水し，377カ所が使用不能となった（被害額1.7億バーツ）。都市部では比較的軽微であったが，運河のサイフォンなど7000万バーツの被害があった[6]。洪水のため，周りを水に囲まれ

---

[6]　The Ministry of Finance, Royal Thai Government, The World Bank（2012），108-111頁。

ていながらも，安全な飲料水にアクセスできない危険性に対して，タイ首都圏水道公社（MWA）がいかなる対策を実施したのかを見ていくことにする。

　タイ首都圏水道公社及びその浄水場施設であるバンケン浄水場は日本からの円借款，技術協力をうけ1967年に設立された[7]。チャオプラヤ川とメークロン川の豊富な源流を利用し，アジア最大級とされるバンケンを始め，ナハサワット，サムセン，トンブリの4つの浄水場により，バンコク首都圏住民約800万人に対し，24時間安全な水を供給している。

　大洪水により，浄水場の源流であるチャオプラヤ川が泥や汚物によって汚染された。浄水場自体は三重の堤防で厳重に守られ，場内の受電設備も防御壁によって保護されていたが，その外側にある原水水路及び取水口は，洪水の被害を受けることが明確だった。洪水の発生を知ったMWAは，氾濫した水が原水水路及び取水口に入ってこないよう，24時間体制で取水ポンプ場，運河の脇や交差点などに土嚢を積んだ。またポンプなどの機械類はシートで包み防水仕様とした。このような迅速な対応が功を奏し，バンケン浄水場は一時的に浸水したものの，水の供給が止まるまでには至らなかった。

　しかし，実際に取水した原水には有機物質や浮遊物が多く含まれていた。MWAは安全な水の供給を維持するため，浄水プロセスを増やすことによって水質改善を図った。結果として，WHOの水質基準を達成することはできたが，家庭に供給される水には薄黄色の着色と強い塩素臭が残った。そこでMWAは，水質維持のためにバンケン浄水場が行っていることを住民に知らせ，このような現状を受け入れてもらうことに成功した[8]。

　バンコク首都圏に水道インフラを提供するMWAは，今後も発生するだろう洪水災害に対して常に迅速かつ適切な対応が求められる。最優先事項はバンコク首都圏への水の供給を止めないことだが，そのためには洪水情報をいち早く捉えることが重要である。どこから浸水してくるかを予測し，原水水路及び取水口や機械設備を中心に守らなければならない。汚水の浸入を防ぐ

---

[7]　国際協力機構（2012）「国際協力事業の概要—タイ首都圏水道公社—」（JICA提供資料）。
[8]　Water Quality Asian Cooperation Network（2012）「WaQuAC-NET会報」2月，1頁。

ことは，家庭へ供給する水の水質を維持することにもつながる。

今後の具体策として，浄水場に通ずる運河に沿って現在より高い3.5メートル の堤防を築く予定である。工期は 2 年間を予定している。しかし，このような堤防や防御壁を過信することなく，日ごろから継続して洪水対策を練っておくことが重要な課題と考える。

3　洪水に対する大学の使命
　　　──チュラロンコン大学（Chulalongkorn University）

大洪水によって被害を受けた教育機関は2934カ所，144万人の学生が影響を受けた。被害額は130.5億バーツに上る[9]。大学もアユタヤの大学やカサセート大学，タマサート大学などが被害を受けた。他方，教職員や学生たちは，被害者としての側面だけでなく，ボランティアとして支援活動にあたっている。今回訪問した，チュラロンコン大学でも様々な支援活動と情報発信を行っている。

タイにおいて大学，特に国立大学は学生の教育だけでなく社会貢献を果たす役割を担っている。そのため，大洪水のような災害時には，学生に限らず助けを必要とする市民に対し，救助・支援活動を行うといった社会的責任のある行動が求められる。

大洪水に際して，チュラロンコン大学は，第一に危機コミュニケーションチームを立ち上げ，的確で迅速な判断を下すための組織体制を整備した。「clarity, bias-free, conciseness and timeliness」をキーワードに指揮系統を明確化するため，学長の下に 3 人のスタッフが付き，情報やニーズを整理したのち，必要事項を伝達する。3 人のスタッフの任務は，メディアからの情報収集・厳選，資金管理（予算と調達源の選定），人員の確保などである。洪水時は 2 カ月間毎朝必ずミーティングを行い，チーム内で情報の共有に務めたことで，学生への正確な情報伝達と避難指示を可能にした。

第二に，非常時には送られたメッセージに表示された番号のみで，自分の

---

[9]　The Ministry of Finance, Royal Thai Government,The World Bank（2012）190-191頁。

とるべき行動が判断できるよう，指示を出す学校側と指示を受ける学生側の両者で共通のコード番号（例，Code1：警告　Code2：避難準備　Code3：避難）を決めておくという対応をとっていた。

　第三に，洪水時チュラロンコン大学は，学生への対応だけでなく地域住民，特にホームレス等への救済措置を行った。大学のあるバンコク市内まで浸水が及んだ際には，大学の所有する広大な敷地と設備を利用し避難所として開放することで，地域住民の被災者を招き入れた。加えて，付属病院を持つことから，病気や怪我といった身体的治療から心理学科のスタッフによる心のケアなどの支援活動も行ったことが，社会から高い評価を受けている。また，被害の大きな地域には，緊急支援物資と簡易トイレを，学生ボランティアが運搬した。チュラロンコン大学が主体となって行ったこの緊急支援活動は，学生の他，地域住民の協力もあり，約1000人のスタッフによって行われ，その際の費用は学生や大学教員達の寄付によるものであった。

　上述の大学の緊急対応やボランティア活動は，もちろん個々人の支援の意志によって行われたものであるが，大学評価にも大きく影響してくる。そのため，チュラロンコン大学では，HPやFacebookを用いて大学のイメージを毎日モニタリングし，常に自分たちの活動やそのPRの方法を検証している。PR活動やモニタリングは，大学組織と地域社会との情報の非対称性を改善し，緊急時に両者の連携を速やかに図ることができる効果的な手段であると評価できる。

4　日系企業とタイ政府をつなぐ
——日本貿易振興機構（JETRO）バンコク事務所

　先述のように，タイの大洪水が日本で注目を集めた理由は日系企業の被害によるサプライチェーンの寸断が主であった。タイには日系企業約4000社が進出しており，タイの日本人商工会議所会員は1371社と上海の2300社に次いで多い。この多くの日系企業とタイ政府をつなぐ役割を果たしているのがJETROバンコク事務所である。

---

(10)　日本貿易振興機構（2012a）「タイ概況」（ブリーフィング配布資料）。

⑴　大洪水に対するJ日本貿易振興機構（JETRO）バンコク事務所の対応

　今回の洪水で被害を受けた日系企業は，冠水した7つの工業団地全804社のうち，449社に上る。被害が広がりを見せるなか，タイへ進出していた欧米企業や台湾企業の中には，撤退する企業も多く見られた。日系企業も撤退せざるをえないと思われたが，現在8，9割の企業はタイに留まっている。それは長い間タイに生産拠点を置きそこで培ってきた技術や経験をまた新たな土地で築き挙げるには多大な年月と費用がかかるという点や，タイはインフラも整っており立地条件が良い点，最低賃金の上昇はあるものの，法人税の減免など様々なメリットがあるため，今後洪水被害への対策がきちんと確立さえすれば撤退する必要はないと多くの企業は考えているようである。そこで重要となるのが，JETROの果たす役割である。

　第一に，JETROバンコク事務所井内所長は，早急な洪水対策，被災企業支援などの日系企業の要望をインラック首相などタイ政府要人と面談し，直接申し入れをした。またタイ政府主催の「洪水救済対策経済関係閣僚会議」(10月26日) にて，日系企業の要望を説明した。その主な内容は①冠水企業の早期排水，②正確な情報の迅速な公開，③被災企業の雇用継続への支援，④代替生産への特例措置，⑤日本からの支援要員へのビザ発給の簡素化などである。この要望を受けて，タイ政府はタイ投資委員会（BOI）奨励企業に対して，代替生産や減免税での代替輸入（機械），ノービザでの就労許可（30日以内）などの措置をとるとともに，一時休業時の給与補助（月額，一人当たり2000バーツ）を行った。

　第二に，企業などからの相談・照会に対応するため洪水相談窓口を，10月10日にバンコク事務所に設置した。問い合わせ件数は11月末で約200件であった。主な内容は，関税の免税措置（16%），個別ビジネス支援（13%），労務関連（13%），資金繰り（9%）などである。

　第三に，JETROのウェブサイト内に洪水関連情報ページを10月11日に立ち上げ，洪水状況，水位，支援措置などの情報発信を積極的に行った。

(2) 洪水復興支援のための「フェニックス・プラン」

JETROでは2012年1月に,「フェニックス・プラン」を発表し,タイのローカル企業支援や在タイ日系企業支援に取り組んでいる。

第一に,洪水被害により職を失ったタイ人に対して,日系企業が再就職支援として雇用機会を提供する「ジョブフェア」を開催した。このジョブフェアは洪水によって解雇された人々の労働争議を危惧して行われたものである。しかし実際のところ日系企業が1万4000人の労働者をオファーしたのに対し,実際ジョブフェアに参加したのは約2000人であった。タイでは近年労働需要が大きく,失業率は1％を割り込む水準である。このことから解雇された労働者は職を失ったことに関してそれほど焦燥感はなく,比較的落ち着いていたと考えられる。

第二に,タイ産業復興支援である。被災タイ企業のビジネス回復に向けたニーズを把握,専門家派遣,商談支援等を実施した。

第三に,タイの「一村一品運動」を支援する目的で,成田空港や関西空港においてタイ産品の展示,販売を行った。またパネルの展示や「タイ・ウィーク」などのイベントを実施した。

これらのJETROによる被災企業に対する支援,正確で迅速な情報提供,個別相談などによって,洪水以降も日系企業の投資は持続している。ASEAN,中国,韓国などがマイナスに転じる中,2012年1～7月の日本からの投資申請は474件で,前年同期比の51.9％増であり,金額ベースでも2109億バーツで,前年同期比の116.7％増であった。同期間の日本のシェアは65.8％を占め,存在感を示している。ただし2012年1月に実施されたアンケートによれば,直接的に洪水被害を受けた企業(50社)の38％が今後事業を縮小すると回答している。また撤退すると回答した企業はいなかったが,タイ国内の他の場所に移転すると回答した企業は16％であった。さらに間接的に被害を受けた企業の22％は事業を縮小すると回答している。[11]

---

[11] 日本貿易振興機構(2012b)「タイ大洪水に関する被災企業アンケート調査結果の公表について」2月。

5　国際的支援の役割——独立行政法人国際協力機構（JICA）タイ事務所

　タイの洪水被害に対しては，日本，中国，マレーシア，フィリピン，シンガポール，ニュージーランド，米国，カナダなどが緊急援助を行っている。その中でも最大の国際的支援を行っているのが日本政府である。以下，大洪水に対する日本政府・JICAの支援についてみておこう。

　日本政府，JICAによる支援は以下の3つのフェーズに分けることができる。①2011年発生の洪水に対し行われた緊急援助，②2012年雨期までの支援を念頭においた短期支援，③中長期支援である。

　第一に，緊急援助として，①浄水器やボート等総額5500万円の緊急援助物資の供与，②現行プロジェクトを通じた土のうの供与，③緊急援助隊専門家チームの派遣（上下水道，地下鉄，空港），④首都圏水道公社（MWA）に対する排水・水質維持に関する機器の供与，⑤緊急援助隊専門家チームの派遣（排水ポンプ車），⑥緊急援助隊調査団の派遣（保健・衛生）などを実施した。

　第二に，2012年雨季までの支援を念頭においた短期支援として以下のものを挙げることができる。

　①チャオプラヤ川流域洪水対策マスタープラン（緊急開発調査），具体的には，詳細な標高図・地形図作製，包括的洪水対策計画の作製等である。

　②防災・災害復興支援無償資金。

　③産業分野の復旧・防災にかかる協力（知識共有セミナー，「お互い事業継続イニシアティブ」）。

　④農業セクター洪水対策（緊急開発調査），具体的には，キャパシティビルディング，肥料や種苗の配布など農地の再生支援，灌漑施設の復旧，コミュニティにおける洪水被害軽減のためのモデルケースの形成などである。

　⑤洪水被害復旧のための短期ボランティアチームの派遣。

　第三に，中長期支援としては2つあり，①洪水管理施設およびその他のインフラの復旧・整備を目的としたローン（円借款）の供与，②洪水予測システム，ダム統合的運営等の洪水対策を目的とした技術協力である。

　さらに日本政府とJICAによる支援は政策提言および組織能力向上の

ための支援も行っている。具体的には①水質資源管理戦略構築委員会（SCWRM）におけるアドバイザー参与（竹谷客員専門員）や②防災能力向上プロジェクト（フェーズ2）を通じたコミュニティベースの防災能力向上，③気候変動に関する水分野の適応作立案・実施支援システム構築プロジェクト（IMPACT-T）を通じた科学技術共同研究を行っている。

6　国際協力NPOの役割——特定非営利活動法人（ADRA Japan）

タイの洪水に対する国際的支援として，先述のJICAのような政府レベルの支援に加えて，民間レベルの国際協力NPOの役割を忘れることはできない。日本の7つのNPOがジャパン・プラットフォームを通じて，緊急支援活動を実施している。活動分野は初動調査，緊急支援物資配布，食料配布，モニタリング，住宅修繕などである（表11-2参照）。ここではその中の1つADRA Japanを取り上げてみておこう。

表11-2　タイにおける洪水被害に対する日本のNPOの支援

機関名	地域	活動内容	当初予算（単位：円）
ジャパン・プラットフォーム	タイ	モニタリング事業	
日本国際民間協力会	ノンタブリ，アユタヤ他	ペストコントロール	16,778,112
		衛生，サバイバルキット配布	9,809,453
ADRA japan	アユタヤ，チャイナート	初動調査	806,766
	パトゥムタニ	緊急支援物資配布	11,401,879
Civic Force	バンコク市内と周辺	食料配布（1.8万食）	2,975,545
ピースウィンズ・ジャパン	バンコク市内と周辺	食料配布（2.5万食）	2,996,510
ICA文化事業協会	アユタヤ，パトゥムタニ他	緊急支援物資配布	11,679,360
ハビタット，フォー・ヒューマニティ・ジャパン	ピッサヌローク県	住宅修繕	

出所：ジャパン・プラットフォーム（2012）『東南アジア水害被害者支援報告書』より作成。

ADRAは2004年から内閣府より特定非営利活動法人としての認可を受けており，2011年の大洪水の際には，水害被災者支援に必要な調査と支援物資配布事業を行っており，被災者のニーズを満たすとともに災害による不安定な環境から脱するための活動を実施した。

　第一に，ADRA Japanはジャパン・プラットフォームからの助成（約80万円）を受け，2011年10月28日から，バンコク市内とその周辺の3県の初動調査を実施し，被害状況と支援ニーズの把握に努めた。タイ洪水においては，まず必要な物資を提供することが考えられた。それは，およそ生存に必要不可欠な食料や水であり，被災によりそれらを失った人々が多くいると想定されたからである。しかし実際には，軍により食料品・飲料水の配給が行われており，組織的に炊き出しも実施されていたため，NPOによる配布の必要はなかった。

　しかし，地方においては，十分な物資の支給はなされていなかった。そこでADRA Japanは11月14日から12月13日にかけてバンコク北部約40キロに位置するパトゥムタニ県の3289世帯を対象として物資を配給した。予算額は1140万円である。再度ニーズ調査を行ったところ，水が引いた後の清掃用ブラシ，洗濯用のタライやロープ，鍋や皿などキッチン用品，感染症予防・病害虫対策になる蚊帳などが必要だと分かり，配布することにした。洪水により住環境を失った人々にこれらを提供することにより，今までの生活・環境水準に近付けて，より生活を安定させることに繋がった。物資はタイ国内で調達したものである。裨益対象者の選定とクーポンの配布は行政が行った。

　しかし物資の配給プロセスには人的・時間的・そして方法の問題があり，早急な物資配給の達成を困難にしていた。配給物資の品々は袋詰めにして提供していたが，ADRA Japanのスタッフ動員数だけでは3289世帯分の配給物資の袋詰めを賄うことは非常に時間がかかり難しいと思われた。しかし，ADRA Thailandと協働し，現地のボランティアスタッフ（50〜70名）の協力により，1000世帯当たり数時間と，作業時間を大幅に短縮することに成功した。

　さらに印象に残っているのが，被災者が前向きで協力的なことであったという。被災者自身による，輸送や積み下ろし，行政との連絡などの協力があ

り，スムーズに活動が行えた。列をきちんと作って順番を待つという態度も，同じく洪水被害を受けたパキスタンと比較すると対照的であった。パキスタンでは警察がいないと秩序が維持されない状態であった。

　この背景には，被害の程度の差や国民性・文化の差による点もあるだろうが，タイでは住民間の繋がりによる情報伝達，コミュニティの迅速な結成，それを行政が把握していた点があげられる。まず行政が大多数の被災者をカバーし，それでは行き届かない細かな部分への対処をNPOや地域の民間人との協力によって実施していた。

　大規模災害への対応には，国，地方自治体，企業，NPO，市民，国際機関などの各アクターの連携が重要であるが，住民とNPO活動はどうしても限定的，あるいは小規模となりがちであり，特に資金面での問題が付きまとう。ADRA Japanも企業との連携を試みたが，結果的にうまくいかなかった。企業は前向きであったが，関税や納期といった面で，期限内に間に合わすことが困難であった。大規模で有名なNPOには資金が集中しやすいが，そうでないところは，資金集めが困難であるので，日ごろから活動に関する情報を発信し，企業との信頼関係を構築していく必要がある。

III　洪水被害を予防するための取り組み

1　洪水対策マスタープランの策定

　タイ政府は，国の水管理と洪水防止のため，2011年11月22日に首相を議長とする水資源管理戦略委員会を設置し，洪水対策マスタープランを策定した。この水資源管理戦略委員会のアドバイザーとして，策定にあたった竹谷公男氏に2012年7月6日にお話を伺った。

　チャオプラヤ川は，タイ国内を南北に流れる大きな河川である。流域面積は約16万平方kmと関東平野の約10倍の広大さであり，かつ下流域の河床勾配（約1/50000）は日本の河川（利根川の下流域で約1/9000）と比べて非常に緩い。また，灌漑取水により，下流で洪水流化能力が小さくなっており，

チャオプラヤ川は洪水を流化させる河川ではない。洪水が灌漑水路の能力を超えた場合は，中流域で氾濫をさせることでバンコクなどの洪水リスクを下げている。

タイの主要なダムは，空であれば，2011年の洪水に十分対応し得る規模である。しかし，米の2.5期作を行うタイではダムに最大限水を貯め，容量が満杯になれば放流するという基本思想がある。洪水発生時には貯水率が100％近かったことに加え，タイでは効果的な事前放流に1カ月以上必要なため，洪水調節機能を十分に発揮することができなかった。

竹谷氏によれば，洪水対策マスタープランの策定の方針は，①タイの知見を尊重すること，②タイと日本の技術を融合させ，タイ政府の意思決定のスピードに遅れない支援をすること，③通常のドナーの域を超えて関与し，確実な実施を要求することである。

マスタープランのコンセプトは構造物対策と，非構造物対策のベストミックスにより，安全かつ復元力のある国土を構築するというものである。まず構造物対策は「貯める，流す」であり，具体的には，上流の既設ダム，新設ダム，農業地域に氾濫させて貯めること，また既存の灌漑水路を通じて流す，新たな放水路を設けて流す，チャオプラヤ川を通じて流すといった対策を行なう。既存のダムの早期放水も有効な対策である。ただし災害対策において，構造物対策には物理的に限界があり，予想を超える規模の洪水も起こり得る。そして予想を超え防ぎきれなかった場合，確率規模の大きいもの程，人間は思考停止に陥りやすく，迅速な対応が困難になる。

そのため，非構造物対策が必要になる。この非構造物対策には，森林保護・回復や適切な土地利用，洪水に強い生活様式，といった被害を緩和するものと保険制度や避難，洪水予測・予報，早期警報といった災害に適応するものの2種類がある。タイの治水対策において，竹谷氏は災害を受け入れ，復元力のある地域社会の構築が重要だという。

さらに高い治水安全性を確保するエリア（首都バンコクや主要工業地域）と

---

(12) 経済産業省（2012）『通商白書2012』191頁。

氾濫を許容せざるを得ないエリア（農村）とを放水路の建設によりゾーニングする。前者の放水路で囲う安全性の高いエリアは，今後のタイの工業のさらなる拡大を考慮しても十分な広さを確保できるという。後者の氾濫を許容せざるを得ない地域に対しては被害の最小化と金銭的補償を行う。

その他短期的に効果の見込める施策として，破損した堤防や灌漑施設，水門等の復旧，遊水地の指定，水路の浚渫，道路の補修・嵩上げ，工業団地の輪中堤建設などを挙げることができる。

2012年の緊急対策としては，①上流ダム群の貯水池操作ガイドラインを改良し，洪水ピーク時流量を250m^3/s軽減，②氾濫原を調整地と明示し，補償制度を構築，③重要な経済圏の洪水流下能力を改善し，1000m^3/sに削減，④水管理を中央集権化，⑤データベースの構築と構図予測，早期警戒情報の提供がある[13]。

この水資源管理戦略委員会により策定された洪水対策マスタープラン（予算総額3500億バーツ，8750億円）は，2011年12月27日に閣議承認を受け，翌年1月14日には委員会とJICA共催で治水政策説明会を開催した。このマスタープランの策定と大規模な治水対策を講じることができた要因として，「二度と同じ災害は起こさせない，起きればタイ経済は凋落する」というタイ政府トップの決意と指導力，タイ政府とJICAの連携があったと考えられる。

2　洪水を予測する──気候変動に対する水分野の適応策立案・実施支援システム構築プロジェクト（IMPAC-T）

タイにおいては，洪水だけに限らず，干ばつ，地下水の汲み上げによる地盤沈下，主要河川の年流量の長期的な減少傾向など，さまざまな水資源に関する問題が発生している。そのため長期的な視点を加味した水資源管理が極めて重要となっている。そこで2008年にタイより，JICAに技術協力の要請があり，始まったのが「気候変動に対する水分野の適応策立案・実施支援シ

---

[13] 沖大幹（2012）「チャオプラヤ川における2011年の大洪水とタイの水害」『そんぽ予防事報』vol.250。

ステム構築プロジェクト」（IMPAC-T）である。プロジェクト期間は2009年4月～2014年3月であり，日本側機関として，東京大学の沖大幹教授が代表を務め，京都大学，東北大学，国立環境研究所，北海道大学，福島大学など，タイ側機関としてカセサート大学，タイ気象局，王立灌漑局がある。

　IMPAC-Tプロジェクトは本来長期的なシミュレーションを対象とするものであるが，大洪水の際には，短期的な洪水被害への支援が求められた。プロジェクトでは，タスクフォースを立ち上げ，洪水被害軽減のため検討を進めた。11月4日～10日にかけて現地調査を行い，洪水関連の情報をウェブ上で公開するとともに，政府機関や企業向けセミナーを開催した。

　他方で，大洪水を機に洪水や水害対策に資する研究への期待が高まり，タイ政府と国民にプロジェクトが広く認識された。プロジェクトは洪水予測システムの早期完成を目指し，2012年9月から試験的に運用を開始した。これは「チャオプラヤ川上流の雨量や流域の地形のデータをもとに，1週間先までの浸水状況の広がりを地図上でシミュレーションし，いつごろ洪水が発生するおそれがあるか，予測するものである」[14]。具体的には，①現在の各地点の水位・流量と氾濫状況，気象予測など，②IMPAC-Tの研究成果を活用し，1週間後までの水位・流量の予測，③1週間後までの浸水区域の予測地図，④WEBなどでのわかりやすい表示システム（タイ語，英語，日本語）という内容である。今後流量予測や浸水区域予測の検証を経て，シミュレーションの精度向上を目指している[15]。

　2012年に実施された中間レビュー結果によれば，プロジェクト目標の達成状況はほぼ順調であり，水資源管理や水害リスク管理への貢献は大きいとの評価を受けている。また効率性は，当初停滞時期があったが研究体制の見直しにより，改善している。ただし自立発展性については，リスク要因があり，プロジェクト成果の通常業務化を図るといった課題への対応が必要である。また，今回の洪水によりプロジェクトの成果を実社会にどう還元していくか

---

[14]　NHK・NEWSWEB（2012）「タイ　洪水予測システムが完成」9月5日。
[15]　（財）河川情報センター（2012）「JICA　チャオプラヤ川　洪水予測システム」9月。

が重要視されている。[16]

　グローバル社会の持続可能な開発を維持するため，気候変動と人間活動の両方を考慮し，将来予測や適応策，情報活用システムを構築することは，地域のリスク削減に非常に重要であり，また地球規模の気候変動の解明にも役に立つ。また，衛星によって浸水や山火事の状況を把握することもでき，中国の四川大地震や東日本大震災でも活用され，様々な災害時にも役立つことが分かった。また，情報を活用し一人一人が水害リスクに対する危機意識を持ち，準備など対策を講じる必要がある。国民は，今回の洪水によって洪水は自然のものという認識が薄れ，警報を信じ，プロジェクトに期待を寄せるなど意識が高まりつつある。これから気候変動による被害はますます大きくなると予想されるので，各自が環境問題などの課題に取り組む意識を持つことも必要になる。

IV　おわりに

　2011年に，東日本大震災を経験したわれわれにとって，同年に大洪水を経験したタイへのフィールドワークは，他人事ではない調査であった。JICA，JETRO，浄水場，保健省，チュラロンコン大学，カサセート大学などの多数の機関の協力により，タイの洪水時の被害状況や各アクターの対応を東日本大震災時の日本の様子と比較しながら調査をすすめることができ，非常に多くのことを学ぶことができた。日本では，日系企業の被害とグローバル・サプライチェーンの寸断に注目が集まり，様々なアクターが，洪水に対してどう取り組んでいたのかについては，ほとんど紹介されていないが，今回のフィールドワークにより，それぞれのアクターが，自分たちの持ち場で懸命に支援・復興活動にあたっていたことが明らかになった。本稿は，そうした記録の一つになることも意図している。

(佐野孝治)

---

[16] 国際協力機構（2011）「中間レビュー結果要約表」。

参考文献

①大泉啓一郎（2012）「タイの洪水をどう捉えるか」『RIM 環太平洋ビジネス情報』vol.12 No.44。
②沖大幹（2012）「チャオプラヤ川における2011年の大洪水とタイの水害」『そんぽ予防事報』vol.250
③川村雅彦（2012）「BCPからみた東日本大震災とタイ大洪水の教訓」『基礎研 Research Paper』, No.11-002。
④国際協力機構（2012）「国際協力事業の概要―タイ首都圏水道公社―」（JICA提供資料）。
⑤国際協力機構（2012）「Flood Risk Informationチャオプラヤ洪水予測システム」。
⑥（財）河川情報センター（2012）「JICA チャオプラヤ川 洪水予測システム」9月。
⑦佐野孝治ほか（2013）「タイにおける大洪水に対する諸アクターの役割」『福島大学地域創造』24巻2号。
⑧ジャパン・プラットフォーム（2012）『東南アジア水害被災者支援報告書』4月。
⑨玉田芳史・星川圭介・船津鶴代（2013）『タイ 2011年大洪水』アジア経済研究所。
⑩日本貿易振興機構（JETRO）（2011）「特集：タイ洪水復興に関する情報」
⑪日本貿易振興機構（JETRO）（2012）「タイ大洪水に関する被災企業アンケート調査結果の公表について」2月。
⑫IMPAC-T（2012a）「JST-JICA地球規模課題対応国際科学技術協力事業 気候変動に対する水分野の適応策立案・実施支援システム構築プロジェクト」（IMPAC-T提供資料）。
⑬IMPAC-T（2012b）"Integrated study project on hydro-Meteorological Prediction and Adaptation to Climate change in Thailand"（IMPAC-T提供資料）.
⑭Santitarn Sathirathai（2012）"Thailand's post-flood recovery" *Economic Research*, Feb.13.
⑮Thai Meteorological Department（2011）"Rainfall and severe flooding over Thailand in 2011".
⑯Nontawat Junjareon（2012）"Integrated study project on hydro-Meteorological Prediction and Adaptation to Climate change inThailand"（プレゼンテーション資料）
⑰MWA（2008）"MWA MASTER PLAN"（MWA提供資料）
⑱The Ministry of Finance, Royal Thai Government, The World Bank（2012）*Thailand Flooding 2554 Rapid Assessment for Resilient Recovery and Reconstruction Planning.*
⑲The World Bank（2011）"The World Bank Supports Thailand's Post-Floods Recovery Effort", 13 December.
⑳Worawan Ongkrutraksa（2012）"Crisis Communication―during Thai flood crisis 2011"

第12章　大型自然災害からの産業復興と立地政策
―― 東日本大震災と中国四川大地震の比較を中心に ――

I　はじめに

「千年に一度」とも言われる3.11の大地震と津波，およびそれによって引き起こされた福島第一原子力発電所（以下，福島第一原発と言う）の事故は，東北の岩手，宮城，福島の太平洋沿岸地域に甚大な被害をもたらした。これらの地域に立地していた企業の事業所や工場が破壊され，生産設備の損壊や流出によって大きな被害を受けた。震災発生から3年が経過した今日に至るまで，東北地域ではさまざまな復興支援策が講じられてきたが，復興の進展は緩慢で，被災地における震災前の有業者の43％がいまだに離職や休職状態にあるなど，東北地域の経済は依然として深刻な状況にある。

日本の工業立地は，戦後から1980年代の後半までが成長期であった。バブル崩壊以降の1990年代では，海外立地が大きな流れとなり，日本国内における工業立地は魅力を失い，2002年では1980年代以降の最低記録（新規の工場立地件数は844件）を更新した。2004年から徐々に回復に向かっていたが，2008年以降のリーマンショック，世界同時不況，および円高の影響を受け，2010年の日本国内の工場立地件数は786件となり，2002年の最低記録を再び更新することとなった。[1]東日本大震災は，こうした厳しい経済環境の中で発生した。

一国における工場の新規立地，およびその地域間分布は，雇用の創出，税収の増減，および人口流出入などのさまざまな側面から，地域経済に影響を

---

[1]　経済産業省，『工場立地動向調査結果』各年のデータに基づく。

及ぼす。戦後日本においては，過疎過密および地域間所得格差の変動などの地域経済の重要な問題のいずれも，新規立地工場の地域間分布の影響を受けながら今日まで発展してきた（岳，2000）。

したがって，大型自然災害によって被災した地域の工場ないし企業が，いかに迅速に復旧・復興できるかは，被災地の雇用，経済発展，および社会安定の回復を促す重要な要因の一つであると考えられる。しかし，平時における政府の古典的立地政策は，災害によって激変した被災地域のさまざまな課題に対応することは困難である。すなわち，国レベルであれ，地方レベルであれ，復興に向けた立地政策を制定する過程では，災害による企業の被災状況，被災地域における立地条件と立地要因[2]，さらに新規工場の立地動向と変貌を十分に把握したうえで，適切な支援策を用意していく必要があると考えられる。

本章では，日本と中国における工業立地政策の展開を概観するとともに，2011年の東日本大震災と2008年の中国四川大地震[3]という大型自然災害が引き起こした，工業被害の実態，震災による立地条件と立地決定要因の変化，および工業の復興に向けた支援策を比較検討する。工業立地に関係する諸政策は広い分野に及んでいるが，本章では，とりわけ大型自然災害からの工業復興に向けた各種支援政策（企業誘致，産業基盤の整備，周辺地域社会の整備への支援）の内容と効果を分析する。

II　日本と中国における工業立地政策の展開

経営者は，新規企業計画の策定，既存工場の再立地による改善，および工

---

[2] 立地条件とは，「立地主体に対して他の場所とは異なる影響を及ぼす，ある場所の持つ性質あるいは状態」を指し，市場，用地，用水，原材料，労働力などの直接生産に関わる項目とともに，交通・通信施設などのインフラの整備状況，自然環境，地域社会の特質など，多様多種な項目から構成される（西岡，1968）。

[3] 中国では，「汶川地震（ぶんせん）」という名称を基本としているが，本章では，日本で一般的使用されている「四川大地震」という名称を使う。四川大地震は，2008年5月12日14時28分に発生した，四川省汶川県映秀鎮を震央とするマグニチュード8.0の大地震であった。

場の拡張などを通じて企業の成長を図る際に，何よりも先に考えるのは，工場をどこに，どのような形態で立地させるかである。この場合，経営者は，本来の目標である最大利潤獲得のために，収益と費用を予測しながら，企業に最適な立地要因と立地条件を検討し，最終的な意思決定を行うのが一般的である（宮坂，1970）。このような，工業生産活動が営まれる場所，またはそのような場所の選択を行うことを工業立地と言うが，経営者の工業立地選択を誘導し，それに影響を与えているのが，工業立地政策である。工業立地政策も他の政策と同様に，個々の集団の力による政策形成要素が，さまざまな過程を経て政治力を獲得し，現実に国家あるいは公共団体の実践行為となって現われはじめて政策が展開される（佐藤，1963）。

　資本主義の自由競争の時代では，新規参入の自由が前提であり，単独の工場の立地が主要な問題とされてきたが，少数の巨大寡占企業が市場を支配する現代資本主義の時代においては，寡占企業間の立地の相互依存・競合関係を考慮し，しかも複数企業・複数工場を対象とする，産業集積を念頭においた新たな立地論と立地政策が必要となっている（松原，2012）。

1　日本における工業立地政策の展開

　戦後，日本における産業立地政策の変遷を概観すると，第一段階（終戦から1960年代末まで）は，高度成長期にかけての重化学工業の基盤整備の時代であり，第二段階（1970年代から1990年代半ばまで）は，工業再配置，最適な産業立地の推進時代であった。第三段階（1990年代後半）は，産業空洞化の防止と新事業創出のための地域産業政策の時代であり，続く第四段階（2000年代以降）は，競争力強化とイノベーション創出のための産業クラスター政策が推進される時代である。このような，日本の産業立地政策変遷の時代区分に基づいて，本章の研究対象である工業立地政策の展開過程をまとめると，以下のとおりである。[4]

---

[4] 以上の産業立地政策の時代区分は，菊地（1973），細谷（2009）を参考にしている。

(1) 産業合理化と工業立地政策（1950年代）

戦後日本における工業の本格的な立ち直りの契機となったのは，1950～1953年の朝鮮戦争であった。製鉄，製銅，石油，化学，機械などの重化学工業は，戦争特需による景気を背景に，急速に設備を増強し，生産を拡大させた。すなわち，この生産活動の活発化に伴い，老朽化した生産設備や，道路，鉄道，港湾等の輸送施設の不備と不足が産業活動の大きな隘路として顕在化した。1952年には「企業合理化促進法」が公布され，近代化に向けた設備投資に対し，「特別償却法制」と「固定資産税の減免」が実施された。特に，経済基盤強化の四大重点産業と言われた電力，海運，鉄鋼，石炭産業では，活発な近代化投資が行われた。そして，1955年から始まる高度経済成長期では，「経済自立5カ年計画」（1955年）の下，経済の自立と完全雇用の達成が目標に設定され，従来の基幹産業だけではなく，合成繊維，合成樹脂，石油化学，機械工業などの新興産業が叢生した。このような急速な産業発展と経済成長を支えたのが，政府の産業育成策による民間投資の力強い促進と，積極的な海外先進技術の導入であった。

(2) 工業の地域分散化段階（1960年～1970年）

1962年には「全国総合開発計画」が策定され，全国各地に中規模，小規模の工業開発拠点を整備することにより，過密都市，地域格差是正を図るとともに，農漁業などにも好影響を及ぼしながら発展することが目指された。具体的には，政府主導で「新産業都市」や「工業整備特別地域」を指定し，工業立地政策の推進を通じた経済開発の加速化が図られた。そして，1960年代の後半には，重化学工業を中心とした輸出増加，第2次耐久消費財ブーム，さらに民間企業設備投資などが相対的にバランスの取れた形で増大したことにより，日本の製造業を中心とした産業発展の基盤が整備された。

(3) 工業再配置，テクノポリス，頭脳立地など最適な産業立地推進の時代（1970年代～90年代半ば）

1971年には「農村地域工業導入促進法（農工法）」が制定され，国土全体を

範囲とする工業立地の促進政策が講じられた[5]。1970年代後半から1980年代にかけて顕著になった産業構造の変化に対応し，新しいタイプの地域開発を目指しつつ，国土政策として一貫して目標に上げられていた地域格差是正を目指したのが，テクノポリス政策であった[6]。しかし，テクノポリス構想は，当時工業再配置政策の施行が一段落した通産省の産業立地政策部局において，新政策として発案され，地域に軸足を移した工業立地，地域振興を図ろうとする嚆矢となったものであり，その必要性や効果に関する検討は不十分であった。

(4) 産業空洞化の防止と新事業創出のための地域産業政策の時代（1990年代後半）

1990年代になるとバブルの崩壊により国内経済は長期低迷期に突入した。一方，グローバル化やIT化の進展によって，日本企業の高コスト構造が強く意識され，規制緩和に基づく経済構造改革を通じて，企業がより活動しやすい環境を整備することが産業立地政策の重要な課題に設定された。90年代には，生産コストの削減を目指した生産拠点の海外移転が急増し，いわゆる産業空洞化の懸念が高まり，大都市でも地域経済の疲弊が意識されるようになった。その結果，90年代後半からは，日本の各地域が有する既存の地域資源を活用した競争力強化を通じて地域活性化を図ることにより，日本経済全体に貢献することが求められた。

---

[5] しかし，後の産業立地研究会（1997）がまとめたとおり，「通産省は，農工法による一村一工場的な工業団地整備では，加工組立型業種の立地の受け皿として不十分であるとの認識から独自の構想を模索しており，アメリカのインダストラルパークをモデルとした都市機能を含めた工業団地開発の推進をあげ，25万都市構想としてとりまとめた」とされる。

[6] テクノポリス政策とは，1983年の「高度技術工業集積地域開発促進法」の制定とそれによる「テクノポリス」の計画を指し，先端技術産業（生産機能・研究開発機能）の地方への分散を促進させ，外来産業型開発による地方都市の新興，既存大都市の過密の解消の手段と目された。テクノポリス構想は，地域を指定して税制の恩典などのインセンティブを付与することにより，ハイテク産業の集積を目指したものであった。

(5) 競争力強化とイノベーション創出のための産業クラスター政策（2001年以降）

21世紀に入ってからは，グローバル化，少子高齢化，財政危機など，日本の社会経済構造が大きく変化するなかで，産業立地政策はその効果が疑問視され，企業立地行動に対する市場的調整の役割を強化する考えが主流となった。2001年には，「新産業都市建設促進法」および「工業整備特別地域整備法」が，2002年には「工場等制限法」が廃止になった。2005年には，「中小企業新事業活動促進法」の中に，従来の「テクノポリ法」や「頭脳立地法」を含んだ「新事業創出促進法」が統合され，2006年には，「工業再配置促進法」が廃止になった。産業立地政策の誘導による工業の地方分散政策から，地域経済の自立と国際競争力のある新産業の創造，産業集積を柱にした政策に重点が移されるようになった（松原，2012）。

2 中国における工業立地政策の展開

中国では1990年代以降，工業化が急速に進み，約20年の間に経済規模は6倍に拡大し，「世界の工場」と呼ばれるようになった。中国における工業開発にかかわる地域政策の動向は，大きく二つの時期に区分される。すなわち，1949年中華人民共和国成立後の中央政府統一管理下における経済建設の段階と，1978年12月の中国共産党第11期第3回中央委員会全体会議（三中全会）以降の地方分権と市場メカニズムの導入による，改革開放政策下での経済建設段階である[7]。中国における工業立地政策の展開過程を簡単にまとめると，以下のとおりである。

(1) 均衡分布と重工業優先政策

中国の工業生産は，1952年になってようやく建国前の水準に回復し，本格的な工業立地政策が展開されたのは，第1次5カ年計画（1953～57年）が実

---

[7] 竹内（1997）「中国における工業立地政策の展開と三線地域国有企業の改革」に基づいて，整理した。

施されてからである。この時期の地域開発政策は，ソ連型社会主義建設を唯一のモデルとして展開されていた。その特徴は，第一に，中央集権的な部門別縦割管理体制を確立し，国家計画の下で均衡の取れた国土利用が目指されたことであり，第二は，重工業優先が強く打ち出されたことである。この時期の重点投資対象となったのは，基幹産業である鉄鋼業と軍需産業部門であった。重工業建設の特徴は，包頭・武漢・太原の3大鉄鋼コンビナート建設に代表されるような，原料地立地を指向しながらも，地域総合開発の核として金属工業や機械工業・エネルギー産業等周辺関連産業の育成も同時に積極的に推進されたことである。

　このような分散型工業配置と重工業優先という中国の工業立地政策の特徴は，情勢の変化により，多少の変更が加えられたものの，それ以降の改革開放政策が決定される1978年まで，産業立地政策の基本理念として維持された。しかしながら，第1次5カ年計画の末期になると極端の中央集権的な地域政策により，予定した工業基地建設が思うように進まず，工業生産の停滞が顕著になった。その結果，重工業優先という方針を堅持しながらも軽工業との調和を図り，中央と地方，大規模工場と小規模工場の同時発展を目指す，第2次5カ年計画（1958〜62年）が立案された。

　しかし，均衡ある国土開発と産業構造の確立を目指して取り組んだ第2次5カ年計画であったが，生産効率の低さと地方分権体制による地方政府の財政的窮乏や企業の管理・運営の混乱により，計画期間における工業生産の伸び率はわずか1.6%にとどまった。1960には，中ソ戦争気運が一気に表面化し，中国を取り巻く国際政治情勢は緊迫の度合を高めた。こうした情勢の変化に対応して中国政府は，戦争に備えて沿海地域と大都市に集中していた工業施設を，一刻も早く内陸部へ分散・移転するべきであると考え，東部沿海地域が攻撃されたとしても，持久戦により戦うことを可能にする後方基地建設が目指された。

(2) 改革開放政策の進展と工業配置（1980年代）
　1978年12月の三中全会において議決された「四つの現代化」（工業，農業，

国防，科学技術の近代化）を目指した経済改革・対外開放路線は，中国における工業立地政策の大転換をもたらした。例えば，深圳，珠海，汕頭および福建省厦門に経済特区を設けることを決定し，製造業を中心に広く世界から企業を誘致し，資本・技術管理のノウハウを吸収することにより，輸出志向型産業の育成を図った。そのために，財政・外貨管理・投資等の面において，経済特区には他地域にはない，さまざまな優遇措置や自主権が与えられ，短期間で著しい発展を遂げた。

(3) 改革開放の全国的展開による工業立地政策（1991年〜）

90年代に入ってからも，中国政府は外国資本導入の積極的な促進を沿海地域開発戦略という基本的な方向性を堅持した。1990年4月には「上海浦東地区開発計画」が発表され，9月には中国ではじめての上海保税区が設置された[8]。また，東北地方の沿岸地域開発の中心都市である大連市も，1984年の沿海開放都市指定以来，日本企業との連携を深めることにより急速な発展を遂げた。とりわけ，1991年11月に調印された日中合弁開発会社による大連工業団地の開発は，日本企業誘致のための工業団地であった。2003年の中国共産党第16回大会では，東北地域などの「旧工業基地」の再開発が決定され，東北地域工業振興と西部開発を，今後の中国における社会経済発展における二つの重大な戦略と決定した。これは，多くの外国資本を利用して東北，西北地域の重工業を振興し，地域間格差を修正し，バランスを取りながら経済成長を加速させることを目的としている（朴・藤本，2013）。

(4) 情報・技術産業化を強化する工業立地政策（2001年〜）

2001年のWTO加盟以降，中国経済の発展，とりわけ外貨基準高の増加や一部の国内企業の急成長に伴い，2002年11月に開かれら第16回中国共産党大会では，「走出去」（海外進出）戦略が提唱され，「比較優位のあるさまざまな

---

[8] 保税区とは，外国から輸入する貨物について一時的に関税を保留することができる特権を賦与された地域をいう。

所有制の企業が海外に投資し，実力のある多国籍企業と有名ブランドを作り上げることを奨励する」という目標を新たに設定した。2006年2月には，中国国務院より『国家中長期科学と技術発展規劃綱要』（以下「規劃綱要」）が公布された。この『規劃綱要』は，中国経済が「自主創新」能力の強化を目指した，今後15年の科学と技術発展を促すための戦略計画であると言われている。

そして，産業クラスターの発展においては，発展戦略の重点を労働集約型の輸出製造業クラスターから，ハイテク産業や環境産業クラスターにシフトすることを訴え，経済発展のスピードよりもその質的向上を重視する姿勢を明確にしている。

以上，日本と中国における近代的な産業発展と工業立地政策の展開を概括した。日本でも中国でも，産業と企業の立地に関する政策は，経済成長を強く意識し，国際経済情勢と国内社会経済構造の変容に柔軟に対応しながら変容を遂げてきたことがわかる。そして，このような国際経済情勢や国内経済発展段階に合わせて変化する産業立地政策は，市場競争主体である企業の経営戦略や立地決定に重要な影響を及ぼす重要な要因となる。続く第三節では，上記のような歴史的，社会的，経済的要因だけではなく，天災地変という偶然の出来事が，産業立地政策の変化，および工業立地要因の変化に及ぼす影響について，東日本大震災と中国四川地震を事例に検討する。

III 大型自然災害による工業の被害状況と新規工場の立地決定要因の変化

1 東日本大震災による工業の被害状況と新規工場の立地決定要因の変化

東日本大震災，とりわけ地震に伴う大津波は，沿岸部に立地している港湾施設と産業施設の多くを破壊した。震災以降，東日本の太平洋側にある主要港湾のうち，青森港を除いて，ほとんどすべてが作業停止に追い込まれた。そして，これらの港湾施設の破壊は，自動車と機械製造業など，国内の他地域と海外との相互部品供給に大きく頼っていた産業のグローバルサプライ

チェーンを断絶させ，日本の製造業全体が大きな被害を受けることとなった（山本，2012）。

　産業別の被害状況を見ると，東日本大震災の被災地である東北地方では，「通信機械・同関連機械」，「電子計算機・同付属装置」，「電子部品」産業，特に電子計算機，電子部品関連産業の被害が甚大であった。また，緊密なサプライチェーンに依存している日本の自動車産業への影響も大きく，震災直後に各自動車メーカーの東北地域に立地している工場だけでなく，全国および世界における工場で操業停止や短縮に追い込まれることとなった。そして，東北以外では茨城県や千葉県など，「一般機械」，「産業用電気機器」，「その他電気機械」，「通信機械」など，グローバルサプライチェーンを通じた部品調達に依存していた産業も大きな打撃を受けた。また，東日本大震災によって東北地方基盤産業であった水産物加工業も多大な被害を受けた。

　特に，東日本大震災では，福島第一原発事故に伴う電力需給逼迫，放射能汚染の懸念による風評被害など，新たに取り組むべき課題が生じた。原発事故（それ以降の電力各社の原発停止と海外からの化石燃料調達費用の増加）による電力コストの増加は，産業連関を通じて産業横断的に生産コストの増加を招き，国内のあらゆる産業の国際競争力に悪影響を与える可能性も出てきた。また，日本の製造業は，「高品質・高性能」，「安全性」，「耐久性」という点で国際的に高い評価を受け，それらは「日本ブランド」として各国市場で認知されていたが，震災とそれに伴う原発事故は，そのような「日本ブランド」の価値も揺らがせた。

　震災以降，米国，英国，中国などにおける日本製品のブランド力に対する評価は，震災前と比較して12％も低下したとされる。業種別に見ると，食料・飲料が20％の低下で最も大きく，化粧品・トイレタリーは13％の低下，電子機器や自動車も評価が下がった。さらに，海外では，日本で生産される製品に対して放射能汚染を不安視する声が高まり，海外の顧客から，安全性に対する懸念が表明されることも多かった。鉱工業製品については，輸出相手国の業者から，「汚染されていないという証明書がないと受け取れない」と拒否される事例が増え，事前に検査機関に放射性物資検査を依頼し，証明書

を取得する時間と費用が新たなコスト増をもたらした（経済産業省，2011）。

このような地震と津波，および原発事故は，被災地域における新規工場の立地決定要因の大きな変化をもたらした。表12-1は，「工場立地動向調査結果」，「新規工場立地計画に関する動向調査」と企業立地事例調査に基づく，東日本大震災以前の企業立地要因を整理したものである。1989年・1990年の東北地方への新設工場の立地地域選択理由の順位を見てみると，「労働力の確保」が第一位，「県・市・町・村の助成・協力」が第二位で，以下「地元である」，「市場への輸送の便」，「取引企業への近接性」が続く。そして，2009年・2010年の東北地域への新設工場の立地地域選択理由には，「用地価格」，「既存近接」，「交通条件」，「優遇制度」などが上位にランクインされている。1990年と2010年の調査は，その選択肢において一部変更があるので単純比較はできないが，1990年には，東北地域への立地決定のもっとも重要な要因が「労働力の確保」であったのに対して，2010年には東北地域の土地価格の低下に伴う「用地価格」，過疎地における企業立地促進策などを活用した「優遇制度」が重要な要因となっていることがわかる。

しかし，東日本大震災後の「工場立地動向調査結果」および関連資料では，東北被災地域における企業の立地決定要因として，「国・地方自治体の助成」，

表12-1　東北地域への新設工場の立地地域選択理由

順位	1989・1990年	(2009・2010年)
1	労働力の確保	用地価格
2	県・市・町・村の助成・協力	既存近接
3	地元である	交通条件
4	市場への輸送の便	優遇制度
5	取引企業への近接性	労働力
6	本社への近接性	用水
7	経営者などの個人的つながり	産業集積
8	原材料などの入手の便	リスク分散
9	その他	その他
10	他企業との共同立地	産学連携

出所：財団法人東北産業活性化センター（2008，63頁，図表3-6）に基づいて作成。

「原材料となる資源の存在」,「復興特区の制度」などが,東北地域での新規立地決定におけるもっとも重要な要因として取り上げられている。既存の労働力供給,土地価格などの生産要素の重視から,震災復興に伴う国と地方自治体の優遇政策,規制緩和策が重要視され,さらに短期的な復興需要を取り込むための新規立地が増加しており,その短期性を窺わせるものとなっている。

2　中国四川大地震による工業の被害状況と新規工場の立地決定要因の変化

　中国四川省経済委員会の統計資料によると,2008年6月15日まで,震災の被害を受けた工業企業は1.63万社で,そのうち,大規模工業企業が72社,中小企業が1.62万社であった。工業における直接経済被害額は約1823億人民元(約2.5兆円)で,工場建物の破損は,4149平方メートル,生産設備破損は34.4万台,商品と原材料の損害額は約254億元であった。もっとも被害を受けた地域の被害状況を見ると,徳陽市の工業被害がもっとも大きく,被災総額が約309億人民元で,被災された企業数は4118社であった(表12-2)。

　被害は主に,工場などの建物の破損と崩壊のよる生産設備,生産商品,原材料の破損,および従業員の死亡などによる倒産,停産によるものであった。特に,被災地域における優位産業と重要企業の被害が大きく,北川など地震の被害が大きかった被災地域の工業設備はほとんど破壊された。工業団地と小規模企業の創業基地設備も多くの被害を受けた。そのうち,川蘇都江堰科学技術産業団地,彭州工業開発区,什邡城南新区,綿竹剣南春工業集中発展区域,江油工業団地,アバ工業団地など14カ所の工業団地における被害が大きかったとされる。

　四川省は,中国内陸部の中心地域として,新中国成立以前より工業企業の立地が比較的に多い地域であった。日中戦争の時代に,国民党が臨時政府を南京から重慶(現在は直轄市となっているが,もともとは四川省で成都市に次ぐ,二番目に大きな都市であった)に移していたのも,四川省が全国各省の中で人口が一番多く,豊富な食料供給能力を有するうえ,一定水準の工業経済基盤が存在したことに由来する。しかし,1980年代以降の改革開放と東南沿海部地域を中心とする輸出主導型経済成長時代においては,内陸部である四川省

の経済発展は相対的に遅れた。2000年代に入ってからは，西部大開発戦略の中で重点開発地域と指定され，東南沿海部の賃金コスト増を避けて内陸部に移転する輸出加工業の新規立地が増加し，経済は急速に成長した。

表12-2に示すとおり，四川大地震は四川省の工業に甚大な被害を与えたが，上記の中国全体における経済発展戦略，および四川省が持つ戦略的・重点的な開発地域としての地位を揺らがすまでには至っていない。すなわち，地震による四川省の工業立地環境が大きく変化したわけではない。確かに一部の工業団地が大きな被害を被ったが，中心都市である成都市とその周辺にある工業団地は，震源地と一定の距離があり，被害は小さかった。その一方で，「国家主導の成長型復興メカニズム」（厳，2012）の下，政府がさまざまな工業立地促進政策を打ち出したことにより，その政策メリットを享受するための新規企業立地が増えたのが実態である。

一般的に大型自然災害は，被災地における産業基盤の崩壊や企業経営環境の悪化を通じて，新規企業立地を妨げるが，四川省の場合は異なる。とりわけ，復興による成長促進，被災地の社会経済発展水準の大幅な引き上げ，さらには成長を強く意識した企業立地促進政策により，新規企業立地の環境は改善した。その一方で，復興と成長の重要な条件として，各地域に造成された新しい工業団地では，当初期待した通りの新規企業立地が行われておらず，過剰状態に陥っているのも事実である（厳，2012）。日本と同じく，国と地方政府による優遇政策と短期的な復興需要を取り組むための企業立地は増えても，内陸山間地域が提供しうる経済発展のための原材料，労働力，市場には

表12-2　四川大地震による地域別工業の被害状況　（単位：社，億元）

被災地域（市，州）	被災された企業数	財産損害額	被害総額
成都市	4352	85	66
徳陽市	4118	514	308
綿陽市	2410	158	178
広元市	1501	58	52
アバ自治州	447	275	37

出所：王（2010）などの資料に基づいて作成。

限りがあり，新規企業の立地に対する力強い，長期的な推進のためには，多くの課題が残されていると考えられる。

3　大型自然災害からの復興に向けた産業立地政策と工業の復旧・復興現状

上記のように，東日本大震災と四川大地震は，被災地における産業発展と工業立地の条件を変化させ，企業の立地決定要因に大きな影響を与えた。そして，大規模災害からの復興計画における工業立地の促進政策は，「条件不利地域・地区」に対する緊急支援策の一つである。ここでは，東日本大震災と四川大地震以降における工業企業の復興に向けた助成優遇措置，とりわけ，被災地域における企業誘致政策，産業基盤の整備，周辺地域社会の整備への支援策の内容とその効果を比較検討する。

(1)　日本における復興に向けた産業立地政策と工業の復旧・復興現状

東日本大震災の被災地域である東北の工業化は，1980年代の東北新幹線の開通や東北自動車道の整備を機に，首都圏などから多数の工業が進出したことにより大きく進展した。特に，電子部品や半導体などの工場進出が多く，九州の「シリコンアイランド」に対して，「シリコンロード」と呼ばれる工業集積地が形成された。しかし，1990年代以降，ものづくり産業のアジア諸国への工場移転によって，電子部品や情報機械などの生産工場の閉鎖や縮小が相次いだ。近年では，これらに代わる産業として自動車関連産業の工場立地が増加した。しかし，2008年のリーマンショックと2011年の東日本大震災によって，東北の工業は大きな危機に直面している。この厳しい現状を打破し，工業の復興を通じた東北被災地復興を目指して，仮設工場・仮設店舗等の整備，復興特別区域法の制定，および産業集積の促進などを内容とするさまざまな工業立地政策が講じられている。

まず，仮設工場，仮設店舗等整備事業では，東日本大震災により甚大な被害を受けた工業企業が，早期に事業を再開するための支援策として，中小企業基盤整備機構が仮設工場，仮設店舗等を整備し，市町村を通じて原則無償で貸し出す事業を実施した。25年3月末時点で，6県50市町村において，

522箇所が竣工している（経済産業省，2013）。

　次に，被災地における復興を円滑かつ迅速に進めるために，「東日本大震災復興特別区域法」が公布されている。特に注目されているのが，被災地の新規立地企業に対する5年間の法人税の実質的免除措置である。すなわち，2016年3月末までに指定を受ける法人は，指定日から5年間，各年度の所得を限度に再投資等準備金として積み立てた場合，その積立金の損金算入が可能となり，法人税は免除される措置である。一定期間（5年）以降は，準備金を益金算入する必要があり，法人税の免除と言うよりは繰り延べとしての意味合いが強いが，これまでの企業誘致を目的とした不均一税制（一部の企業に対する税制優遇）と比べて，優遇条件が大幅に拡大されている。政府は，この制度の投入により大企業の新規法人設立（工場誘致）や，地元の中小企業がグループで法人を設立することなどを促したいと考えている（みずほ総合研究所，2012）。

　第三に，地域の特性を活かした産業と企業誘致の促進に基づく産業集積に向けた復興戦略が加速化されている。前節でも言及したように，2001年以降における日本の産業立地政策は，地域経済の自立と国際競争力のある新産業の創造，産業集積を柱にした立地促進政策に重点が移されていた。このような国の成長戦略に基づいて，政府は東日本大震災の被災地域における関連産業の集積に向けて，さまざまな支援策を強化している。例えば，福島県における医療関連産業の集積加速化に向けて，医療機器メーカー等による研究開発・実証・製造拠点の整備を支援する，福島県独自の新たな補助制度を創設している。

　このような復興支援策によって，震災直後に大きく落ち込んでいた岩手県，宮城県，福島県の鉱工業生産は，2012年には前年度の水準までに回復し，新規工場立地も増えてきた。東北経済産業局が発表した『工場立地動向調

---

(9)　該法は，震災で被害を受けた11道県の222市町村を対象に，規制・手続き，土地利用再編，税制，財政金融などの面で特例を設定したものである。具体的には，公営住宅の入居基準の緩和，津波避難建物の容積率緩和，新規立地企業の法人税の実質ゼロ化などが盛り込まれている。

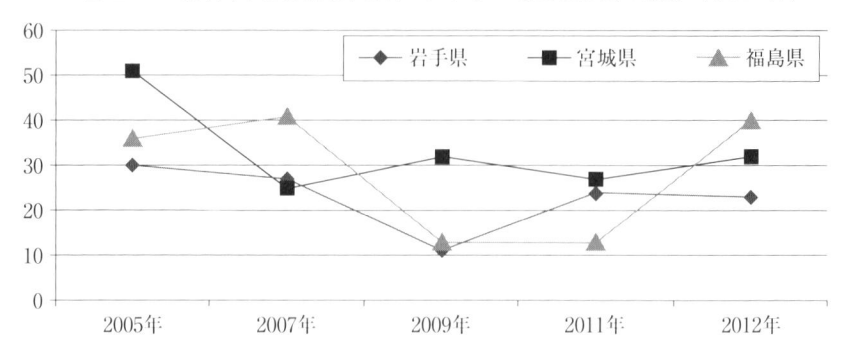

図12-1　東日本大震災被災地域における工場立地件数の推移（単位：件）

出所：(財) 経済産業省東北経済産業局「工業立地動向調査」に基づいて作成。

査』(2012年) によると，東北6県の新規工場立地件数は，計122件であった。前年度の91件を上回り，3年連続の増加となっている。その内，福島，宮城，岩手3県で全体の約8割を占め，事業を再開した被災企業が牽引する形で，太陽光発電など再生可能エネルギーへの投資も活発であった。[10]

　2012年の岩手，宮城，福島3県における県別，業種別立地件数を見ると，食料品の製造業の新規立地がもっとも多い。その内，宮城県に14件，岩手県に10件，福島県に4件が新規立地しており，宮城県における食料品の立地件数が東北食料品立地全体の4割以上を占めていた。その次は，機械工業の立地件数が多く，被災地3県の機械工業の立地件数は，福島県に11件，宮城県に5件，岩手県に3件であった。他に，金属製品業の新規立地が，福島県に10件，宮城県に4件，岩手県に1件立地した（末吉, 2012）。

　図12-1に示すとおり，東北の岩手，宮城，福島3県の地域別立地件数の推移を見ると，宮城県は，2005年から2007年において減少し，2007年から2009年は少し増加したものの，2009年から東日本大震災が発生した2011年までに減少していた。しかし，2012年では，国と地方による復興政策の推進によって，少しながら増加に転じている。そして，岩手県の工場立地件数

---

(10) 『日本経済新聞』2013年10月4日Web刊。

は，2005年から2009年におけては減少し，2009年以降では増加傾向にあるが，2011年以降における大きな変化は見られない。また，福島県における工場立地は，2005年から2007年において少し増加し，2007年から2009年には半分以上に減少していた。しかし，2011年からは，さまざまな復旧・復興政策の影響を受け，顕著に増加している。

(2) 中国四川大地震の復興に向けた産業立地政策と工業の復旧・復興現状

中国の2008年四川大地震からの復興においては，国家主導の災害復旧と復興が行われ，産業復興に関しても，「ペアリング支援[11]」という形で，東南沿海部から被災地域に向けた新規投資と工場移転の促進が行われた。復興に向けた工業立地支援策として，ペアリング支援体制の下，東南沿海部の支援側が，被災地企業の早期復旧・復興に必要な資金供給，人材派遣，技術・技能伝授を行い，工業団地の造成を通じた長期的な連携を目的とした企業立地促進が行われた（表12-3）。特に，工業建設用地が不足している県や市は，管轄外の行政地域と共に工業パークを建設して，財政や税金を分けるなどの方式で，発展の成果を分かち合うような仕組みも導入された。

これらの工業団地では，被災地固有の生産要素の優位を発揮すべく，現地の資源や労働力の知識・技能レベルに適した，労働集約型産業の立地を積極的に促す政策が講じられている。とりわけ，東南沿海部における賃金上昇や産業構造の転換政策などにより競争力を失った，労働集約型産業を戦略的に受け入れることが目指されている。その一方で，地質断裂帯地域，河川沿岸地帯などの工業再建に適さない地域，とりわけ化学工業，冶金，小規模水力発電産業を基幹産業としていた汶川県などでは，被災した産業の再建を行わず，代替産業を積極的に発展させた結果，2010年の工業生産額は42％も伸び

---

[11] ペアリング支援とは，中国における国家（中央政府と中国共産党）主導による復興戦略である。すなわち，被災地の特定の自治体に，東南沿海部の特定の自治体を割り当て，一対一の直接支援を行う仕組みである。すなわち，社会経済発展が先行している東南沿海部の省（直轄市）が，その資金，人材，技術，および発展のノウハウを積極的に活用して，発展が遅れていた被災地の県（市）の復旧と復興を支援する復興メカニズムである。

表12-3　中国四川大地震の工業復興に向けたペアリング支援（対口支援）一覧表

支援地区（省・市）	被災県・市・地域	工業立地の支援・連携プロジェクト
広東省	汶川県	広東・汶川工業団地
山東省	北川県	北川・産業団地
浙江省	青川県	広元青川―川浙合作工業団地
江蘇省	綿竹市	江蘇工業団地
遼寧省	安県	遼安工業団地
河南省	江油市	河南工業団地
福建省	彭州市	川閩工業団地
山西省	茂県	山西・茂県工業団地
湖南省	理県	湖南・下孟工業団地；湖南・理県緑色経済集中団地
黒竜江省	剣閣県	剣閣工業団地
深圳市	甘粛省	深圳工業団地（甘粛省隴南市）
天津市	陝西省	寧強県循環経済産業団地

出所：各種資料に基づいて筆者作成。

た。

　中央と地方の企業立地促進政策では，被災地における工業パークや工業集中発展区の規模や能力を発展させながら，特色ある産業パークの構築が図られた。特に，2009年に策定された「四川7＋3産業政策」では，現地の資源・環境条件および震災復興再建計画に適合した優位産業の発展を優先的に支援することが示された。その効果は，大型機械基地化を目指して政策的にサポートされた徳陽市が，全国の原子力発電設備関連製品生産の60％，火力発電設備関連製品生産の30％を占めるほどに成長したことからも明らかである。また，綿陽市では，「六大産業」（自動車および部品，機械製造業，新材料，化学工業，食品加工業）が急成長し，2010年の市全体の工業生産総額の91.5％を占めるようになった。さらに，広元県，雅安県，およびアバチワン族自治

---

(12)　2009年9月27日，四川省政府は，四川省経済委員会が策定した「四川省工業『7＋3』産業マスタープラン（2008〜2020年）」を公表した。同プランは，四川省の2020年までの経済発展のために重要な戦略産業として，7大重点産業―電子情報，設備製造，エネルギー・電力，石油ガス化学，鋼鉄，飲料・食品，医薬品，および3大潜在力産業―航空，自動車，バイオテクノロジー・新材料産業の発展を力強く推進することを決定した（日中経済協会，2010）。

図12-2 中国四川大地震の重災地域における工業生産総額の推移

(単位：億元)

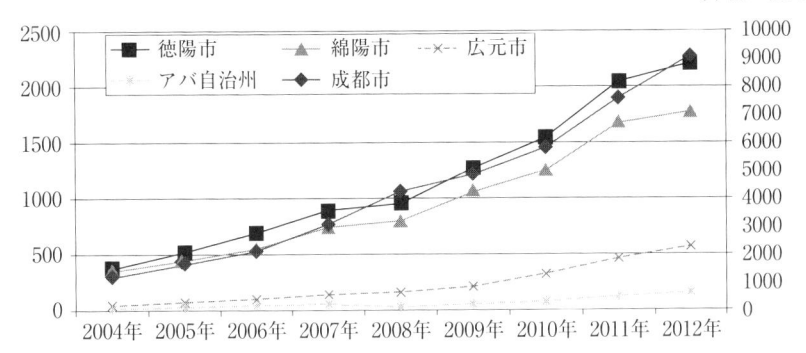

注：成都市の工業生産規模が他の地域と大きく異なることから，わかりやすくするために，成都市の工業生産額だけを左軸に示している。
出所：「四川統計年鑑」各年度版に基づいて作成。

州の3つの地域の「7＋3産業」も急速に発展し，当該地域の工業生産全体の伸び率を大きく上回るスピードで伸びている。

被災地の経済は，国全体をあげた被災地支援と復興プロジェクトの推進によって急速に回復に向かい，2009年6月の時点において，四川省における被災工業企業の操業再開率は98.4％に達し，2011年9月時点で復興プロジェクトの99％が完了した。図12-2に示すとおり，震災以降における四川大地震の重災地域（もっとも被害が多かった地域）における工業生産額の伸びは，震災発生の2008年に少し停滞したが，その後は増加傾向が続いている。

特に，省都である成都市の牽引的な役割が顕著であり，フォークスコン（鴻海）成都工場（最終的に従業員総数30万人を計画）の誘致をはじめ，沿海地域から低賃金を求めて内陸部に移転する電子・電気機械産業の大集積地となりつつある。昨今の世界的な成長停滞の中でも，成都ハイテク産業開発区の2012年における総産出額は2230億元で，四川省省内のインダストリアル・パークの発展を牽引している。現在，成都ハイテク産業開発区には，ハイテク産業の中小企業が3000社，外資企業が1000社，世界トップ500および国際

優良企業120社以上が立地している。[13]

IV　むすびにかえて

　工業は，雇用機会の拡大，国民所得の上昇，研究・開発機能の向上など，国と地域の経済発展に重要な意義をもつ。一方，近年においては，工業化に伴う過剰な資源消費，工業排気や汚染水，工業廃棄物の増加，さらに原発事故に伴う海洋と大気汚染などの環境問題も深刻になってきている。日本と中国における工業立地政策は，諸政策の背景と内容に一定の違いがあるものの，初期段階における戦後復興，経済成長と国土開発を強く意識した成長主義的側面などでは一致するところが多い。

　そして，両国における産業立地促進政策は，各々の経済システムを取り巻く国際的・国内的環境の変化に柔軟に対応して変化している点でも共通する。ただし，日本では産業政策と企業立地促進政策が，民間企業の主体的な役割を側面から誘導する役割を果たしているのに対し，中国では現在もなお，政府の強い指導と許認可権限に基づく直接的・間接的関与が見られている点では，大きく異なる。

　本章では，日本と中国における工業立地政策の変遷過程を概観しながら，東日本大震災と中国四川大震災を事例に，大型自然災害という偶然的な出来事に伴う産業政策，工業立地促進政策の変更が，被災地域の工業企業の経営環境と工場立地決定要因の変化，および工業の復興に与える影響を比較検討した。本章の主な論点をまとめると，以下の三点がある。

　第一に，大型自然災害からの復興に向けた立地政策は，被害の規模と特徴，被災地域の自然資源，人材資源，企業の立地決定要因とその変化，および地域特有の産業発展条件を正確に把握し，それに基づいて検討する必要がある。すなわち，被災地の経済発展要素の実態からかけ離れた政策は，持続可能な被災地の産業発展に対する促進効果は限定的なものにならざるを得ない。

---

[13]　成都ハイテク産業開発区のWebサイト。

第二に，日本における新規工場立地決定要因の変化に関する分析では，本章が分析している三つのアンケート調査の選択肢が少し異なっていたことから，単純に比較することはできないが，震災以前では，「労働力の確保」，用地価格」，「既存接近」，「交通条件」などの生産要素が重要視されていたが，東日本大震災後には，「国・地方自治体の助成」，「地方自治体の誠意・積極性・迅速性」，「復興特区の制度」など，災害復興に向けた政府の積極的な政策的支援が重要な要因として挙げられている。大型自然災害により，企業の経営環境や企業立地要因が大きく変化している被災地の復興においては，工業立地を促すための政府の政策的誘導の役割は大きく，その必要性を確認できるものであった。

　第三に，産業立地政策の効果の違いは，両国における経済発展段階，社会経済システムの調整様式，および災害復興メカニズムの相違に由来するものであるが，国家主導の災害復興メカニズムに依存している中国における企業立地の促進政策が，民間主導の災害復興に大きく依存している日本における企業立地の促進政策よりは成果をあげているように見える。ただし，両国とも見られる事柄であるが，政府の政策的誘導による新規企業立地数の増加は，その短期的な側面を看過することはできず，被災地における息の長い，持続可能な成長に及ぼす影響を比較することはまだ早い。もう少し時間が経つと，二つの異なる社会経済システムにおける大型自然災害からの工業復興に向けた産業政策や企業立地の促進政策の優劣が現れるのではないか，と考えられる。

（朴　美善）

参考文献

①王彬彬（2010）『震災地域における産業の復旧と復興に関する研究―四川汶川地震を事例に』経済科学出版社。

②岳希明（2011）「工場立地選択の決定要因―日本における地域間の実証研究」『日本経済研究』第41号，92-109頁。

③菊地一郎（1973）「戦後における我が国の工業立地政策の展開と工業立地の動向」『奈良教育大学紀要　人文・社会科学』第22巻1号，85-99頁。

④経済産業省東北経済産業局『工業立地動向調査』各年版。

⑤経済産業省（2011）『中小企業向けガイドブック』。
⑥経済産業省（2013）『ものづくり白書』。
⑦厳成男（2012）「中国における国家主導のコーディネーションと2008年四川大地震からの復興」『商学論集』第81巻第2号，23-39頁。
⑧佐藤元重（1963）『日本の工業立地政策』弘文堂新社。
⑨財団法人日本立地センター『新規工場立地計画に関する動向調査』各年版。
⑩財団法人東北産業活性化センター（2008）『企業立地と地域再生』コミュニティ・ブックス。
⑪財団法人日中経済協会（2010）「四川省の震災復興と経済発展」『中国四川省大地震復興協力事業報告書』。
⑫末吉健治（2012）「東日本大震災による工業の被害と復旧の課題―福島県浜通りの実態を中心に―」『商学論集』第81巻2号，49-61頁。
⑬竹内裕一（1997）「中国における工業立地政策の展開と三線地域国有企業の改革」『千葉大学教育部研究紀要　人文・社会科学編』第45巻，1-15頁。
⑭西岡久雄（1968）『経済立地の話』日経文庫。
⑮朴美善・藤本典嗣（2013）「中国東北「辺境」地域における産業立地と産業集積に関する研究」『福島大学地域創造』第25巻第1号，33-43頁。
⑯細谷祐二（2009）「産業立地政策，地域産業政策の歴史的展開」『産業立地』2009年1月号，41-49頁。
⑰松原宏（2006）『経済地理学－立地・地域・都市の理論』東京大学出版社。
⑱松原宏（2012）『現代の立地論』古今書院。
⑲宮坂正治（1970）『工業立地論』古今書院。
⑳みずほ総合研究所（2012）「復興特区の効果を考える―法人税率実質ゼロ化の効果と問題点」。
㉑山本匡毅（2012）「東日本大震災によるインフラ被害・復旧と中小製造業におけるサプライチェーンへの影響」『日本経済政策学会第69回大会報告資料』。

第13章　ハイチ大地震とマクロバランス

I　ハイチの概要

1　二重統治のハイチ

　2010年1月に起こったハイチ大地震は，自国政府による統治能力の弱さを，露呈した。ハイチの政治制度は，震災以前から自国による統治能力が欠如していた。震災から遡ること2004年より，国内の治安維持を，国際連合ハイチ安定化ミッション（MINUSTAH：United Nations Stabilization Mission in Haiti）に，信託・委託していた。このミッションは，反政府政治勢力の武装蜂起を取り締まるという軍隊の側面と，国民の日常生活における平和維持という警察の側面を併せもっている。国連機関による平和維持がおこなわれる一方で，自国政府によっても脆弱ながら統治がおこなわれるという，二重統治構造は，大地震によって鮮明となり，復興にも大きな影響を与えている。

　震災による被害は，約22万人にものぼるハイチ国民の死者に加え，震災前からPKO活動をおこなっていたミッションの平和維持団員（UN peacekeepers）も，同時に96名もなくなった。2012年3月の大統領選挙で，ポピュラー歌手

---

(1) 国連安全保障理事会が，同年2月29日に1529号を決議し，フランス軍とアメリカ軍を中心として構成される多国籍暫定軍（MIF）がハイチに駐屯していた。MINUSTAHは，MIFの役割を引き継いだものである。この組織は，ハイチ国内における政治勢力間闘争による内戦状態から，治安を回復すべく，同年6月1日から，国際連合安全保障理事会決議1542号により設立された。また，ハイチの統治機構の麻痺状態は，国家の独立以後は，断続的に軍事独裁，軍事クーデターなどの頻発により起こってきた。

(2) 国連のホームページである以下のリンクによる。http://www.un.org/en/peacekeeping/missions/minustah/index.shtml

であるミシェル・マーテリーが，決選投票で勝利して，大統領に就任し，その後は政治勢力間による大規模な内戦こそ起きてないものの，国連を中心とした治安維持活動は継続されている。

自国政府の統治能力が脆弱である大きな要因は，マクロ経済の不安定性である。貯蓄不足，財政収入の不足，輸出産品が少ないことによる外貨不足など，常に，マクロ経済のバランスがマイナスとなってきた。そのマイナスを穴埋めするための手段として，国際援助が，震災前も震災後も，継続して用いられている。本稿は，マクロバランスのマイナスを補うための国際援助が，震災復興の手段として用いられるハイチにおける，復興の構図を概観する。そうすることで，ハイチにおいて「初期インフラ整備型」の復興政策が可能となっている条件を，先進国における災害復興との対比の上で，明らかにできる。また，道路など初期インフラ整備の事例として，日本からハイチに向けての国際援助である，JICAの活動を紹介する。

2　中米，カリブ諸国の中のハイチ

中米，カリブ諸島の国々は，人口規模が小さなことを反映し，国民経済の規模が小さい国が多い。表13-1にみられるように，カリブ諸島は，アンティグア・バブーダ，ドミニカ国，セントクリストファー・ネイビス，セントビンセント・グレナディーンなど「マイクロステート」とされる国々の人口は10万人を下回っている。その中では，ハイチの人口規模は，比較的，大きな部類に属する。表に示されている19カ国の中で，人口が約1.1億のメキシコ，1500万人のグアテラマ，1023万人のドミニカ共和国に次いで，ハイチは1016万人であり4番目の規模である（表13-1）。

しかし，ハイチ全体のGDPは，65.5億ドルであり第12位に下がる。コスタリカ，パナマ，エルサルバドル，トリニータドバゴ，ホンジャラス，ジャマイカ，バハマ，ニカラグアといった，人口規模では小さな国でも，国民経済

---

(3) 2010年11年にはプレヴァル大統領の後任を選ぶ大統領選挙の実施があったものの，選挙の不正疑惑による暴動の勃発により，2011年3月に決選投票がおこなわれた。

表13-1　中米・カリブ諸島の国々の概要

経済指標 国名	GDP（名目値） 2000 10億U.S.ドル	GDP 2010 10億U.S.ドル	増加率 %	人口一人当たりGDP 2000 U.S.ドル	2010 U.S.ドル	増加率 %	人口 2000 1000人	2010 1000人	2012 1000人
アンティグア・バブーダ	0.788	1.138	44.4	10,212	12,986	27.2	77	88	88
バハマ	6.328	7.771	22.8	20,894	22,556	8.0	303	345	352
バルバドス	3.098	4.245	37.0	11,514	15,348	33.3	269	277	278
ベリーズ	0.832	1.401	68.4	3,331	4,226	26.9	250	332	346
コスタリカ	15.947	36.218	127.1	4,185	7,939	89.7	3810	4562	4666
ドミニカ国	0.324	0.482	48.8	4,555	6,802	49.4	71	71	71
ドミニカ共和国	23.719	51.626	117.7	2,871	5,227	82.1	8263	9877	10237
エルサルバドル	13.134	21.215	61.5	2,399	3,618	50.8	5474	5864	5945
グアテマラ	17.187	41.341	140.5	1,530	2,875	87.9	11231	14377	15105
ハイチ	3.954	6.551	65.7	461	665	44.2	8576	9855	10163
ホンジュラス	7.146	15.347	114.8	1,123	1,950	73.7	6363	7869	8201
ジャマイカ	9.027	13.275	47.1	3,497	4,843	38.5	2582	2741	2762
メキシコ	571.918	1,035.47	54.1	6,859	9,219	34.4	97966	112317	114872
ニカラグア	3.938	6.591	57.4	n/a	1,133	-	n/a	5815	5963
パナマ	11.621	26.59	128.8	3,942	7,539	91.3	2948	3527	3655
セントクリストファー・ネイビス	0.416	0.673	61.8	9,397	12,216	30.0	44	55	57
セントルシア	0.764	1.209	58.2	4,899	7,300	49.0	156	166	168
セントビンセント・グレナディーン	0.397	0.675	70.0	3,740	6,165	64.9	106	109	11
トリニタドバゴ	8.157	20.855	155.7	6,461	15,827	144.9	1262	1318	1329

出所：IMF統計による。

でみた場合の規模は，ハイチより大きくなる。これは，ハイチの一人当たりGDPが低いためである。2010年の数値で，一人当たりGDPは年間665ドル程度であることから，低所得国家に位置づけられる。中南米の中でも，最も一人当たりGDPが低く，中南米では，ホンジュラス，ニカラグアやボリビアと並び，低所得国家（LICs：Low-Income Countries）に位置づける。その中でも，さらに低所得国である，最低開発国（Least developed country）に，中南米の中では，唯一位置づけられる。

　低開発と政治的不安定は，深く関連する。1987年の民主選挙実施後も，政治勢力間の抗争による幾度の勃発的な大統領交代を経てきたハイチは，自国政府による国内統治に限界があるために，2004年以降は，国連を中心とした平和維持活動がおこなわれてきた[4]。表13-2は，政府の信用度の低さや不安定性を表す指標として，国際NGOトランスペアレンシー（Transparency

表13-2　CPI指標による国別ランキング（2012）

順位	上位10ランクの諸国	指数	順位	下位10ランクの諸国	指数
1	デンマーク フィンランド ニュージーランド	90	156	イエメン	23
4	スウェーデン	88	157	アンゴラ カンボジア タジキスタン	22
5	シンガポール	87	160	コンゴ民主共和国 ラオス リビア	21
6	スイス	86	163	赤道ギニア　ジンバブエ	20
7	オーストラリア　ノルウェー	85	165	ブルンジ チャド ハイチ ベネズエラ	19
9	カナダ　オランダ	84	169	イラク	18
11	アイスランド	82	170	トルクメニスタン ウズベキスタン	17
12	ルクセンブルグ	80	172	ミャンマー	15
13	ドイツ	79	173	スーダン	13
14	香港	77	174	アフガニスタン 北朝鮮 ソマリア	8
17	日本	74			

出所：Transparency International "Corruption Perceptions Index 2012"をもとに作成。
注：（1）CPIは，Corruption Perceptions Indexの略であり，腐敗認識指数と訳される。
注：（2）腐敗認識指数は，国によって，どの程度，行政官や政治家の不正の度合いがあるかを，各種国際統計を基に数値化したものである。

International）が，1995年以降，年別に発表している，腐敗認識指数を参照する[5]。これを参照すると，ハイチは，世界176カ国の中で，第165位に位置するし，中南米ではベネズエラと並ぶ腐敗度が示されている。東隣のドミニカ共和国が第118位（32），西隣のキューバが第58位（48），ジャマイカが第83位（38）であるのに比べても，順位の低さが際立っている（表13-2）。

---

(4) 2009年11月で，47カ国より約9000人の人員が派遣された。軍事要員は7000人，警察要員が，2000人である。派遣元の国別上位5位は，ブラジル1283人，ネパール1244人，ウルグアイ1136人，ヨルダン1053人，スリランカ961人であった。その後，震災に対応させるために，国連安保理決議第1908号により，軍事要員を2000人，警察部門を1500人，それぞれ増員させた。この決議を受け，日本の自衛隊も，PKO活動（国際平和協力活動）の一環として，2010年2月6日よりハイチへ人員を派遣し，主に「瓦礫除去」「道路補修」といった救助や復興活動にあたった。この業務は，当面の目的を達成したことからも，2012年12月末で自衛隊員は撤収している。

(5) 腐敗認識指数は，国によって，どの程度，行政官や政治家などに，汚職など不正の度合いがあるかを，各種国際統計を基に数値化したものであり，腐敗がみられない状態を100とし，腐敗が最も高い状態で0の数値がつけられる。軍事政権・独裁政権・国連による治安維持部隊の派遣など，政治・行政機構の長年の混乱を反映し，世界的にみても，汚職が高い国であると認識されている。

しかし，行政官や各政治レベルの議員の腐敗認識指数が高いことが，言論の自由や民主主義が制限されていることに結びつく訳ではない。中南米諸国においては黒人による初めての独立国家ということもあり，民主主義の仕組みそのものは，幾度のクーデター，軍事政権を経ているものの，早くから導入されてきた。そのため，一般的に，言論の自由は確保されている。この点で，北朝鮮などの社会主義国における独裁体制とは異なっている。

II　ハイチ大地震と防災力

1　2010年1月12日のハイチ大地震

ハイチ大地震は，東日本大震災より1年2カ月前の，2010年1月12日に，現地時間午後4時53分に発生した。震源地は，ハイチを東西に横切るように存在するエンリキロ（Enriquillo）断層上の地点であり，首都ポルトープランスから西側約15kmのところで断層破壊がおこり，大地震が発生した。マグニチュード7.0の地震であったが，震源の深さが13kmと浅かったために，震度が強い地域が，震源地を中心点とし，そこを東西に横切る断層を主軸とする横長の楕円形を描くように拡大した。欧米で震度を表す際のスタンダードとなっているメルカル深度階級（Mercalli intensity scale）は，震度を12段階に区分しているが，震源地とその周辺では10段階目であるⅩ（Intenseで，頑丈な建物も一部倒壊し，大半の建物が倒壊するレベル）の震度を記録した。また，震源地からみて東側にわずか15kmの首都ポルトーフランスでも，震源地や海に近い側を中心にⅨ（Violentで，頑丈な建物が一部損壊し，大半の建物が半壊するレベル）の震度が記録された（図13-1）。

一般に大規模震災は，その被害が巨大であるがゆえに，被害の実態を正確に捕捉することは困難であり，ハイチ大地震による被害も，各種統計によって数字に若干の誤差があるが，国連の資料によれば，人的被害は，死者数が約22.5万人，負傷者数30万人，被災者数350万人であり，2013年10月時点で，依然として約28万人の避難民が確認されている。建物への被害は，倒壊住宅

図13-1 ハイチの地図と震源地

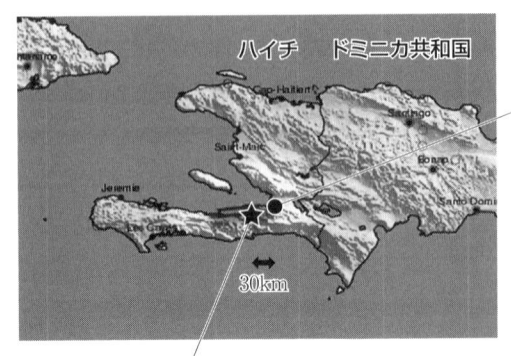

出所：U.S. Geological Survey, National Earthquake Information Center, World Data Center for Seismology, Denverより。

が10.5万戸，損害住宅が20.8万戸であり，これらの被害をもとに経済価値に換算された被害額は，78億USドルと推測されている。

人的，物的被害と，それらの金銭的価値への算出は，その国の一人当たり所得水準に大きく規定される。表13-3では，20世紀，21世紀初頭である1900年～2013年までの，地震やそれに起因する津波による災害の世界ランキングである。表では，死者数が示されているが，ハイチ大地震は，22.2万人の死者数が計上され，1976年に中国河北省で起きた唐山大地震の24.2万人に次いで，観測史上では，第2位に位置していることから，人的被害においては歴史上，まれにみる自然災害である。同表では，年代的にばらつきがあるものの，ハイチに加え，中国，インドネシア，パキスタン，トルクメニスタン（旧ソビエト）など，いわゆる低開発国，中進国が上位に位置している。先進諸国では，日本が関東大震災が第6位に，イタリアがメッシーナ地震で第9位に，それぞれ，位置づけられているものの，所得水準が向上し，防災対策が向上した戦後の震災はランクインしていない（表13-3）。

ところが，表13-4で示されるように，震災の自然災害そのものとしての規模と，それを金銭的価値に算出した被害額の規模は，必ずしも比例しない。

表13-3 被災者数による震災ランキング

Rank	Country	Date	No Killed
1	China P Rep, Earthquake (ground shaking)	27/07/1976	242000
2	Haiti, Earthquake (ground shaking)	12/01/2010	222570
3	China P Rep, Earthquake (ground shaking)	22/05/1927	200000
4	China P Rep, Earthquake (ground shaking)	16/12/1920	180000
5	Indonesia (Tsunami)	26/12/2004	165708
6	Japan, Earthquake (ground shaking)	1/09/1923	143000
7	Soviet Union, Earthquake (ground shaking)	5/10/1948	110000
8	China P Rep, Earthquake (ground shaking)	12/05/2008	87476
9	Italy, Earthquake (ground shaking)	28/12/1908	75000
10	Pakistan, Earthquake (ground shaking)	8/10/2005	73338

出所："EM-DAT: The OFDA/CRED International Disaster Database www.em-dat.net-Université Catholique de Louvain-Brussels-Belgium"を基に作成。

表13-4 金銭的損失による震災ランキング

Rank	Country	Date	Damage (billion USD)
1	Japan (Tsunami)	11/03/2011	210
2	Japan, Earthquake (ground shaking)	17/01/1995	100
3	China P Rep, Earthquake (ground shaking)	12/05/2008	85
4	United States, Earthquake (ground shaking)	17/01/1994	30
5	Chile, Earthquake (ground shaking)	27/02/2010	30
6	Japan, Earthquake (ground shaking)	23/10/2004	28
7	Italy, Earthquake (ground shaking)	23/11/1980	20
8	Turkey, Earthquake (ground shaking)	17/08/1999	20
9	Italy, Earthquake (ground shaking)	20/05/2012	16
10	New Zealand, Earthquake (ground shaking)	22/02/2011	15

出所：表13-3に同じく。

被害総額が78億米ドルのハイチ大地震は，被害額でみた場合は，大規模災害には位置づけられない。先進諸国が大半を占め，第1位は，2011年の東日本大震災における2100億ドル（約16.5兆円），第2位は，阪神淡路大震災の1000億ドル（約8兆円）をはじめ，米国，イタリア，ニュージーランドなどの先

進諸国や，チリ，トルコなどの中進国における地震がランクしている。死者数では8.7万人で，第8位だった中国四川省の地震が，被害額では850億ドルで第3位と重複しているのみである。人口一人当たりの所得水準の向上，物価水準の向上，マクロ経済規模，為替レートの相違を考慮しても，先進諸国における被害額が大きく計上される（表13-4）。

2 防災力と被害の関連

ハイチにおける人的，物的被害が大きかった理由としては，以下の図13-2のように防災力の弱さをあげることができる。防災力は，ここでは，自然災害の被害規模に対して，どの程度まで，人的・物的被害を防ぐことが可能かの関係をあらわすものとする。仮に，ハイチのように，日本の震度を基準として震度5〜6程度の地震が起こると，多くの建物が倒壊し，伴って人的被害が大きく拡大し，さらに伝染病など二次災害までも防げなくなってしまう国を，防災力1の国とする。また，日本のように，震度6程度の地震では，大半の建物は倒壊せずに，かなりの規模までの被害を防ぐことができる国を，防災力2の国とする。そうすると，ハイチ大地震の場合は，もともと，防災力1の線より右側の規模の地震に対応する防災体制が未整備であったために，被害規模が甚大になった。対照的に，日本は，震度6程度の地震に対応する防災体制が，整備されている地域が，東北や東海道の太平洋岸を多く占める。そのことが，東日本大震災における地震の規模が，ハイチ大地震に比べれば，遥かに大規模であったにもかかわらず，そこから生じる被害を，ある程度まで防ぐことができた。例えば，震度6程度の地震に対して倒壊しなかった家屋や事業所は，耐震などの防災をおこなってきたためである。対照的に，ハイチでは耐震などが不十分であることで住宅の倒壊を防ぐことができずに，結果として，住宅は，10.5万戸にものぼる倒壊，20.8万戸にものぼる損壊をもたらした（図13-2）。

防災力は何によって規定されるかを厳密に考察することは困難である。民間伝承により，家計や企業の家屋・事業所が耐震用に建築される国・地域もあれば，国・自治体レベルなどが公共施設の耐震を義務化し，さらに，企業

や家計に対して，上からの指導・強制で，耐震を義務化するところもある。国・自治体・企業・コミュニティ・家計のうち，どれが防災力を規定するかは，一概にはいえない。ここでは，「地震やそれに伴う物的，人的被害，かつ，それらを起因として引き起こされる二次災害を，起こさないようにする国の仕組みと，それを支える政府の財政，民間投資や個人消費などが，ある一定規模の災害までは防災できるように支出されている状態。」が，防災力を規定しているものと捉える。

図13-2　防災力と被害額

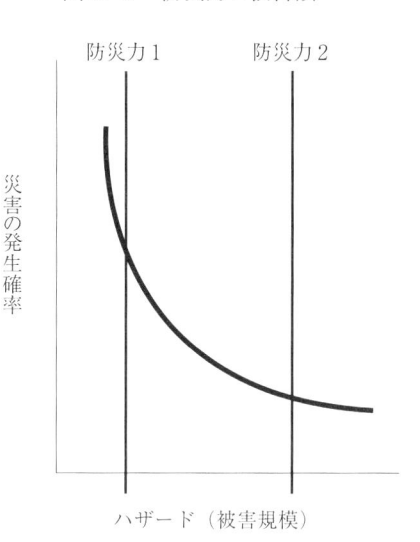

出所：林（2003），永松（2008）をもとに引用，作成。

ハイチの場合は，国民経済規模の小さのみならず，統治機構の不完全性によるによる国家財政収入の不足，民間企業レベルでの投資の弱さ，一人当たり所得水準の低さによる消費の弱さが，様々な社会インフラ整備の遅れ，事業所や個人住宅の耐震設計の遅れ，政府機関の防災対策の遅れにつながっていた。大統領官邸や省庁まで倒壊したことに象徴されるように，政府機関の建物ですら耐震設計としては建築されてこなかった。震災前から継続していた政治的不安定や低開発が，大地震により，より一層と顕在化したのである。

III　マクロ経済，統治の不安定性と国際援助型復興

1　マクロバランスの赤字と海外からの援助

ハイチのマクロバランスは，全収支における供給不足と需要超過を特色とする。まず，貯蓄と投資のバランスであるが，一人当たりの所得水準の低さや金融市場整備の遅れから個人の貯蓄性向がもともと低いが，低開発国であ

るためインフラ整備，教育，医療などの分野においては，まだ整備が必要であるために投資は活発におこなわれる。財政のバランスであるが，二重統治であり，もともとハイチ政府の税徴収能力は低く，個人・企業レベルでも税を支払う習慣が希薄である。にもかかわらず，MINUSTAHとの共同で平和維持にあたっているとはいえ，独立国であるために，国家運営のための一定の財政支出は必要である。貿易収支であるが，ハイチは，農業中心型の産業構造でも食料は自給できず，輸出産品において1次産品でも特に国際競争力をもつものはない。ましては工業製品の輸出はほとんどないに等しい。にもかかわらず，輸出を大幅に超過して，国民の基礎消費のための食料品，雑貨，工業製品を輸入している。ハイチは，いずれのバランスにおいても，供給不足で，需要超過となっている。この不均衡を解消するための暫定的な手法として，他のラテンアメリカ諸国と同様に，国際援助による赤字のファイナス化がおこなわれてきた。

　国際援助によるマクロ経済バランスの赤字のファイナンス化は，ハイチ大地震により，一層とその構図が鮮明になってきた。なぜ，国際援助により，ハイチの震災復興がおこなわれるかは，先進諸国の震災との対比において以下の4点を挙げることができる。第1に，国民経済規模が小さいことである。より国民経済規模が大きな先進諸国からみれば，数億ドルの援助は小額の援助であり，比較的容易に政府予算などから支出が可能である。受け取る側のハイチからすれば，巨額であり捻出が不可能な金額でも，米国，ブラジル，カナダ，フランス，ノルウェー，日本などの国にとってみれば，比較的容易に捻出できる金額である。第2に，経済発展段階における低開発性に伴う，国内での資金調達の不全性である。低開発であることは，一人当たりの所得水準が，極めて低く，金融市場も未整備であるために，国内での資本蓄積が非常に弱い。国内で復興予算の捻出が不可能であれば，被害額を，ほぼそのまま援助するためのファイナンス化が，国際援助によりおこなわざるを得ない。第3に，被害の可視性である。中心となる被害は，地震の揺れによる建物の倒壊や損壊，それに伴う死者，負傷者の発生であり，津波，ハリケーンや放射能汚染に比べると，被害そのものやその痕跡の可視性が高い。

そのため，MINUSTAHなど既に滞在していた国際機関における被害も，人的・物的被害も，他の災害に比べれば算出が容易であったために，被害の実情が，世界に早く伝わり，そのことが，国際援助の一層の強化をもたらした。第4に，首都直下型地震であり，ハイチの中では，地域経済規模が最も大きい地域で発生した地震であるからである。首都圏は，人口約220万人が居住し，省庁，大統領府，内外資本の事業所，国連など国際機関をはじめ，主要な中枢機能が配置されている。国家の中枢を担う機能が集中する地域であるために，その地域の復興は，統治機能の麻痺をできるだけ最小にするために，優先的におこなわれる。四川省大地震，東日本大震災のように，各国内では，地域経済規模が小さな地域で起こった災害とは対照的に，首都かつ地域経済規模が大きい首都で起こったハイチ大地震は，そこが，既に国際支援機関の中枢機能も集中していたことも相俟って，国際援助を基調とする復興予算は，首都圏に集中的に配分された。

2　ハイチ復興の構図

2011年のGDP（名目値，世界銀行より）は，73.5億USドルであった。しかし，これに対する震災の被害額は78億USドルであり，1年間のGDPを上回る。これは，自国の国民経済規模で，復興にかかる費用の大半を賄えないことを意味する。被害額が国民経済の規模を越えたということのみならず，国内で震災復興の財政を捻出する仕組みが欠如していた。ハイチの通貨であるグルドも，国内において十分に流通しておらず国際通貨としての信用力が乏しい。さらに，国際貿易においても外貨を稼ぎだす手段が稀有であり，大幅な債務超過に陥っていた。

国民経済の規模が小さいこと，それ自体が，国の震災への対応力の低さを示すものではない。ハイチの場合は，国民経済の規模が小さいことに加え，マクロバランスのマイナスを補うための債務超過，外貨獲得のための輸出産品が欠落していることからくる国際信用力の低さ，政権不安定による政府の信頼性の内外での欠如が，国民経済レベルでの復興力の弱さに反映された。その結果，大地震後は，国際援助の増加が一層と促された。

復興の構図は、図13-3によってあらわせられる。国民経済においても、自国経済と国際機関統治による二重構図が発生し、経済構造も、首都のペチョンビル地区やMINSTAH駐屯地のように外資や国際機関の投資・支出の循環により成立する外来型の経済と、従来から低所得水準である大半のハイチ人により成立している経済とが、混合している。ただし、震災の性格が、地震の被害が中心であり、その被害が可視的であるために金銭的価値への算出は、他の災害に比べれば容易である。算出は容易でも、国内で自立的に復興する仕組みが、政府機能の不全性により、元々欠落していたために、海外からの援助に依存せざるをえない復興が進められている（図13-3）。

海外からの援助は、ハイチ政府を経由するケースもあるが、もともと、汚職や不正が蔓延していた省庁の信用度は低いために、HRF（次節で後述）など監視機関を一旦経由する。HRFなど監視機関を経た、海外からの援助は、住宅・水道・教育・医療などの生活インフラ、道路・港湾・電気などの社会インフラなど、近代国家における初期社会インフラの建設に集約的に配分されながら、復興がおこなわれている。

図13-3　ハイチ復興の構図

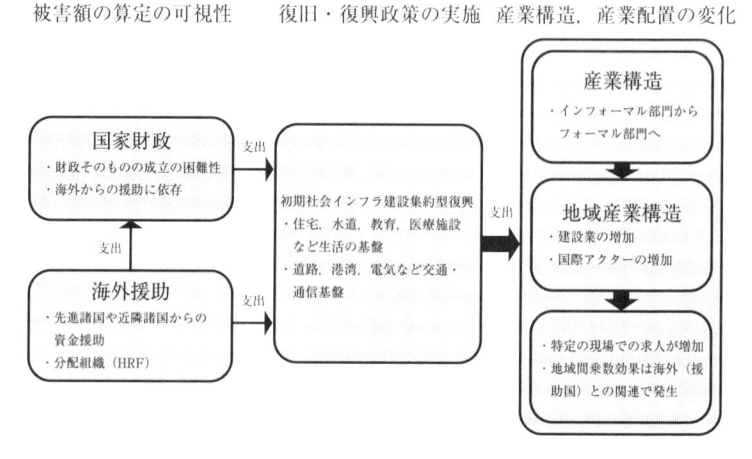

被害額の算定の可視性　　復旧・復興政策の実施　産業構造、産業配置の変化

```
┌─────────────┐
│  国家財政    │
│・財政そのものの成立の困難性│──支出──┐                    ┌──────────┐
│・海外からの援助に依存│           │                    │  産業構造   │
└─────────────┘           │                    │・インフォーマル部門から│
       │                              │                    │  フォーマル部門へ │
      支出                            ▼                    └──────────┘
       │                    ┌──────────┐                      │
       ▼                    │初期社会インフラ建設集約型復興│──支出──▶┌──────────┐
┌─────────────┐           │・住宅、水道、教育、医療施設│       │  地域産業構造 │
│  海外援助    │──支出──▶│  など生活の基盤           │       │・建設業の増加 │
│・先進諸国や近隣諸国からの│   │・道路、港湾、電気など交通・│       │・国際アクターの増加│
│  資金援助    │           │  通信基盤              │       └──────────┘
│・分配組織（HRF）│           └──────────┘                      │
└─────────────┘                                                 ▼
                                                          ┌──────────┐
                                                          │・特定の現場での求人が増加│
                                                          │・地域間乗数効果は海外（援│
                                                          │  助国）との関連で発生 │
                                                          └──────────┘
```

出所：筆者作成。

これらのインフラ事業への支出は，産業構造の変遷をもたらす。それまで，雑貨や手工芸品を生産する家内工業や商店，家政婦，露天商などインフォーマルな部門に従事していた人々が，復興事業による建設業というフォーマル部門へ移動していく過程である。その結果，海外からのゼネコンが設計・監理・現場監督などで復興現場に入り，建設業の就業者は，増加している。復興事業の恩恵を受けるのは，首都圏やその南西部など大地震が発生し，多くの建物が倒壊した特定の地域である。また，復興に関わる財政支出や投資の増加による波及効果は，ハイチ内ではなく，先進諸国も含んだうえで，派生する。ハイチで一定の技術水準をもって設計・監理をおこなう企業が限られていることから，先進諸国の建設業者によって担われているために，投資や財政支出の乗数効果は，単純に復興現場で派生するものではなく，先進国から進出したゼネコンのグローバルな事業所配置との関わりをもって派生する。

3　国際援助の監視機関——HRFの役割

国際援助の配分過程でも，当然ながら，国際機関によるガバナンスの下で意思決定や支出がおこなわれている。ハイチ政府や国連機関などによる公認の国際援助のガバナンスに関しては，ハイチ復興基金（HRF：Haiti Reconstruction Fund）が中心的な役割となっている。図13-4は，HRFが復興に果たす役割を示している。この組織は，最上位に，運営委員会（Steering Committee）を意思決定機関として置くが，その構成は，ハイチ政府を委員長とするものの，ハイチは信託統治下にあるために，施政権者であるドナー国[6]，国連，米州開発銀行，世界銀行などからの代表が委員として参画している。そうすることで，ハイチ政府のみの意思決定による分配や支出の過程での，不正・汚職を防ぐように，透明性をもたせている。ただし，援助資金の拠出金額が大きな米国からの代表が，委員会の意思決定の中心となっていて，援助金の使途に関しても大きな役割を果たす。

---

[6]　3000万USD以上の援助を行う諸国であり，2013年のHRF報告書では，19カ国が記載されている。

資金配分においては，国連安全保障理事会の指示のもとに，国連の実働部隊，NGO，ハイチ政府の個別省庁，その他の機関に，資金配分され，実際の復興事業が実施されるという構図である。もちろん，このガバナンスとは別個に，個別国の，国際協力機構による援助，NGO，NPOや宗教団体による援助も存在するが，復興のための主たる援助機関はHRFである（図13-4）。

　援助を出す側のドナー国は，支出を表明した金額である援助協定額と，その実行の間にはわずかにズレがあるものの，大半の援助は，協定額の額面に近い額で実行される。図13-5で示されるとおり，ドナー国として最大であるのは米国であり，2012年9月までに実行された援助額は，1.5億USD（約150億円）になる。ブラジル，カナダ，ノルウェー，フランスと続き，日本は第6位で，0.5億USD（約50億円）を拠出している（図13-5）。HRFの委員会で認められた復興事業に関して，実際の支出がおこなわれ，瓦礫処理など緊急援助のみならず，生活インフラの整備など生活再建や開発型の援助もおこなわれている。使途に関しては，2013年の援助実行の計画分を含んだ累積の

図13-4　ハイチ復興基金（HRF）によるオフィシャルな援助の受入過程

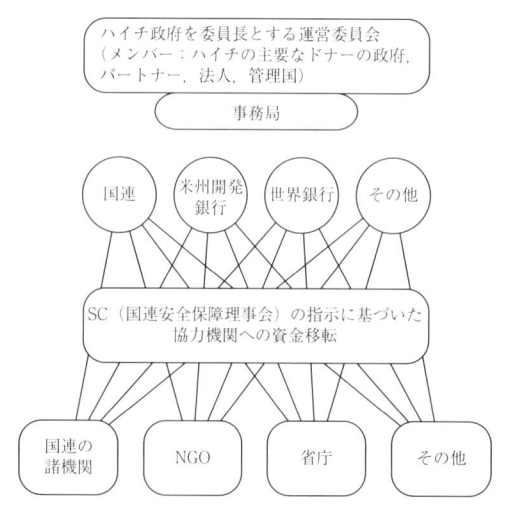

出所：Haiti Reconstruction Fund（2012）"Financial Report" Prepared by the Trusteeより作成。

数値で，住宅に1.44億USD（32%），財政支出の補助に0.74億USD（20%），エネルギーに0.53億USD（14%），瓦礫除去に0.42億USD（11%），防災に0.37億USD（10%）となっている。

最大の支出先である住宅整備であるが，仮設住宅に住む避難者の数的把握については，統計が整備されている。HAITI E-SHELTERとCCCM CLUSTER1という二つの部署を統合するISAC（Inter-Agency Standing Committee）により，仮設住宅の地理的分布は，公表されている。仮設住宅は，2010年7月の時点で，入居者数が約153万人，世帯数で約36万にも上り，ポルトーフランスやその周辺に1555地点にも存在していた。この間に，2012年10月のハリケーンにより避難者が出て，そこでの避難者の仮設住宅への入居があったものの，全体としては，入居者数，世帯数，キャンプ地のいずれも減少している。2013年1月には，震災直後に比べ，入居者数では，約5分の1の約34万人，世帯数で約4分の1の8.7万世帯，キャンプ地数で3分の1の450地点まで，減少している。

ハイチにおける仮設住宅の特色について，以下の点を挙げることができる。第1に，建物の形態そのものの多様性である。USエイドによる援助でできた仮設住宅は，プレハブで，頑丈であり，造りは東日本大震災における仮設住宅と遜色ない。また，借り上げ住宅方式で，避難者向けに住宅を提供して

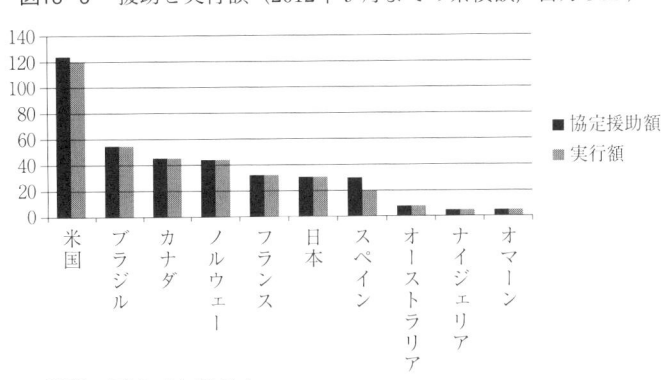

図13-5　援助と実行額（2012年9月までの累積額，百万USD）

出所：図13-4に同じく。

いるものもあるが，少数である。大半は，テントを用いたバラック小屋そのものである仮設住宅によって占められている。第2に，仮設住宅の居住性が，被災者のそれまでの生活に比べて，より高い生活水準が確保された面がみられるということである。震災前から，農村から流入してきた余剰人口にあふれ，ホームレスが多くみられたが，それらの人々にとってみれば，先進国基準では劣悪な生活環境と考えられるバラック小屋が密集し，テント張りでしのいでいる仮設住宅でも，居住できる場所ができているために，震災前の生活水準より向上している。ただ，仮設住宅内での雇用が十分に確保されていない面もある。第3に，仮設住宅が建設されるキャンプ地が，そのまま新都市の建設につながるという点である。ハイチは，国全体の人口密度が362人/km^{2}と極めて高く，ポルトーフランス周辺の密度も極めて高い。東日本大震災で被害を受けた東北の太平洋側との比ではない位に人口密度は高い。しかし，移転や住宅建設にかかるコストが，援助国基準からみると安価であるために，ポルトープランスから10km程度北東に位置する郊外に平地があり，そこに仮設住宅を中心とした新都市建設が進んでいる。

IV　日本からの復興支援——JICAの事例

1　JICAの復興支援

　日本の援助のうち，緊急支援としては，直接的なものとして，「医療活動支援」，「緊急援助物資支援」がある。また，国際機関を通じた間接的なものとしては，「食料・給水・衛生支援」「仮設住宅支援」「感染症対策支援」「雇用創出・農業支援」「教育支援」がある。さらに，NGO，NPO，宗教団体なども，並行して緊急支援をおこなうなど，多様なアクターによる復興支援がおこなわれてきたなかで，インフラ建設型復興支援の代表例として，表13-5にみられるように，JICAによる「道路整備事業」の内実を紹介する（表13-5）。

　「レオガン市復興のための市街地道路整備計画」は，震源地に近接し，被

表13-5 JICAの復興支援事業

項目	レオガン市復興のための市街地道路整備計画	対ハイチ農業技術研修コースプロジェクト
事業費	10.5億円	-
期間	2010年10月から3年間	2010年10年から3年間
援助形態	無償援助	無償援助
援助内容	市街地の道路整備及び既存排水路の浚渫・改修	中堅農業技術者の能力強化をめざした農業研修
援助の効果	市街地の交通アクセスの改善及び衛生環境の改善	中山間地における農業生産性の向上（土壌や水の管理、栽培技術や普及技術の習得）
相手国受入機関	公共事業運輸通信省 (MTPTC: Ministère des Travaux Publics Transports & Communications)	農業天然資源農村開発省 (MARNDR: Ministre de l'Agriculture des Ressources Naturelles et du Développement Rural)、ISA大学

出所：筆者作成。

　害が極めて甚大であったレオガン市（Léogâne）の，中心市街地の道路整備を支援したものである。同市は，首都ポルトーフランスの西側約29kmのところに位置し，市域面積は381km²であり，海沿いに東西に横切る平地がみられ，中心市街地も海沿いに拡がる。首都からの交通手段はHT-2という片側1車線の舗装道路1本に限られる。ゴナーブ湾（Golfe des Gonaives）の南側に沿った道路であるが，ポルトーフランスから，距離は29kmに過ぎないが，途中経路が住宅密集地帯で常に交通渋滞が発生しているために，車で約2時間かかる。

　レオガン市は，地震の震央（epicenter）に近接し，中心市街地から震源からわずか北西部に約5kmの所にある。地震の被害が最も大きかった街のうちの一つであり，震災時に，中心市街地の約90％の建物が，損壊，倒壊など被害を受けた。地震被害からの復旧を困難にさせたのは，多雨性気候と道路排水設備の未整備状況であった。地震以前から，ハリケーンが襲来するたびに，市街地は冠水することが珍しくなかったが，震災による建物の損壊，倒壊により，大量の瓦礫が発生し，冠水がより深刻となり，さらに不衛生な状況に拍車をかける有様であった。

　震災後にハイチ政府から出されたハイチアクションプラン（国家復興開発

行動計画)において,「被災地地域振興」「市街地整備」「道路ネットワークの復旧」が掲げられていた。また,震災以前からも,同市にある国立結核療養所へ,日本から物資援助,人員派遣がおこなわれていた。日本政府・JICAでは,震災前からの支援においてゆかりがあったために,2010年5月から「ハイチ国復興支援緊急プロジェクト」を,比較的にスムーズに策定した。JICA資料によれば,支援事業の中心となるのは,「技術協力」であり,キーワードは,「都市開発・地域開発」「水資源・防災」である。この事業の一環として,「レオガン市復興のための市街地道路整備計画」があり,2010年10月から事業が実施されている。

2 道路整備の概況

市街地道路の整備事業は,日本からJICAを経由した無償援助が,ハイチの公共事業省を通じて,入札をおこない地元の建設業者が受注する仕組みである。入札した企業は,道路距離総延長で4km部分のLOT1の工事がEATT社,3km部分のLOT2の工事がENCOTRA社であり,いずれもポルトープランスが本社の建設業者である。工事の施行にあたり,全体の管理は,日本の企業であるJICS社,YEC社がおこなう。道路舗装に加え,排水溝工事(約19.3km),市内から海へ向けてのCanal浚渫工事(約2km)の工事も,道路工事に付随して実施され,総掘削数量は約2.3万m^2にもなる。使用する資材は,道路に敷設するコンクリートが,総量で約6729m^2,鉄筋が387トンになる。舗装は,アスファルト舗装ではなく,ブロックを配置していくインターブロック式である。[7]

---

[7] なぜ,ブロックを並べる方式を用いるのかの要因として,アスファルトとブロックの輸送コストの差が大きいという。アスファルトの工場は,首都のポルトーフランスにしかない。アスファルトは,1回あたりの輸送の単位が,専用の大型輸送車を要するために,大きくなることからも,レオガン市まで運ぶのに不便であり,なおかつ,時間がかかる。アスファルト輸送において,首都からレオガンまでの29kmを運輸する際に,その輸送車が大型であるが故に,いったん,交通渋滞につかまると輸送が円滑にいかない。しかし,ブロックであれば,小ロットで,小刻みに,中小のトラックで輸送することができ,その結果,工事の遅れが最小限で済むという。なお,道路に敷き詰めるブロックは,1m^2で単価が35ドルである。

工事は二期に分かれておこなわれるが，雇用の創出のために，ハイチの建設業者が，実際の工事現場の作業を担う。工事期間中は，一日平均で約300人の工事作業員を雇用している。作業員の平均賃金はハイチの相場にあわせ，一日当たり6～7米ドルに設定される。地元の建設業者への，工事代金の支払は，毎月の出来高査定である。これは，地元の建設業者の「手持ち資金」が極めて乏しく，資金的な余力がないことを救済するための措置であるという。工事現場の課題点としては，水分を多く含有するという軟弱な地盤への対応という技術的な問題に加え，給水管と排水溝の整備における地域住民の要望合戦，土地収用における住民との調整などコミュニティとの調整という問題があるという。[8]

V　おわりに

二重統治のもとで発生した大地震は，震災復興においても，諸外国や国際機関とかかわりの中での，「国際的」な政策立案や復興事業とならざるを得ない。国内のアクターを中心として復興が押し進められる日本と比較して，被害額の国民経済への算入の相違がある。MINUSTAHによる統治は，被害実態の国際的情報発信の迅速性をもたらした。首都直下型地震であったという要因に加え，途上国であるために，所得水準が低く，併せて建築技術の水準も低かったために，政府・自治体として，地震に対する防災・減災力を十分に持ち合わせていなかった。そのため，地震そのものの規模に対して，人的・物的被害は甚大となり，その金銭的被害も巨額となった。国民経済の成立において，国内でファイナンス化できる仕組みが，もとから欠如していた上に，震災復興のための巨額の資金が急遽，必要となったために，その資金は，当然ながら，諸外国の援助に依存せざるをえなかった。また，被害額は，地震による人的・物的被害が，直接的に確認できるという可視性をもってい

---

[8]　土地収用など，道路設計に関して地元との直接的な交渉過程を伴う業務に関しては，MTPTCが担当している。

るために，建築物の損壊，倒壊が金銭的価値として算出された。二重統治からくる国際的情報発信の迅速性，損壊・倒壊が被害の主であるための可視性から，ハイチの1年間のGDPを上回る震災被害額が算定された。そこから生じる復興に関わる投資や財政支出の増加にともなう大幅な需要超過は，海外援助により埋め合わせられ，国民経済上のマクロバランスは保たれている。対照的に，東日本大震災は，震災被害の国内ファイナンス化を前提とした，予算制約の下で復興のための意思決定がなされている。その結果，地震，津波による損壊，倒壊とは，別個にある原子力事故の被害は，不可視性とも相俟って，等閑せざるを得ないなかで，政策立案や施行がなされている。

(藤本典嗣)

参考文献
① 岩田規久男（2011）『経済復興—大震災から立ち上がる』筑摩書房。
② 大塚久哲編著（2011）『地震防災学』九州大学出版会。
③ 竹林征三（2011）『環境防災学—災害大国日本を考える文理シナジーの実学』技報堂。
④ 塚本剛志（2010）「ハイチ大地震と復興支援を巡る国際関係」『ラテンアメリカレポート(27（1））/ラテンアメリカレポート』アジア経済研究所, vol.27 no.1。
⑤ 中村研二・寺崎友芳（2011）『東日本大震災　復興への地域戦略』エネルギーフォーラム。
⑥ 西島章次・小池洋一編著（2013）『現代ラテンアメリカ経済論』ミネルヴァ書房。
⑦ 永松伸吾（2008）『シリーズ災害と社会4　減災政策論入門【巨大災害リスクのガバナンスと市場経済】』弘文堂。
⑧ 林愛明・任治坤（2009）『四川大地震—中国四川大地震の地震断層と被害写真集』近未来社。
⑨ Mats Lundahl (2011) "Poverty in Haiti: Essays on Underdevelopment and Post Disaster Prospects", Palgrave Macmillan.
⑩ Mat Lundahl (2012) "The Political Economy of Disaster: Destitution, plunder and earthquake in Haiti", Routledge Chapman Hall.
⑪ Jean-Germain Gros (2011) "State Failure, Underdevelopment, and Foreign Intervention in Haiti", Routledge Chapman Hall.

第14章　ソロモン諸島沖地震・津波の教訓

I　はじめに

　ソロモン諸島国は開発に関する各種指標が大洋州地域内でも低位で，社会インフラの整備は遅れている。1978年に英国から独立したが，近代国家を運営する人材に乏しく，政府のキャパシティは低い。島々は太平洋プレートとオーストラリアプレートの境界に沿って点在するため，規模の大きな地震が頻発する。2007年には同国の西部，ウェスタン州ギゾの近海で発生したマグニチュード8.1の地震と津波により，52名が犠牲となっている。

　2013年2月6日にソロモン諸島東部沖で発生したマグニチュード8.0の地震とそれに伴う津波は，テモツ州ネンドー島の沿岸集落に大きな被害をもたらした。

　福島大学うつくしまふくしま未来支援センターと（独）国際協力機構ソロモン諸島国派遣コミュニティ防災専門家からなる調査団は発災1カ月後に被災地を訪問し，被害および復旧の状況，発災時の住民行動，発災前の防災活動などを調査した。調査結果をもとに，大規模災害への対応について得られた教訓を以下にまとめる。

〈ソロモン諸島国の概要〉　ソロモン諸島国はオーストラリア・ブリスベンの東北東約2000キロの南太平洋に点在する約110の島々からなる島嶼国で，総面積は岩手県のほぼ2倍にあたる2万8900平方キロメートルである。人口は2011年現在で約54万人，国民の90％以上がメラネシア系で，ほとんどがキリスト教徒であるが，伝統的な文化や社会制度が色濃く残っている。農林水産業が主要産業であり，地方部，離島部では自給自足型に近い経済である。一人当たり国民所得は2012年で1130米ドル，成人識字率は76％，初等教育の就

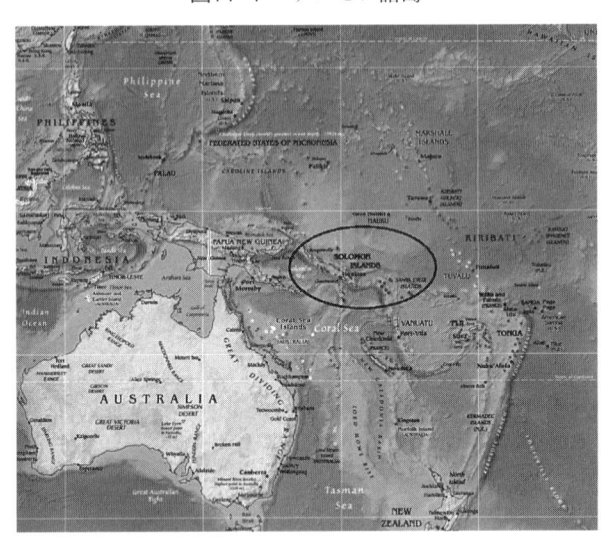

図14-1　ソロモン諸島

学率は70％にとどまり，人間開発指数も世界187カ国中142位の後発開発途上国である。

II　2007年ウェスタン州・チョイソル州地震・津波

　現地時間2007年4月2日午前7時40分（UTC 4月1日20:40）にソロモン諸島ウェスタン州の州都ギゾ島の南約40キロで発生したマグニチュード8.1の地震により，周辺のウェスタン州とチョイソル州の島々には大きな津波が押し寄せた。人口約6000人のギゾ島や人口約500人のシンボ島などの島々では海岸沿いの平地に4～5メートルの高さで浸水し，壊滅的な被害を受けた。この津波による被害は，死者52名，倒壊・流失家屋3150棟，被災人口2万4000人となっている。
　この津波災害発生により，災害情報の伝達方法や行政の対応マニュアルの不備などの問題点が明らかになり，ソロモン政府は将来の大規模災害に備えて，次のような施策を実施してきた。

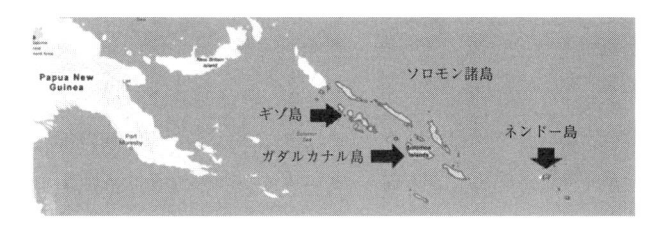

図14-2　ソロモン諸島津波被災地

・国，州レベル緊急対策本部での津波対応標準運用規定の策定
・各州での防災担当官の配置
・州気象局への短波無線設備設置
・国営放送設備の改善によるラジオ放送受信可能範囲の拡大

　また，教会やNGOによって，災害に関する啓発活動も数多く行われるようになった。ギゾ島では33名の犠牲者のうち，6割を占める21名が子どもであり，中には地震後に海岸に出て行って津波に巻き込まれたケースもあり，津波に対する正しい知識と対応行動を子どものころから身に付けることの必要性が認識されるようになった。

　一方で，防潮堤のような構造物や予警報システムの地方への導入は，予算的な制約もありほとんど進んでいない。太平洋島嶼，特に離島部は，資機材の調達，搬入に大きな障壁があり，防災のハード対策を進めることは困難である。

〈ソロモン諸島国の防災体制〉　中央政府レベルでは，国家災害評議会（National Disaster Council: NDC）が災害に関する政策立案，防災計画／体制構築の戦略的管理について責任を負っている。NDCの議長は環境・気候変動・防災管理・気象省の次官で，メンバーは保健省，農業省など関係省庁の次官たちで構成されている。NDCの実務運営，つまりは災害関連法案や戦略の策定，関係機関への災害対応／準備体制構築支援，防災啓発推進支援，災害発生時の緊急対応などは，国家災害管理局（National Disaster Management Office: NDMO）が行っており，現在7名の職員がいる。

　地方，離島部では，地域の防災業務を支援するため，9つの州政府及び首

都ホニアラ市に防災担当官が配置されている。

NDMOはサイクロンや津波予警報など災害に関する情報を，気象局および鉱業・エネルギー・地方電化省の協力の下，メディアを通じて発信している。災害情報を伝えるための全国的なラジオ放送網の整備は，日本政府などの協力により整備が進められているところである。

III　2013年テモツ州地震・津波

テモツ州はソロモン諸島国の最東端であるサンタクルス諸島を中心とする12の島嶼群からなり，人口は2009年の国勢調査によると2万1362人で，うち1万1578人，2258世帯が今回被災したネンドー島（サンタクルス島）に居住している。島の面積は505.5平方キロで，最高標高は549mである。島内就業者の65％はココナツ，イモ類などの農業と，手漕ぎカヌーによる沿岸での漁労に従事し，自家消費と少量の一次産品販売により生計を維持しており，給与所得者は21％である。被災前の島内の家屋の93％は木造など伝統的な家屋で，屋根は83％がヤシの葉で15％がトタンぶきである。集合住宅は州都ラタに数件見られる程度であとは小規模で簡素な戸建てであるが，水道があるのはラタ周辺の39％だけで，また77％の家屋にはトイレがない。

地震は現地時間2013年2月6日（火曜日）午後12時12分（01：12UTC），ソロモン諸島ネンドー島の西北西33キロメートルを震源として発生，震源の深さは約30キロメートル，マグニチュードは8.0で，ネンドー島とその近隣のマロ，ニバンガ・ノイ両島に強い揺れをもたらした。その数分から数十分後，ネンドー島各地に津波が襲来，島の西岸各地では3メートル以上の高さに津波の痕跡が残っている。人的被害の状況は，9名が死亡，負傷者は16名であった。建物については，島内の全家屋2258戸のうち1060戸が被害を受け，うち581戸が全壊，全島民1万1578人の4割近くが避難生活を余儀なくされた。

しかしながら，高さ3メートル以上の津波（目撃証言では6メートル以上の高さの地点もあった）が襲った今回の災害による犠牲者は9名にとどまり，全体の被災者数4486人に対する割合は0.002となっている。これまで発生した

第14章 ソロモン諸島沖地震・津波の教訓　265

図14-3　ネンドー島調査地点

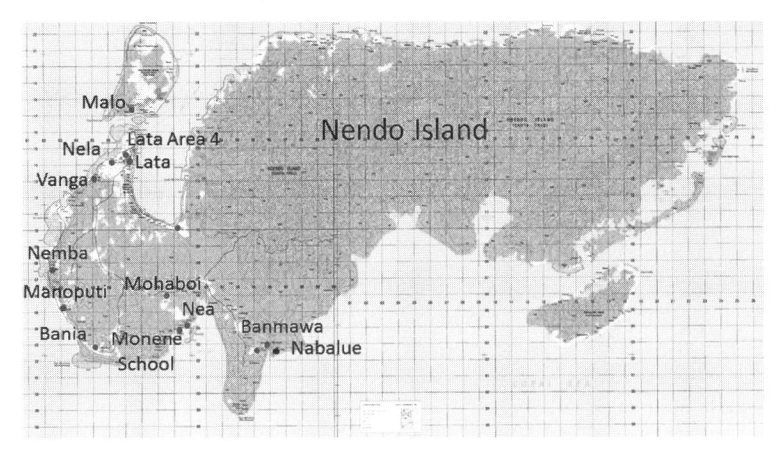

図14-4　ネンドー島津波被災地

表14-1　被害概況

地区	調査対象 人口	調査対象 世帯	被災状況 人口	被災状況 世帯	死傷者 死者	死傷者 負傷者
Luva Station区	674	170	459	112	6	1
Naggu/Lord Howe区	1105	243	782	177	0	11
Nea/Noole区	1074	252	713	166	1	2
Neo区	597	147	486	114	0	0
Nevenema区	1420	346	1231	295	2	2
North East Santa Cruz区	1342	321	815	196	0	0
合　計	6212	1479	4486	1060	9	16

注：ソロモン諸島国国家災害管理局発表資料から作成。

津波の規模と死亡率の関係に関する研究では，日本で既往の3メートルの津波で死亡率は0.04であり，またスマトラ沖地震・津波のバンダアチェの場合は，3メートルの津波で死亡率が0.2，6メートルでは0.8であった。以上から，今回のソロモン津波での人的被害は同様の規模の既往津波災害に比較して軽微であったと言える。以下，その理由について考察する。

1 島民の津波への備え

ネンドー島の住民に聞き取り調査をしたところ，多くの住民が今回の津波発生の数週間前に，教会などで東日本大震災のビデオを視聴し，大きな地震が発生したら津波の危険があること，すぐに高台に逃げることなどを指導されていた。また，高台避難のための経路の確認などもいくつかの村で行われており，多くの住民がこれに従って迅速に避難している。これは2007年にウェスタン州で発生した地震・津波災害を経て，国家防災局を中心に州，コミュニティレベルでの防災体制が整備され，州政府防災局や赤十字社が地域で大きな影響力を持つ教会とともに住民への啓発活動を行ってきた成果であろう。

また，多くの人々から，「大きな地震の後は津波が来る」「津波の前には潮が引く」といった津波に関する伝承を知っていたとの証言があった。一方で，これまでに津波を実際に体験した人は高齢者にもおらず，また今回の地震はこれまで経験した中では最も激しいものであった，とすべての証言者が述べていた。前回ネンドー島が津波に被災したのは100年以上前と言われており，住民は津波の実体験はないが，教訓は代々伝えられていた。

ソロモン諸島は就学率や識字率といった教育水準に関する指標が低い後発開発途上国であるが，そのような国であっても，ビデオなどを用いた防災教育は被害軽減に有効であることを示すものである。

2 発災時の住民の行動

地震と津波が発生した2月6日は平日ということもあり，児童は学校に，成人の多くは畑仕事あるいは学校での共同作業などで家の外に出ていた。現

図14-5　被災者聞き取り調査

　地時間午後12時12分に地震が発生し，同12時20分にハワイの太平洋津波警報センター（PTWC）からの津波警報を受信したソロモン諸島国気象局が，メディアに警報を伝えた12時36分には，すでにネンドー島に津波の第1波が到達していた。また，例え警報が津波到達より早くネンドー島の政府関係機関に伝わっていたとしても，島にはテレビやラジオ放送がなく，携帯電話も一部地域でしか通じないため，住民への周知は困難であった。しかし今回は強い揺れを感じた住民がすぐに避難を開始し，また明るい日中であったので海面の様子を直接見ることができ，高台への避難の時も急峻なのぼり斜面を比較的容易に登ることができたため，逃げ遅れる人がほとんど出なかった。
　地震発生時，住民が何を見てどのような行動をとったのか，以下のような証言が得られた。
- これまで経験したことのない，恐怖を感じるほどの強い揺れが数分間続いた。
- 教会などで見た，東日本大震災のビデオを思い出し，津波が来るのではないかと考えた。
- 海辺近くにいた住民が津波が来たことを叫びながら走って逃げてきたため，他の住民も慌てて高台に向けて走り出した。恐怖に立ちすくんでし

まった人などを抱えるようにして一緒に逃げた。
- 津波は3回（場所によっては2回）到達し，3回目が一番大きかった。
- 「津波の前に潮が沖合まで引く」と聞いていたが，今回は引き潮がなく，沿岸がざわついた後に波頭が沖合に見えた。
- 場所によっては，津波がいろいろな方向から押し寄せてきた。
- 津波が引いた後も，強い余震が何度も続き，住民の大多数はそのまま高台で夜を明かした。

3　被害を軽減した要因

防潮堤などの構造物対策がほとんどなされず，また津波警報も間に合わない中で，なぜ犠牲者が少なくすんだのか，現地での実地踏査，聞き取り調査で明らかになった要因を以下にまとめる。
- ネンドー島の西岸は集落がある海岸の低平な土地から内陸に数十メートルから200メートル入ると急峻な丘陵となる地形で，どの集落も避難する高台が近くにあった。
- 発生が昼間であったため，海の異変を早期に認識することができ，また避難も容易であった。
- 海岸にいて海の異変を認識した住民が周囲の人々に声をかけ，避難行動が村全体に拡大した。
- 津波の被害は，津波の高さと速さに加え，瓦礫など漂流物があることで被害が拡大するが，今回の津波被災地は，伝統的な木造で軽量なヤシの葉ぶきの屋根の家屋がほとんどで，人的被害を増大させる危険な漂流物となり得る，建造物や車両などがほとんどなかった。
- 事前に避難ルートの確認などの防災訓練が各地で実施され，また東日本大震災のビデオの視聴により，津波災害が視覚的に理解されていた。
- 就学児童は学校から教員の引率で円滑に高台に避難できた。

今回の9名の犠牲者の内訳を見ると，性別では女性7名，男性2名，年齢別では子ども2名，成人7名（うち高齢者6名）となっており，いわゆる「災害弱者」が9割を占めている。また，犠牲者のうち6名については津波に巻

き込まれた状況が聞き取り調査で明らかになったが，その原因は，家にとどまって逃げ遅れた（4名），高台に避難したものの家に家財を取りに戻って巻き込まれた，高台に避難したものの家畜のつなぎ紐を外しに戻って巻き込まれた，となっていて，「素早く逃げる，戻らない」という津波への基本的な対応ができていれば命を奪われることはなかったであろう。

4　次の災害への備え

今回は日中に発生した近地津波であることから，地震による揺れや海の異変から住民の避難行動が比較的スムースに行われたといえる。しかし，次の災害に備える点からは，夜間の津波発生や地震の揺れを感じない遠地津波を想定し，住民に対する啓発と早期警報の整備を進める必要がある。これらのうち早期警報については，太平洋地域の遠隔地で津波を発生させるような巨大地震が起こった場合，ハワイのPTWCから各国の気象台あるいは防災部局に警報が出されることから，これをいかにして離島や遠隔地の住民にまで知らせるかが課題となる。

ネンドー島の場合，首都ホニアラからは遠隔であり，テレビやラジオ放送も受信できない。現在，日本の無償資金協力によりラジオ放送網の整備が行われており，これが完成すれば状況は改善されることが期待できる。しかし，すべての村にラジオがあるのか，夜間ラジオのスイッチを切っていたらどうするのか，という問題は依然ある。

一方，携帯電話は州都ラタ近辺でのみ利用可能であるが，携帯電話のサービス範囲外の村においても，ほとんどの家庭が携帯電話端末を所有し，利用するときはラタのサービス範囲内に行っていることが分かった。このため，住民へ津波警報を伝達するのに一番確実な方法は，携帯電話の基地局を増設してサービスエリアを拡大し，一斉同報サービスにより情報を伝えるシステムを構築する事であろう。

IV 教　　訓

　大規模な地震・津波災害は，気象災害などよりも発生頻度が低く，実体験をもとに適切な対応行動を身に着けることは難しい。しかし，スマトラ沖地震・津波，東日本大震災などの経験が，ビデオ映像とともに積み重ねられてきている。これらの映像を利用した防災教育は，災害についてリアリティを持って理解する上で非常に効果的であることが，今回の被災地調査で明らかになった。

　一方で，どれほど防潮堤のようなハード対策や早期警報システムが整備されても，住民一人一人が避難行動に移らなければ被害は防ぐことができない。

　我が国では，1933年の昭和三陸地震の際，岩手県田老では当時の全住民1798名の42％にあたる763名の死者が出た。これを契機にスーパー堤防を設置し，その後の1960年チリ地震津波などでは効力を発揮したが，2011年の東日本大震災ではスーパー堤防が破損し大きな被害が発生した。先進国としては最も災害経験が豊富で防災インフラの整備が進んでいると言ってもよい我が国ではあるが，人々の防災施設への過信や，大都市圏を中心に経済の集積と個人の富の蓄積が進んでいること，エネルギーや交通，通信に代表される高度なインフラに社会と個人が過度に依存していることが，かえって災害への脆弱性を高め抵抗力を失わせている。

　大規模な災害による被害を軽減するには，ハード対策によって災害を食い止めることだけを考えるのではなく，個人やコミュニティが災害リスクを理解して，繰り返し発生する自然災害といかに折り合い，生活を継続していくかという視点が必要である。

（三村　悟）

参考文献
①小林泉（1994）『太平洋島嶼諸国論』東信堂，302頁。
②奥村与志弘・原田賢治・河田惠昭（2010）「2009年サモア諸島沖地震津波における住民の

避難行動特性とその後の変化—米領サモア現地調査を踏まえて—」『土木学会論文集B2（海岸工学）』Vol.66 No.1，社団法人土木学会，1371-1375頁。

③河田惠昭（1997）「大規模地震災害による人的被害の予測」『自然災害科学』Vol.16 No.1，日本自然災害学会，3-13頁。

④越村俊一・行谷佑一・柳澤英明（2009）「津波被害関数の構築」『土木学会論文集B』Vol.65 No.10，社団法人土木学会，320-331頁。

⑤鈴木信吾・牧紀男・古澤拓郎・林春男・河田惠昭（2007）「2007年4月ソロモン諸島地震・津波災害とその対応の社会的側面」『自然災害科学』Vol.26 No.2，日本自然災害学会，203-214頁。

第15章　スマトラ沖地震・津波被害とインドネシア
——アチェ復興プロセスを中心に——

I　はじめに

　本章は，2004年12月26日に発生したスマトラ沖地震・津波の被災国のうちインドネシアの事例を取り上げ，同国最大の被災地であった「ナングロ・アチェ・ダルサラム州（現在のアチェ州）」の復興プロセスについて考察する。

　1976年以降，アチェではインドネシア政府と「自由アチェ運動（GAM）」の間で内戦が継続していた。スマトラ沖地震・津波災害の発生により，2005年8月15日にインドネシア政府とGAMの間で和平合意（MOU）が成立し，30年にも及んだ内戦が終結することになる。それ以降，アチェの復興プロセスでは，「自然災害からの復興」と「内戦からの社会再生」が同時進行することになる。アチェの事例はきわめてユニークであり，その後の災害復興研究に多くの教訓を残すことになった。

　インドネシア政府の作成した「復興基本計画（Master Plan）」によれば，アチェの復興プロセスは，「救援（Relief）期（0～3カ月）」と「復興（Recovery）期（4カ月～5年）」に大別されている。この場合，「救援期」とは，被災者の人命救助及び水・食糧・医療物資等の提供等を中心とした緊急支援活動が展開され，「復興期」では，災害からの人的・物的被害回復を目指す一連のプロジェクトが実施される。なお，「復興期」は，公共サービスの再開，仮設住宅の建設，被災者のメンタルケアなど，被災者及び被災地にとって時間的優先度の高いプロジェクトが行われる「復旧（Rehabilitation）期」と，災害を踏まえた経済，交通，物流，コミュニティ等の再生を目指す中期的な「再建（Reconstruction）期」に区分されている（図15-1を参照）[1]。

図15-1　地震・津波災害からのアチェの復興プロセス

緊急段階	復興段階	
緊急：0～3か月	短期：4カ月～2年	中期：～5年
緊急対応：救援	復旧	再建
目標： 人道的救援・支援	目標： 十分な時間をかけた 公共サービスの向上	目標： コミュニティと 地域の再開発
・緊急対応支援 ・犠牲者の埋葬 ・食料・医療の供給 ・インフラと基本施設の改善	・全般的なインフラと施設 ・経済施設 ・金融 ・精神的治療 ・土地の権利回復 ・法律履行 ・仮設住宅	・経済 　（生産，取引，金融センター） ・輸送システム ・通信システム ・社会文化システム ・制度のキャパシティ ・住居

出所：*Master Plan*, p.II-13.

以下，「緊急救援」期と「復興（復旧・復興）」期のそれぞれに焦点を当て，アチェの復興プロセスを概観したい。

II　スマトラ沖地震・津波とアチェ

1　スマトラ沖地震・津波の被害状況

2004年12月26日午前8時（現地時間），スマトラ島沖で発生した大地震（推定マグニチュード9，震度8）及びそれに伴う巨大津波は，多くの国に甚大な被害ももたらした。14カ国が被害を受け，全体で死者・行方不明者数は22万7000人，避難民は約170万人にも及んだと推計されている（図15-2を参照）。また，外国人の犠牲者も2216名となっている。[2]

---

[1]　Republic of Indonesia, *Master Plan for the Rehabilitation and Reconstruction of the Regions and Communities of the Province of Nanggroe Aceh Darussalam and the Islands of Nias, Province of North Sumatera*, April 2005, II-13.

[2]　Tsunami Evaluation Coalition, *Joint Evaluation of the International Response to the Indian Ocean Tsunami: Synthesis Report*, TEC, July 2006, p.33 and p.46.

図15-2　スマトラ沖地震・津波の被災国

出所：TEC: *Synthesis Report*, p.15.

　これら被災14カ国のうち最も影響を受けたのが，インドネシア，スリランカ，タイ，インドの4カ国である。これら4カ国の中でも，死者・行方不明者数約17万人，経済的被害額約44.5億ドルとインドネシアの被害状況が際立っている（表15-1を参照）。

　この場合，インドネシア国内で被害が集中した被災地がアチェである（図15-3を参照）。スマトラ島北西部に位置しているアチェは震源地に近く，地震発生から約45分後に津波が到達し，沿岸約800kmにわたって影響を受けることになった。津波が直撃した沿岸部が人口密集地域だったため，アチェ州全人口の約4％にあたる16万7000人が死亡した。避難民の数も81万8000人に達し（05年3月半ば時点），26万5000人が仕事を失い，58万1000人が家屋の全半壊被害にあっている。[3] アチェの経済的被害総額は，同州のGDPにほぼ匹敵する規模であった。

---

[3] Sisira Jayasuriya, Peter McCawley and others, *The Asian Tsunami: Aid and Reconstruction after a Disaster*, The Asian Development Bank Institute and Edaward Elgar Publishing, 2010, pp.75-79.

表15-1　被災国の被害状況

	インドネシア	スリランカ	インド	タイ
人口（百万）	214.7	19.2	1,064.40	62
GDP（10億ドル）	208.3	18.2	600.3	143
一人当たりGDP（ドル）	970	950	564	2,306
死者・行方不明者数	167,540	35,322	16,269	8,212
経済的被害額（百万ドル）	4,451	1,454	1,224	2,198
GDPに占める被害額割合（％）	2	7.6	0.2	1.4
セクター別被害割合	住宅　　　　：47.9% インフラ　：21.8% 社会セクター：9.5% 製造セクター：2.1% その他　　　：8.8%	住宅　　　　：36.0% インフラ　：23.9% 社会セクター：7.2% 製造セクター：31.8% その他　　　：1.1%	住宅　　　　：33.6% インフラ　：13.6% 社会セクター：1.9% 製造セクター：46.1% その他　　　：4.9%	住宅　　　　：4.3% インフラ　：5.3% 社会セクター：1.8% 製造セクター：88.6% その他　　　：0.0%

TEC, *Synthesis Report*, 表2-1 (p.33), 表2-2 (p.37) に基づき作成。

図15-3　被災地アチェ

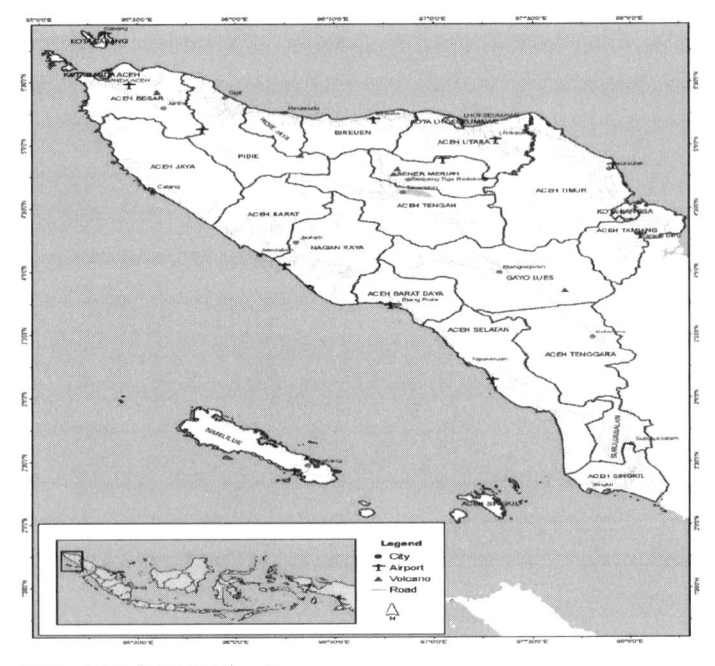

出所：ARF（2008-2011），p.9.

2　災害発生時のアチェの状況

　地震・津波被害発生以前，アチェはインドネシアの中で最も貧しい地域の一つであった。2003年のデータ[4]で見ると，石油・天然ガスなどの資源が豊富なアチェは，GDPが約45億ドル（インドネシアのGDPの約2％），1人当たりのGDPも約1100ドルと国内諸州の中ではきわめて高い。しかしながら，当時アチェにある11の県が後進地域開発省によって「後進地域」に指定され，州全体の貧困率も約30％と極めて高かった（インドネシアの貧困率は約17％）。アチェでは農業部門がGDPの約32％を占め，労働人口の約50％が農業に従事していた。概して，石油・天然ガスの恩恵を享受できない地方の住民は極めて貧しかった。国際NGOの*Oxfam*の調査によれば，2002年の時点でアチェの人口の48.5％は安全な水を利用しておらず，5歳以下の児童の36.2％は栄養不良状態にあり，人口の38％は医療施設を利用できない状態にあったとのことである[5]。

　その最大の理由は，1976年から津波被害発生当時までアチェでは熾烈な内戦が継続していたためである[6]。

　アチェは東南アジアで最も早くイスラム教を受容した地域であり，16世紀から19世紀にかけて，アチェ王国として栄えていた。1873年のオランダの侵攻以降，アチェでは戦争が繰り返されてきた。第二次世界大戦後，インドネ

---

(4)　Suahasil Nazara and Budy P. Resosudarmo, *Aceh-Nias Reconstruction and Rehabilitation: Progress and Challenges at the End of 2006*, ADB Institute Discussion Paper No.70, June 2007, p.3.

(5)　Oxfam International, "A place to stay, a place to live", Oxfam Briefing Note, December 2005, p.2.

(6)　アチェ内戦については，以下の文献を参照のこと。西芳実「災害からの復興と紛争からの復興：2004年スマトラ沖地震津波の経験から」『災害と地域研究』，『地域研究』Vol.11, No.2, 2011年，92-105頁，小鳥居伸介「アチェにおける復興援助の現状と課題」，『長崎外大論叢』第10号　141-149頁，遠藤聡「インドネシアにおけるアチェ和平のプロセス：アチェ統治法を中心に」国立国会図書館調査及び立法考査局「外国の立法」232（2007.6）126-143頁。

シアは独立国家を宣言し，対オランダ独立戦争を経て，1949年12月から16の共和国からなるインドネシア連邦共和国として歩み始めた。その後，16の共和国の1つであるインドネシア共和国が他の15の連邦構成国を併合し，1950年8月に単一制国家として，現在のインドネシア共和国が誕生することになる。その際，アチェはスカルノ大統領によって北スマトラ州に併合されることになった。それ以降，アチェではインドネシアからの分離・独立運動が展開されていくことになるのである。

　津波被害発生時まで継続していたアチェ内戦（1976～2005年）は，1976年にハッサン・ティロがアチェ独立を目指す「自由アチェ運動（GAM）」を結成したことにさかのぼる。アチェに対しては，1959年にインドネシア政府によって教育，宗教，伝統文化に関して一定の自治権を有する「特別州」としての地位が与えられている。しかしながら，この自治権は実質的なものではなく，1970年代以降，石油・天然ガスの利権配分をめぐる中央政府との対立を軸に，アチェの分離独立運動は激しくなっていくのであった。

　スハルト政権時代の1988年，インドネシア政府はアチェを「軍事作戦地域（DOM）」に指定し，GAMに対する熾烈な掃討作戦を展開していった。スハルト体制崩壊後に就任したワヒド大統領は，1999年にGAMを正式な交渉当事者と認め，ジュネーブを拠点とするNGO「アンリ・デュナン・センター（HDC）」の仲介による和平交渉が行われることになった。2001年8月に就任したメガワティ新大統領は「特別自治法」を制定し，アチェの名称を「ナングロ・アチェ・ダルサラム州」とし，さらなる自治権を付与した。しかしながら，アチェをめぐる和平交渉は暗礁に乗り上げ，2003年8月にはアチェに「軍事非常事態」宣言が発令されることになる。同宣言は2004年5月に「民間非常事態」に変更されることになったが，現地では依然としてインドネシア政府軍とGAMの間で緊張状態が続いていた。このような状況の下で，アチェはスマトラ沖地震・津波被害に見舞われることになったのであった。

III　緊急救援期：空前の国際支援

1　インドネシア政府の初動対応

スマトラ沖地震・津波は，2004年10月にインドネシア初の直接大統領選挙によって発足したユドヨノ政権にとって大きな試練となった。ユドヨノ大統領は，カラ副大統領とともに，この未曾有の危機に迅速に対応し，強いリーダーシップを発揮した。

ユドヨノ大統領は，災害発生翌日の26日にはカラ副大統領を即座にアチェに派遣する一方で，今回の災害を「国家災害」に指定している。また，インドネシア政府はこれまでアチェ内戦は国内問題であるとして外国からの干渉を排除してきたが，災害発生から2日後の28日には，アチェに対する国連及び国際人道支援機関による緊急支援の受け入れを表明している。なお，アチェに発令されていた民間非常事態宣言は2005年5月に正式に解除されることになる。

災害発生直後の緊急救援活動については，国家福祉省管轄下にある「国家災害管理調整委員会（BAKORNAS, PB）」が対応にあたった。しかしながら，空前の人的，物的災害被害，広範囲に及んだ被災地域，内戦継続中という特殊な被災地の状況，現地で活動する数多くの多様な国際主体の存在などによって，BAKORNASは多くの試練に直面することになった。

2　空前の国際支援

災害発生直後から被災国の救済・復興のために行われた国際支援は，関与した政府・非政府外部主体の数，提供された支援金額，メディアでの報道状況等の点で，前例を見ないほどのものであった。海外から提供された支援額は約141億ドルに達し，その内訳は支援国から約65億ドル，民間資金が約55億ドル，開発関連国際機関から約21億ドルとなっている（表15-2を参照）。今回のケースでは，寄せられた支援額の規模もさることながら，民間主体が

表15-2 地震・津波被害への支援金（試算額）

資金源	100万米ドル
国際資金	
政府	6,481
DACドナー政府	5,888
非DAC政府	593
民間	5,490
NGOへの民間寄付	3,214
UN機関への民間寄付	494
赤十字／赤新月への民間寄付	1,783
多国間銀行拠出（貸付）	2,095
民間送金	n.a
その他の民間寄付	n.a
総額（国際資金源）	14,067
被災国内資金	
被災国政府	3,400
被災国内の民間寄付	190
被災者	n.a
総額	17,657

出所：*The Asian Tsunami*, 2010, p.45

伝統的ドナーである各国政府や国際機関と対等に資金を提供していることは注目に値する。

インドネシアに対しては，約77億ドルの復興資金が集まった。その内訳は，国際ドナーによる支援額が30億ドル，民間NGOから21億ドル，インドネシア政府の資金が26億ドルとなっている[7]。

緊急救援活動に関する国際的な枠組みについては，2005年1月に開催されたASEAN主催の「緊急首脳会議（津波サミット）」で国連主導の緊急救援活動を行うことが確認された。また，同会議では「ジャカルタ宣言」が採択され，地震津波被害後の緊急支援，復旧，再建に向けた提言が行われている。

---

[7] *The Asian Tsunami*, p.52

3　国際機関による支援活動

　大規模自然災害，地域紛争・内戦，大規模かつ深刻な人道上の危機発生後の緊急救援段階において中核的役割を果たす国連システムの機関は，「国連人道問題調整事務局（UNOCHA）」である。大規模災害発生時の国際支援は，被災国の要請に基づいて実施される。UNOCHAは被災国からの支援要請をとりまとめ，現地で活動する関連国連機関，外国軍隊，NGO等の間の調整業務を担当する。UNOCHAの任務はあくまで緊急救援段階における調整業務であり，中期的な復旧・再建支援に関する調整業務を行う任務は与えられていない。アチェの事例においても，UNOCHAは被災地に100名以上の職員を配置し，関連諸機関の調整業務に従事した。

　2005年9月，国連は「国連アチェ・ニアス復興調整官事務所（UNORC）」を創設し，緊急救援段階におけるUNOCHAの業務をUNORCに移管させた。UNORCは「一つの国連」のスローガンの下，復旧・復興の初期段階（2006～2009年）における国連関連諸機関の調整業務を担当することになった。

　UNOCHA以外にも，災害発生直後のアチェでは，仮設住宅や救援センターの建設に関しては国連移住機関（IOM），経済支援と現地のインフラ整備に関しては国連開発計画（UNDP），雇用や職業斡旋については国際労働機関（ILO）がそれぞれ担当している。また，従来まで地域紛争・内戦等による避難民の救済が主要な任務であった国連高等難民弁務官事務所（UNHCR）は，今回のスマトラ沖地震・津波災害では，自然災害の被災民を初めて自らの救援対象として位置づけ，世界食糧計画（WFP）等と連携しつつ現地で活動を行っている。

　緊急救援段階における国際機関の支援活動については，調整上の諸課題を残す結果になった。災害発生直後より，数多くの多種多様な支援機関が被災地に入り，それぞれの判断で支援活動を行った。これらの支援機関の中には，これまで災害支援の経験が乏しいものも多数あった。また，災害発生当時までアチェには外国人の立ち入りは制限されており，多くの支援機関が現地の情報を的確に把握していなかった。加えて，災害発生直後に被災地入りした

支援機関の中には，緊急救援活動が専門ではなく，復興住宅の建設，被災者の生活再建，職業あっせんなどの中長期的な復興支援を目的とした機関も多数存在していた。UNOCHAは，これら多様な支援機関による活動を十分に調整することは出来なかったのであった。

　国連関連諸機関は，今回の経験を踏まえ，2005年10月に発生したパキスタン地震の復興支援に際しては，諸機関による個別対応ではなく，分野毎に主導機関を事前に割り当てて業務遂行の効率化を目指す「クラスター・アプローチ」を採用している[8]。

4　民軍協力

　災害発生直後の緊急救援活動において重要な役割を果たしたのが，インドネシア国内外の軍隊であった[9]。

　インドネシア国内で活動に参加した軍事要員は，インドネシア軍が6178名，外国軍が5666名であった[10]。ちなみに，日本も「国際緊急援助隊法」に基づき，海上自衛隊の輸送艦「くにさき」，補給艦「ときわ」，護衛艦「くらま」を現地に展開し，約1000名の人員をアチェ等に派遣している。本ミッションは，自衛隊史上最大規模の海外での救援活動であり，自衛隊活動として3自衛隊統合運用が初めて試みられたケースであった[11]。

　このような緊急救援活動において主導的な役割を担ったのが米国である。米国はタイのウタパオ基地に，沖縄の「第三海兵機動展開部隊（Ⅲ-MEF）」を中核とする部隊を派遣し，最大2万人近い部隊を投入して被災国

---

(8)　クラスター・アプローチについては，UNOCHA, http://www.unocha.org/what-we-do/coordination-tools/cluster-coordinationを参照のこと。

(9)　スマトラ沖大地震・津波被害の際の民軍協力による緊急救援活動については，以下の文献を参照のこと。今村英二郎「国連平和協力活動における民軍協力：大規模自然災害復興支援，平和構築支援を中心に」『防衛研究所紀要』第9巻第3号，2007年2月，21-59頁，防衛庁防衛研究所『東アジア戦略概観2006：2章スマトラ沖大地震・津波をめぐる国際協力と安全保障』2006年3月，35-58頁。

(10)　『東アジア戦略概観2006』39頁。

(11)　『東アジア戦略概観2006』40頁。

への援助物資の航空輸送，医療活動を展開した。

　災害発生直後，海外支援国の間には現地で活動を展開する各国部隊の調整方法をめぐる意見対立が存在していた。米国は12月29日の時点で，津波被災地の救援のため，米国に日本，オーストラリア，インドを加えた4か国による「コア・グループ」の創設を表明している。このような米国の4か国主導の緊急支援提案に対してEUは国連主導による支援を主張した。最終的には05年1月のASEAN首脳会議で国連主導による支援態勢が確認されることになる。

　国連主導の緊急救援路線が確立されて以降，米太平洋軍及びUNOCHAを中心に，「民軍協力」は円滑に行われていくことになった。

　災害発生直後に米国が被災者支援のために編成した「536統合任務部隊（JTF-536）」は，12月28日に他国の派遣部隊，国連，関連国際機関，NGO等の関係支援機関とともに「536合同支援部隊（CSF-536）」に再編成され，Ⅲ－MEF司令官であるブラックマン米海兵隊中将に指揮権が与えられた。しかしながら，各国から被災地に派遣されている部隊は米軍の統一的指揮下に入ったわけではなく，独自の判断で支援活動を行う権限は留保されていた。参加部隊・機関間の支援活動調整業務は，併設された「合同調整センター」を通じて行われた。また，CSF-536はインドネシア，スリランカ，タイの被災国に出先機関として「合同支援グループ（CSG）」を開設し，現地ニーズの迅速かつ的確な把握に努めた。

　アチェで緊急支援活動を展開していた外国部隊は，05年1月下旬から2月にかけて救援活動を終了し，逐次撤退を開始した。3月26日のインドネシア政府による救援段階終結宣言までには，すべての部隊が活動を終了している。これは，インドネシア政府が海外支援機関による緊急救援活動の早期終了を求めたためである。

IV 復興（復旧・再建）期──「災害からの復興」と「内戦からの社会再生」

1 ビルド・バック・ベター

　アチェの中期的な復興計画を策定したのは，「国家開発企画庁（BAPPENAS）」であった。災害発生から3か月後の2005年3月28日，インドネシアはニアス島地震に見舞われることになった。BAPPENASは，関係諸機関の協力を受けつつ，アチェ及びニアス島の復旧・復興のための「ブループリント」を作成した。本「ブループリント」が発表された3月26日，インドネシア政府は「緊急救援段階」の終了を正式に宣言している。

　本「ブループリント」に基づき，BAPPENASは，05年4月15日，アチェ・ニアスの復旧・復興のための4年間の「復興基本計画」を作成した。本計画では，復興プロセスが「緊急救援期」，「復旧期」，「再建期」の3段階に区分され，各段階で様々なプロジェクトを実施していくことが確認された。

　インドネシア政府は，アチェ及びニアス島の再建に関しては，それらの被災地を災害発生前の状態に戻すのではなく，「より良い状態に再構築する（ビルド・バック・ベター）[12]」決意を表明していた。そのためには，地震・津波による被害に加え，長期の内戦のもたらした「負の遺産」，具体的には治安悪化，コミュニティの分断，貧困，人権侵害，政治腐敗・汚職などへの取り組みが不可欠になる。アチェ・ニアスの復旧・再建のための資金ニーズは，「社会セクター」，「インフラ・住宅」，「製造」，「セクター横断」の4分野で総額約49兆ルピー（約49億ドル）と試算され（表15-3を参照），そのための予算として資金ニーズを大きく上回る58.3兆ルピー（約58億ドル）が計上されることになった（表15-4を参照）。アチェの復興プロセスが「ビルド・バック・

---

[12] 「ビルド・バック・ベター」の概念については，以下の文献を参照のこと。Kuntoro Mangkusubroto, "Managing an Effective Recovery Program"; *Asian Journal of Public Affairs*, Vol. 3, No.1, pp.3-6, William Clinton, *Key Propositions for Building Back Better*, Office of the UN Secretary General's Special Envoy for Tsunami Recovery, 2006, pp.1-24.

表15-3　アチェ・ニアス復旧・再建のための資金ニーズ試算（10億ルピー）

セクター	被害試算			資金ニーズ試算額
	民間	公共	合計	
社会セクター	300.0	2,508.0	2,808.0	14,564.0
インフラ・住宅	16,129.0	5,216.0	21,345.0	26,593.6
製造	10,207.0	418.0	10,625.0	1,499.2
セクター横断	130.0	6,309.0	6,439.0	6,111.0
合計	26,766.0	6,309.0	41,217.0	48,767.8

出所：*Master Plan*, 8-4.

表15-4　アチェ・ニアス復旧・再建のための予算執行計画（兆ルピー）

提案	2005	2006	2007～2009	合計
緊急対応	5.1	—	—	5.1
復旧・再建	7.8	14.7	30.7	52.2
合計	12.9	14.7	30.7	58.3

出所：*Master Plan*, 8-5.

図14-4　アチェ・ニアスの復興フレームワーク

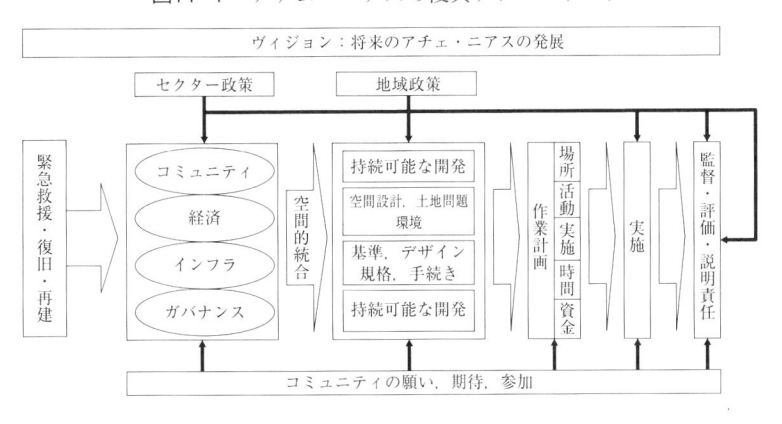

出所：*Master Plan*, III-5.

ベター」と称されるゆえんである。

このようなアチェの復興プロセスを,「ビルド・バック・ベター」のスローガンの下,国連システムの「国連アチェ・ニアス復興フレームワーク(UNRFAN)[13]」,世銀グループ主導の「マルチドナー基金(MDF)[14]」,支援国による二国間ODAなどが支援していくことになる。

2 アチェ・ニアス復旧再建庁の活動

2005年4月16日,BAPPENASはアチェ・ニアスの復興基本計画の実施機関として「アチェ・ニアス復旧再建庁(BRR)」を設立した。BRRの設立により,アチェの復興プロセスは大きな転換期を迎えることになった。

大統領直轄機関であるBRRの本部は被災地バンダ・アチェに置かれ,元エネルギー・鉱物担当大臣のクントロ氏が長官に任命された。BRRは,クントロ長官が統括する「執行機関(BAPEL)」,復興戦略立案を担う「上級諮問委員会」,プロジェクト実施状況をチェックする「監視委員会」の3つの主要機関により構成されていた。

BRRに与えられた任務は,中央政府,地方自治体,海外の機関らによる様々な復興プロジェクトの調整を行うことにあった。この場合,BRRは以下の2つの課題を重視した。

第一は,コミュニティ主導の復興である。内戦終結以前の1998年以降,アチェは世界銀行主導の世界最大規模の「コミュニティ主導型開発(CDD)」プロジェクト「ケカマタン開発プログラム(KDP)」の主要な対象地域になっていた[15]。また,アチェでは伝統的に社会資本(人間関係・人的信頼関係)がきわめて強く,地元社会のリーダーや年長者らが住民に対して大きな影響力を持っている。さらには,今回の災害ではアチェ全体で86地区,654～1388の村が被害を受け,村単位で平均200世帯の家族が国内避難民となるといった

---

[13] http://reliefweb.int/organization/unorc
[14] http://www.multidonorfund.org/
[15] http://www.worldbank.org/en/topic/communitydrivendevelopment

具合に、被害状況が広範囲に及び、その内容や程度もコミュニティによって様々であった。これらの点を踏まえると、BRRの採用したコミュニティ主導型アプローチは適切であったと思われる。

第二は、汚職問題への取り組みである。インドネシアでは災害発生以前より、汚職・不正が蔓延していた。国際NGOの*Transparency International*が毎年公開している各国の政治的腐敗状況を示す「腐敗認識指数（CPI）」によれば、2004年のインドネシアのランキングは10点中2.0点のスコアで145か国の中で133位であった。とりわけ、長期間内戦が続いていたアチェでは事態は一層深刻であった。BRRは政府レベルの「汚職根絶委員会（KPK）」の支援を受け、組織内に「反汚職ユニット（SAK）」を創設し、アチェ復興プロセスにおいても、汚職や政治腐敗の是正に精力的に取り組んだのであった。

BRRは、2009年4月にその任務を終了した。BRRに対しては、業務処理のペースが遅かったとの批判もある。しかしながら、これは、クントロ長官がコミュニティ主導およびガバナンス改善を重視する「ビルド・バック・ベター」型復興を目指し、各プロジェクトの計画・実施を丹念に精査したことによるところが大きい。今回の災害の被害の規模、巨額の復興予算、1万2000以上もの膨大な数のプロジェクト、厄介な法律・規制の問題等を踏まえるならば、BRRは有効に機能したと結論付けられるであろう。

BRRの解体後、インドネシア政府はBRRの遂行してきた業務を州レベルの「アチェ持続可能復興庁（BKRA）」に継承させている。

3 アチェ内戦の終結：和平合意履行からアチェ統治法の成立へ

地震・津波災害発生後、被災地では緊急救援活動が展開されている一方で、中断していたインドネシア政府とGAMとの和平交渉が2005年1月にヘルシンキで再開されることになった。同年8月15日、両当事者間で和平合意

---

(16) Multi-Stakeholder Review of Post-Conflict Programming in Aceh, *Identifying the Foundations for Sustainable Peace and Development in Aceh*, December 2009, p.30.

(17) http://www.transparency.org/research/cpi/overview

（MoU）が成立し，3万名もの犠牲者を出し，30年にも及んだ内戦が終結することになったのである。

地震・津波災害を契機に内戦が終結に向かった理由としては，以下のものがあげられる。

1．今回の災害による被害が内戦当事者であるインドネシア政府やGAM双方にとって膨大なものであり，両当事者にとって内戦を継続することが事実上不可能になったこと。
2．津波被害後，インドネシア政府としても国際支援を受ける必要性から，国際世論の動向を無視できず，従来までのようなスタンスを継続することが困難になったこと。
3．元軍人でインドネシア軍に強い影響力を持つユドヨノ大統領と実業家出身で実務能力の高いカラ副大統領の二人が，内戦終結に向けて強いリーダーシップを発揮したこと。

成立したMoUは，アチェの「統治」，「人権」，「恩赦・社会復帰」，「治安回復」，「アチェ監視団の設置」，「意見対立の解決」などについて規定している。

同MoUに基づき，05年9月15日からEU，ノルウェー，スイス，ASEAN加盟5カ国（ブルネイ，マレーシア，フィリピン，シンガポール，タイ）によって構成される「アチェ監視団（AMM）」が現地に展開され，同年12月21日にGAMの武装解除とインドネシア軍・警察の撤退は完了した。

AMMの監視ミッション終了後の06年2月，アブバカル暫定知事によって「アチェ和平社会復帰支援庁（BRA）」が設立されることになる。BRAは，約150万人（全人口の39％）の内戦被害者，40万人以上の国内避難民，約1万4300名の元GAM兵士，2035名の釈放された政治犯などへの補償や支援問題を担当することになった(18)。BRRとは異なり，BRAはあくまで州レベルの機関であった。また，BRAはその任務と権限の曖昧さから，設立直後より政争の舞台となり，地元の利権や知事や政党間の政治的思惑が複雑に絡み合い

---

(18) Multi-Stakeholder Review of Post-Conflict Programming in Aceh, pp.vxi–xxvi.

ながら今日に至っている[20]。

　MoU成立からほぼ1年後の06年7月，中長期的なアチェのガバナンス改善に向けて，「アチェ統治法（LOGA）」が制定されることになった。LOGAは，「アチェ州・県・市政府の権限」，「首長選挙」，「政党・政党連合・地方政党」，「イスラム法・イスラム法廷」，「経済的自立・財政」などに関して詳細に規定している。

　LOGAに基づき，アチェに対しては，「利益配分基金」と「特別分配基金」を通じて，石油・天然ガスによる収入の7割が「特別自治権（NAD）」として付与されることになった。また，内戦によって生じた経済的被害総額は107.4兆ルピー（約107億ドル）で，アチェの被害総額が65.5兆ルピー（約65億ドル），インドネシア政府負担額が41.9兆ルピー（42億ドル）と試算されているが，内戦後のアチェの社会統合・平和構築に対しては88億ドルの資金が確保されることになった。その内訳は，「特別自治基金」から総額79億ドル（2008〜2027年），国際社会からの支援額3.7億ドル，津波復興資金からの間接的支出額5.3億ドルとなっている[21]。

　LOGA成立後，アチェの自治権は大きく改善されることになる。LOGAに基づき，06年12月には初の州知事選挙が実施され，GAM出身のイルワンディ州知事が誕生した。州内の19の県・市で実施された首長選挙でも，多数のGAM出身者が当選している。また，09年4月の議会選挙でも，GAMの政治母体である*Parti Aceh*が69の州議席のうち33を獲得している。

　イルワンディ知事の要請により，07年に海外支援国や国際機関によって構成される「アチェ復興フレームワーク（ARF）」が設立され，地震・津波被害からの復興プロセスの文脈でLOGAの理念に基づくアチェの社会再建を支援していくことになった。ARFプロセス全体の調整業務はUNORCが担当し，08から11年にかけて6つのクラスター（「和平プロセスと再統合」，「法の支配，

---

[19] Leena Avonius, *Reintegration: BRA's Roles in the Past and its Future Visions*, Crisis Management Initiative, pp.4-25.
[20] Multi-Stakeholder Review of Post-Conflict Programming in Aceh, p.xvii.

グッドガバナンス，民主的分権化」,「基本サービス」,「能力開発と資産管理」,「経済開発」,「インフラと住宅」）と4つの問題（「環境」,「減災」,「ジェンダー」,「人権」）を中心に様々なプロジェクトが実施された。[22]

V　おわりに――アチェ復興プロセスの評価

　以上，本稿では，「緊急救援段階」と「復興（復旧・再建）段階」を中心に，地震・津波災害からのアチェの復興プロセスについて概観してきた。

　緊急支援段階については，今回の犠牲者数がここまで増えた原因がインドネシア軍の統制下にあったアチェでの災害直後の緊急救援活動が著しく制限されたためであるとの指摘もある。また，被災地での援助物資の横流しや支援活動への妨害なども報告されている。しかしながら，インドネシア政府の海外からの緊急支援活動を迅速に受け入れた判断やアチェ内戦終結に向けた取り組みは評価すべきであろう。また，海外主体による緊急救援活動についても国際機関やNGO等の調整不足の問題等はあったものの，大規模な飢餓や疫病が発生しなかったことからも民軍協力は円滑に機能したと言える。

　復旧・復興段階については，「ビルド・バック・ベター」のスローガンの下，BRR主導による地震津波被害からの復興と，AMM及びBRAを中核とした内戦終結後のMOU履行確保とLOGAの理念に基づく社会再生に向けた取り組みが同時進行的に行われた。この段階では，被災者のニーズとかけ離れたプロジェクト，予算執行の非効率・スピードの遅さ，さらには海外からの援助や復興資金の利権配分をめぐる問題なども発生した。しかしながら，表15-5に示されるように，BRRが任務を終了した時点でのアチェの復興状況は，「ビルド・バック・ベター」が達成されたことを物語っている。また，「津波被害者」だけでなく，「内戦被害者」,「元兵士」,「元政治犯」,「内戦避難民」をめぐる状況も大きく改善されている。

　地震や津波に限らず，火山噴火，集中豪雨，洪水などの自然災害が多発

---

[21]　http://reliefweb.int/organization/unorc

表15-5 アチェの再建（build back better）状況

	単位	被害の概要	復旧・再建状況
マイクロファイナンス（UKMs）	Unit	104,195（営業不能）	195,726（再建・新設）
家屋	Unit	139,195（損壊）	40,303（再建・新設）
農地	Ha	73,869（被害）	69,979（再生）
教員	Person	7,109（死亡）	39,663（新規養成）
舟	Unit	13,828（損壊）	7,109（修復・新築）
モスク	Unit	1,089（損壊）	3,781（修復・新築）
道路	Km	2,618（損壊）	3,696（再建）
学校	Unit	3,415（損壊）	1,759（修復・新築）
医療センター	Unit	517（損壊）	1,115（修復・新築）
政府施設	Unit	669（損壊）	996（修復・新築）
港	Unit	22（損壊）	23（修復・新築）
飛行場	Unit	8（損壊）	13（修復・新築）

出所：International Recovery Platform, *Indian Ocean Tsunami 2004: Recovery in Banda Aceh*, Recovery Status Report, 2012, pp.3-4.

するインドネシアでは，今回の地震・津波災害後，2007年には防災基本法である「防災法第24号」が制定されている。同法に基づき，防災担当機関として国家レベルの「国家防災庁（BNPB）」，州・県レベルの「地方防災庁（BPBD）」がそれぞれ設立されることになった。また，「インドネシア気象庁（BMG）」を中心に，「早期津波警報システム」の開発・運用に向けた取り組みも本格化することになった。被災地アチェでは「津波博物館」が建設され，今回の災害の記憶を風化させない取り組みがなされている。また，アチェをインドネシアだけでなく，アジアや世界の防災・減災研究拠点にしようとする様々なプロジェクトも進んでいるようである。

　大規模自然災害からの復興や，地域紛争・内戦・民族対立の解決にとって，我々がアチェの事例から学ぶべき教訓は少なくないのである。

（吉高神明）

第16章　東北の復興に向けて

I　被災経験・教訓を生かした防災・災害リスク対策充実

1　東北一体となったノウハウ蓄積と対策構築

　東日本大震災は，まさに未曾有の自然災害であり，東北の今回の被災経験や得られた教訓は，国内外の他地域では今だかつて経験したことのないものである。それらを可能な限り情報収集・蓄積するとともに，東北独自のノウハウ蓄積につなげていく視点が重要である。

　そのために，まずは今般の被災経験・教訓を踏まえた今後の防災・災害リスク対策に向けた議論を深めることが重要である。地震・津波のメカニズムから，土木・建築物の災害対策，交通インフラ整備のあり方などのハード面，行政を中核とした地域防災，事業継続計画（BCP）やマネジメント（BCM）等の企業の防災と事業継続，地域コミュニティの防災対策や学校等での防災教育などのソフト面と，分野は多岐に亘る。

　また，その際，被災地の経験・教訓という現実的・経験的あるいは感覚的な"現地の生の情報"と，それを踏まえた学術的な分析が組み合わさることにより，より充実した知見につながることとなろう。

　これらの分野は相互に密接な関連性を持つものであり，かつ1行政単位にとどまらない広域的なものである。従って，東北の行政，経済団体，企業，大学，金融機関などの多様な主体が連携し，甚大な被害のあった太平洋側だけでなく，人的・物的支援等で貢献した日本海側の地域も含めて，東北一体となって取り組むことが重要である。

　また，議論にとどまらず，成果（知見）は地域経済社会での実践につなげ

図16-1 世界リスク指標（WRI）

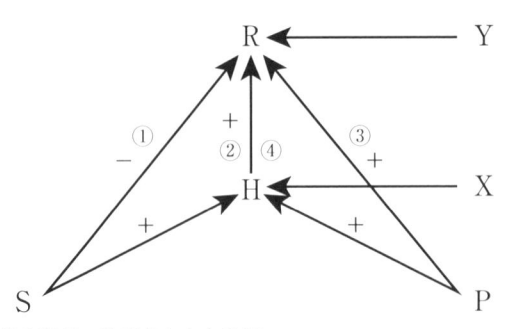

R：復興過程の進行度を表す指標
H：外部社会から投下される援助量
S：災害規模
P：コミュニティの力
X：外部社会の資力など援助量に影響を及ぼすモデル外の力の総和
Y：天候不順，新たなる災害の発生など復興過程の進行に影響を及ぼすモデル外の力の総和

出所：中須（2009）。

ることが求められる。行政の防災施策での活用，企業のBCM，地域コミュニティの防災対策，学校等での防災教育など，成果は広く地域経済社会に還元し，知見を共有し，地域一体的な防災・災害リスク対策への理解や対策充実等につなげることが重要である。

2　東北立地企業の事業継続マネジメント（BCM）の強化

今般の被災時における企業の事業継続については，事業継続計画（BCP）が一定の効果があったとの見方がある一方で，規模的にも地理的な範囲の上でも事前の想定を超える被災となり，人的・物的な被害が大きく，経営資源の太宗を失う企業も多かった。

また，自動車や電気機械産業等におけるサプライチェーンが被災により断絶した影響が一時国内外に広がるなど，事業継続マネジメント（BCM）の観点からは課題が残った。

今後のBCMを考える上では，同時被災の可能性が低い地域にバックアッ

プ拠点や業務提携先等をいかに確保するかという視点がより重要となろう。

3　東北一体となった災害時バックアップ機能整備

　わが国は，地震等の自然災害リスクが世界の中でも高く，「危険（災害）発生の可能性」「脆弱性」「危険にさらされる経済価値」を指数化して示された，世界大都市の自然災害リスク指数では，東京・横浜が世界でも突出して高く，大阪・神戸・京都も高い。

　近い将来，静岡県西部・駿河湾一帯を震源とする東海地震，南海トラフ沿いの遠州灘西部から紀伊半島南端までの地域を震源とする東南海地震，南海トラフ沿いの紀伊半島から四国沖を震源とする南海地震の発生が想定されている。単独での地震でも相当規模のものになると予測されているが，連動型地震が発生した場合，太平洋ベルト全域にわたって甚大な被害がもたらされることが想定されている。

　今般の被災では，関西広域連合が県域を越えた連携体制の下，東北各県にカウンターパート方式での支援を実施し，効果的な支援として被災地復旧の大きな力となっている。

　今後，東南海地震や首都圏直下型地震及びそれに伴う大津波の懸念が示される中，万一の被災時には，東北は同時被災の可能性が低く，逆に関西を含む東京以西の地域の復旧支援等の機能を期待されることも予想される。

　その際は，東北の個々の自治体単位では支援のためのリソース（人，モノ，情報・ノウハウ）が限定的であり，東北一体となった体制の下での被災地支援が必要となろう。

　そのためにも，東日本大震災の被災経験や教訓は，太平洋側の被災県だけでなく，支援を行った一方で風評被害等の影響も受けた日本海側の県も含めて，地域全体の情報・ノウハウを収集・蓄積し活用につなげる必要がある。

図16-2　世界大都市の自然災害リスク指数

都市	リスク指数
東京・横浜	710.0
サンフランシスコ	167.0
ロサンゼルス	100.0
大阪・神戸・京都	92.0
ニューヨーク	42.0
香港	41.0
ロンドン	30.0
パリ	25.0
シカゴ	20.0
メキシコシティ	19.0
北京	15.0
ソウル	15.0
モスクワ	11.0
シドニー	6.0
サンチアゴ	4.9
イスタンブール	4.8
ブエノスアイレス	4.2
ヨハネスブルグ	3.9
ジャカルタ	3.6
シンガポール	3.5
サンパウロ	2.5
リオデジャネイロ	1.8
カイロ	1.8
デリー	1.5

リスク指数
（円の大きさはリスク指数価値に対応しており，リスク自体の規模を表すものではない）
リスク指数構成要素の相対的割合
　危険発生の可能性
　脆弱性
　危険にさらされる経済価値

出所：内閣府「平成16年版防災白書」。

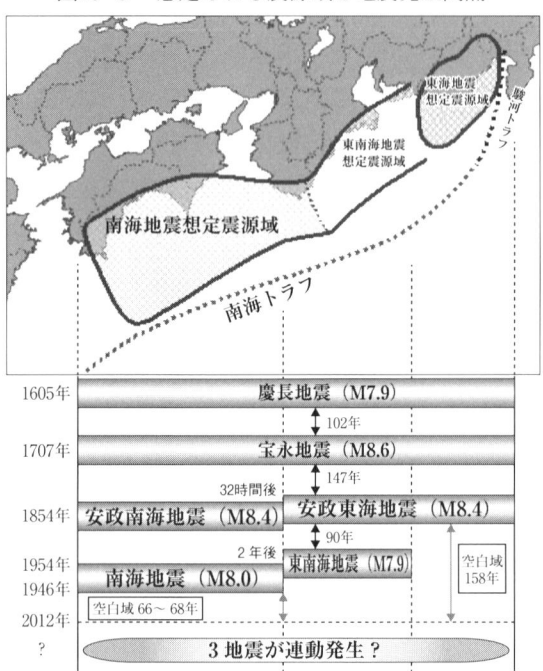

図16-3　想定される震源域と地震発生間隔

1605年　慶長地震（M7.9）
　　　　　102年
1707年　宝永地震（M8.6）
　　　　　147年
　　　　32時間後
1854年　安政南海地震（M8.4）　安政東海地震（M8.4）
　　　　　90年
　　　　2年後　　　　　　　　　東南海地震（M7.9）　空白域
1954年　南海地震（M8.0）　　　　　　　　　　　　　158年
1946年
2012年　空白域66～68年
？　　　3地震が連動発生？

出所：徳島地方気象台，内閣府資料より作成。

表16-1　東日本大震災と東海・東南海・南海地震（想定）の被害比較表

○被害が最大となるケースと東海地方太平洋沖地震との比較

	マグニチュード*1	浸水面積	浸水域内人口	死者・行方不明者	建物被害（全壊棟数）
東北地方太平洋沖地震	9.0	561km²	約62万人	約18,800人	約130,400棟*2
南海トラフ巨大地震	9.0（9.1）	1,015km²*3	約163万人*3	約323,000人*4	約2,386,000棟*5
倍率		約1.8倍	約2.6倍	約17倍	約18倍

○被害が最大となるケースと2003年東海・東南海・南海地震想定*との比較

*中央防災会議東南海、南海地震等に関する専門調査会「東南海、南海地震の被害想定について」（平成15年9月17日）における「想定東海地震、東南海地震、南海地震の震源域が同時に破壊される場合」

	マグニチュード*1	浸水面積	浸水域内人口	死者・行方不明者	建物被害（全壊棟数）
2003年想定	8.7（8.8）	—	—	約24,700人*6	約940,200棟*7
南海トラフ巨大地震	9.0（9.1）	1,015km²*3	約163万人*3	約323,000人*4	約2,386,000棟*5
倍率		—	—	約13倍	約2.5倍

*1：（　）内は津波のMw
*2：平成24年6月26日緊急災害対策本部発表
*3：堤防・水門が地震動に対して正常に機能する場合の想定浸水区域
*4：地震動（陸側）、津波ケース（ケース①）、時間帯（冬・深夜）、風速（8m/s）の場合の被害
*5：地震動（陸側）、津波ケース（ケース⑤）、時間帯（冬・夕方）、風速（8m/s）の場合の被害
*6：時間帯（5時）の場合の被害
*7：時間帯（18時）の場合の被害

出所：内閣府防災部門　南海トラフ巨大地震対策検討ワーキンググループ資料。

298

図16-4 南海トラフ地震の想定死者数と各都道府県における想定津波高

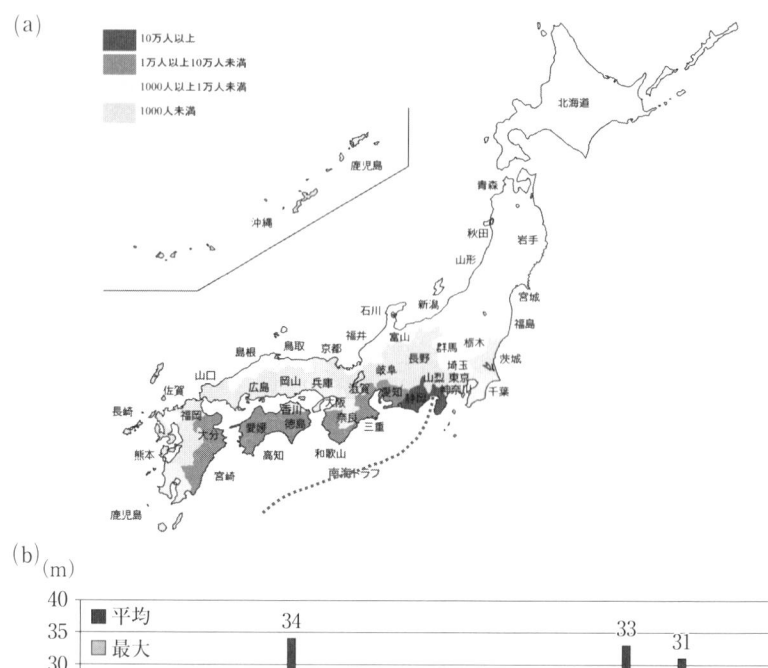

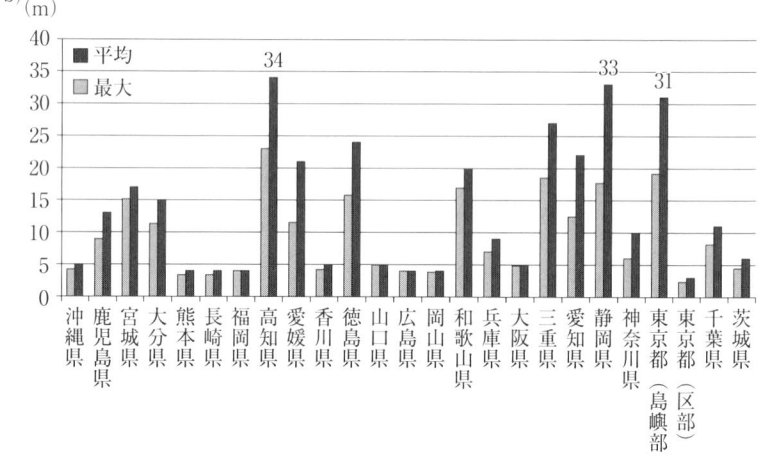

(a)

凡例：
- 10万人以上
- 1万人以上10万人未満
- 1000人以上1万人未満
- 1000人未満

(b) (m)

棒グラフ：平均・最大の津波高（都道府県別）

都道府県	値（目立つもの）
高知県	34
静岡県	33
東京都（島嶼部）	31

対象県：沖縄県、鹿児島県、宮城県、大分県、熊本県、長崎県、福岡県、高知県、愛媛県、香川県、徳島県、山口県、広島県、岡山県、和歌山県、兵庫県、大阪府、三重県、愛知県、静岡県、神奈川県、東京都（島嶼部）、東京都（区部）、千葉県、茨城県

備考：(a)冬の深夜発生、風速8m/sの場合の最大値、(b)各都道府県内で津波高が最大になる市町村の数値。
出所：内閣府防災部門 南海トラフ巨大地震対策検討ワーキンググループ資料から作成。

II 国内外の多様な主体との協働

1 東北内外の知見結集の必要性

インドネシアの地震・津波，タイの水害，米国のハリケーンなど，世界各国で甚大な自然災害が発生している。見方を変えれば，当該地域では，固有の被災経験・教訓とその後の復旧・復興の取り組み経験を有しているとも言える。東北の今後の復興を進める上では，国内だけでなく，そうした海外の知見や，被災経験・教訓と復興に関する取り組みの情報を広く集めることが有意義である。

国連大学等がまとめたWorld Risk Index2012においては，「自然災害への遭遇度合い」，「インフラ等の状況に基づく"損害の受けやすさ"」，「災害発生後の社会の対処能力」等から世界各国のリスク度合いを評価している（図16-5）。

図16-5 世界リスク指標（WRI）

備考：自然災害への遭遇度合いと災害に対する脆弱性から算出。
出所：World Risk Report UNU-EHS (United Nations University Institute of Environment and Human Security), The Nature Conservancy, (2012)).

それによれば，日本及び近隣のアジア各国は特にリスク度合いが非常に高い国々が多い。但し，日本の場合は自然災害への遭遇度合いが非常に高いためにリスク評価が非常に高くはなっているが，一方で災害発生後の対処能力も高評価となっている。

今般の被災経験・教訓を活かして東北で蓄積した知見や災害対応ノウハウは，東北の今後の復興への活用，国内の災害時のバックアップだけでなく，アジア等の災害リスクが高い各国への知見提供や災害時の国際的な支援機能にもつながる意義があろう。言い換えれば，世界の中で東北が重要な役割を発揮し得る特長となる可能性がある。

2　国内外の多様な主体とのプラットフォーム形成

今般の被災時には，多くの自治体からの人的・物的支援，企業や一般からの物資等支援などが多数寄せられた。また，女川町へのカタールからの支援，石巻市へのノルウェーからの支援，東松島市へのデンマークからの支援のよ

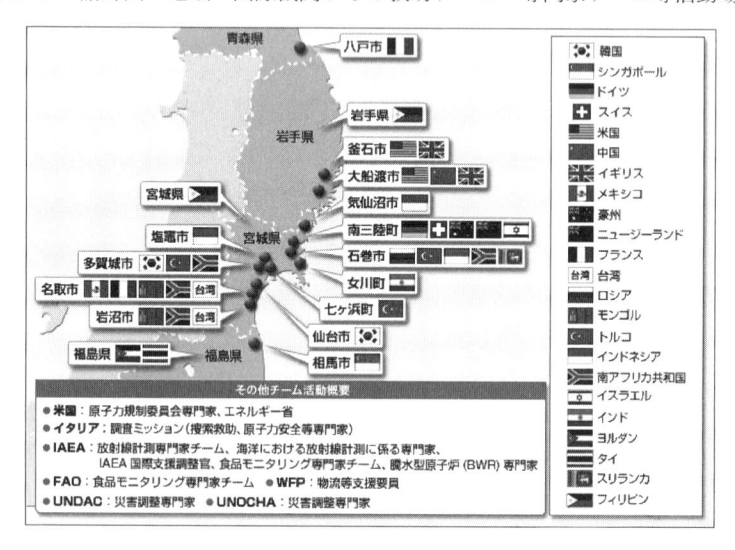

図16-6　諸外国・地域・国際機関からの救助チーム・専門家チーム等活動場所

出所：外務省資料。

うに，海外から資金やノウハウの支援がなされるケースも相次いだ。

また，今回の震災では，NPO，ボランティア等の活躍が目覚ましかった。阪神大震災の時にもその活躍に注目が集まったが，今回はそれを上回っていたとの評価がある。それらは官でも民でもないpublicな存在であり，官（国，自治体）や民（企業）が対応し切れない分野を担う必要不可欠な存在となっている。

一方，当行東北支店東北復興支援室が連携を進めている，国際復興支援プラットフォーム（IRP），世界銀行等の国際機関は，日本政府や大学等と連携し，こうした経験・教訓をまとめ，今後の防災・減災や復興のあり方についての知見や，教訓から導き出される今後あるべき視点や対応策等を検討している。

東北一体となり，国内外の多様な主体と連携するためには，こうした国際機関，国，自治体，企業，NPO，ボランティア，住民等，グローバルからコミュニティレベルまでの幅広い主体が持つ情報を収集し，整理・蓄積する取り組みに貢献することが重要である。そして，東北一体となった活動の結

図16-7　復旧・復興における官民の連携主体（イメージ図）

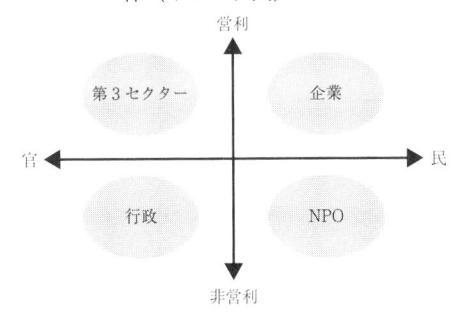

図16-8　復旧・復興における幅広い連携

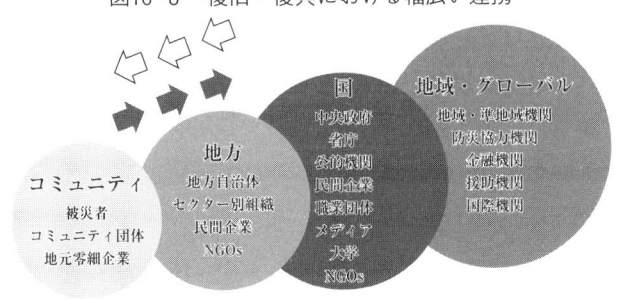

出所：国連開発計画（UNDP）資料より作成。

節点となる受け皿（プラットフォーム）を形成することが必要である。

東北の地方公共団体，企業・経済団体，大学，金融機関等が連携し，国内外の多様な主体の知見を得ながら，大震災の経験・教訓を踏まえた今後の災害リスク対策を研究・構築し，国内外に向けて情報発信や知見の提供を行うための"場"作りが重要となろう。

III "産業復興"を"まちの復興"へつなげる展開

1 防災・災害リスク対策と産業等のリンケージ

(1) 災害時物資輸送を想定した交通インフラ整備と物流とのリンケージ

今般の被災時には，太平洋側の交通インフラが地震と津波で甚大な被害を受け，日本海側の港湾，空港に人員・物資を輸送し，東北を横断する形で被災地に供給するルートが活用された。

東西方向のインフラ整備や，いわゆるミッシングリンクの解消等は，被災前後を通じて重要であるが，さらに一歩検討を進め，物流機能とリンクする形で，被災時の人員・物資供給ルートを想定した形での交通インフラ整備や，現在有するネットワークの活用を，もう一段踏み込んで検討することが必要と考える。

国内外からどのようなルートで当該地域に物資等を供給するか，逆に，他地域が被災し当該地域がバックアップする際には，何をどこからどのルートで供給するかなどを平時に想定することが有意義であろう。また当該ルート被災時のバックアップルートも併せて検討することが重要である。

被災時の経験や教訓においては，複数の輸送手段の使い分けや併用の重要性が指摘されている。海上輸送（港湾）は，被災地にまとまったロットの物資等を供給する基幹物流となり，空港は広域かつ迅速な人員・物資輸送の武器となる。鉄道や道路は港湾や空港から先，被災地の隅々まで人員・物資を輸送するネットワークとなる。各々の交通インフラ整備のあり方や，関連する企業の防災対策等が重要となろう。拠点となる港湾や空港自体の耐震化等

のハード対策，物流・倉庫関連企業のハード対策や事業継続対策，港湾や空港の機能を最大限活用可能ならしめる道路等の内陸交通インフラの整備促進等の検討も重要である。

加えて，当該物流・倉庫関連企業のユーザー企業のBCMとのリンケージがなされればなお有意義である。

(2) 製造業等の各産業と物流関連産業，ICT産業とのコラボレーション

物流機能は，被災時の生活物資供給だけでなく，企業の事業継続（BCM）の観点からも不可欠な機能である。

同様に，被災時の情報伝達やバックアップなど，事業継続の上では各産業とICT産業との，平時から災害時を想定した連携も有意義かつ重要である。

被災経験・教訓を産業面に活かす議論を東北一体となって進める際には，その基盤となるものとして，交通インフラのハード対策とネットワーク，物流関連産業，ICT関連産業を横串とし，各産業とのBCMの視点からの連携が有意義である。その中で，例えば物流拠点の立地やスペックのあり方，データセンター等の立地や提供サービスのあり方，さらには関連機器の開発など，物流やICT産業そのものの振興にもつながる可能性があるものと考えられる。

2 被災経験・教訓の産業等への活用

今般の大震災の被災経験・教訓の産業等への活用は，（1）で述べたような防災・災害リスク対策に直結する基盤的産業だけでなく，幅広い活用が考えられる。

例えば，被災経験そのものの産業への活用，被災時の教訓を踏まえた取り組み，あるいは被災を契機とした新たな事業展開など，被災経験・教訓が動機付けとなって，既存産業における新展開や，新しい産業分野への取り組みが進むことが期待される。

以下は，東北の産業特性や今後期待される分野を中心に例示したものである。

(1) 被災経験そのものを活用する取り組み

語り部ツアーなどの被災地ツーリズムが各地で展開されているが，こうした"被災経験を活用した観光"は有力な切り口の一つであり，既に沿岸部の被災各地で取り組みがなされている。

また，観光の誘客ターゲットとしてアジアをはじめとした海外からのインバウンド誘致促進が重要であるが，当行の調査によれば，アジア各国の被災地ツアーへの関心は高く，とりわけインドネシア，タイ等の過去に津波・洪水で甚大被災地となった経験のある国ほどより高くなる傾向にあった。こうした関心の高い層を東北への誘客につなげる取り組みが求められる。

2015年の国連防災世界会議は仙台を中心に開催されるが，国内外からの参

図16-9　被災地における観光分野の取組

(a) 語り部の話に聞き入るツアー客
　　南三陸町役場防災対策庁舎（2012年6月）

(b) 語り部ツアーチケット（南三陸ホテル観洋）

(c) 事例：南三陸さんさん商店街（南三陸町）（2012年6月）
　　今年2月開設。仮設店舗が30店ほど集う商店街に，フードコートも設置され，観光客も気軽に立ち寄って，名物のウニ丼などを味わうことができる。

加者が，会議開催を契機に被災地視察等を行う可能性もあろう。その場合は行政単位を越えた広域的な行動となるものと思われる。国際会議等の招致（MICE）は，交流人口増加促進の有力な切り口となると同時に，広域連携の端緒ともなり得る。

　こうした取り組みを通じて，東北全体での観光資源（景観，食物，産品）の再整理や広域ルートの再検討だけでなく，例えば観光客や会議参加者等の主要ゲートウェイとなる空港利用客のさらなる増加策の検討，加えて空港施設そのものの魅力や機能の向上（ex. 地域産品フェア等のイベント実施，会議等に参画する企業・組織向けの業務スペース設置等）を図るなど，幅広い波及効果を実現することが重要である。

(2) 被災時の教訓を踏まえた取り組み

　津波被災地では，患者の診療データを記載したカルテ等が流失し，医療・福祉業務の上で支障が生じた。このため，被災地を広域的にICTでネットワーク化し，医療情報等のバックアップにつなげる等の取り組みが進み始めている。

　こうした取り組みは，災害時対策につながることはもとより，広域的な多数の医療情報の蓄積により，それを基にした医学研究等や，関連製品・機器等の開発につながる可能性があり，防災・災害リスク対策にとどまらない医療や産業面の展開にもつながるものと考えられる。

　一方，もともと山間部等においてICTを活用した遠隔地医療体制（例：福島県檜枝岐村）が試行されていた。今般の被災では特に沿岸部で医療施設等の喪失も多く，医療従事者も十分戻っていない実情がある。地域医療体制再構築の一環としてもICT活用による遠隔医療等のニーズも高まるものと考えられ，災害時対応と平時における機能をうまく併用することが有意義である。

(3) 被災を新たな展開の契機とする取り組み

　①農業，水産関連産業　　津波被災地では農業，水産業関連施設が壊滅的打撃を受けた。被災前から小規模・家族経営，担い手確保の問題，設備の老朽

化，付加価値の低さ等の課題があったが，震災の人的・物的被害はそれを顕在化させた面がある。

まずは第1次産業を核に存在した地域コミュニティの再生と，設備復旧等による事業再開が最初のハードルだが，復旧にとどまらずその後の事業展開を睨みながら，いかに経営体制の安定化・効率化や高付加価値化を図るかが重要である。

第2次産業，第3次産業を含めた6次産業化が謳われて久しいが，例えば市場と生産者の中間に位置する食品メーカーを核とした展開が一つの有力な切り口である。小売業等とも連携したマーケティングと，それを生かした生産者との新たな生産体制構築（例：契約生産拡大等）により，事業効率化等を促す効果が期待できよう。

②**再生可能エネルギー**　原子力発電所事故，電力固定価格買取制度（FIT）創設を契機に，再生可能エネルギーによる発電事業等の計画が各地で推進されている。東北においては今般の被災が背景となり，原子力発電所事故が起きた福島県が特に積極的であることに加え，津波被災地を含む多くの地域で計画されている。

再生可能エネルギーの活用による電源の多様化は，災害時の電力供給リスク対策につながるほか，環境面でもメリットがある。一方課題としては，雇用創出に向けた関連産業のターゲティングと集積促進，持続的な事業形成，実現可能性あるエネルギーバランスの検討などである。

③**ソーシャルビジネス等**　特に津波被災地では，ようやく復旧が緒についたばかりの状況である。その中では，被災地のニーズを汲み上げつつ種々展開されている，いわゆるソーシャルビジネスをはじめとする取り組みが，まちの復興の端緒となる可能性がある。

取り組みに当たっては，以下の点がポイントとなるものと考えられる。

（i）地域住民の雇用創出だけでなく，ある種の自己実現の場となること
　　津波被災地では特に，まちの復興を一から再構築する必要がある地域も少なくない。そうした地域では，引き続き地元に残る住民のニーズや意向に沿った事業への取り組みが必要なことに加えて，住民自身の参画

を促進することにより，雇用確保のみならず，復興に貢献する"実感"，ある種の"自己実現"を通じた"心の復興"につなげる取り組みとすることが一つのポイントである。

(ii) 地域外からの人材も受け入れ活用すること
マンパワー不足が著しい甚大な被災地においては，復興に資する事業に対する想いやアイデアを持つ人材を域外からも受け入れていくことが有意義である。

(iii) 持続可能なビジネスとして自立的なものとしていくこと
被災後しばらくの期間は，被災地支援の観点や，民間企業の社会貢献(CSR)的な意思に基づく需要が期待できる[1]。事業開始時にはそうした需要を基にテイクオフしていくことも考えられるが，一定の期間後には当該需要に依存しない，自立的なビジネスとして成立させていくことが重要である。

(4) 復旧・復興を契機とした多様な人材の確保

今般の被災で多くの尊い人命が失われただけでなく，職住の場が失われたこと等もあり若年層を中心とした人口流出が増大した。今後の産業やまちの復興に向けては，人口流出に歯止めをかけるとともに，地域住民の参画はもちろん外部も含めた多様な人材…例えば年代，性別を問わずまちの復興への参画意識ある人材，地元には居住していなかったが復興への貢献を志すUターン／Iターン人材，海外から支援に参画する人材など，東北復興に想いを持つ人材であれば，そのまちの復興の大きな力となり得る。

また，地域の大学に在籍する学生が被災企業にインターンとして在籍し，当該企業の復興に寄与した例も聞かれる。大学の活用については，その技術シーズに着目した産学連携が通例だが，一方で，このように復興支援人材供給機能として捉えることも考えられる。学生だけでなく，博士研究員（いわゆるポスドク）についても，被災企業へのインターンシップを行うことは，

---

[1] 例えば自社の社員食堂での食材としての被災地からの農産品購入など

当該被災企業支援のみならず，派遣された学生や研究員にとっても能力発揮や雇用創出の機会となることも考えられる。

(5) 復興推進を契機とした地域の推進母体の確保

特に津波被災地で新たなまちづくりを必要とする地域では，官民連携の結節点となる組織を設け，行政と住民の計画やニーズを踏まえた形で，持続可能なまちづくりや地域のビジネス形成を実現するべく取り組んでいくことが重要である。

被災地においても，こうしたコンセプトに近い組織体が起ち上がってきている。行政とは別働隊で，中核となる人材に民間人を据えるなど，推進母体としての今後の役割や機能発揮が期待される。当該組織は，被災時の一過性のものではなく，復旧・復興から将来のまちの再活性化に向けて，継続的な組織体として機能させていくことが望ましい。

3 東北独自の"エッジ"[2]の創出

(1) 復興を牽引する産業の確保

阪神大震災後の兵庫県でも見られたが，復旧・復興需要一巡後は域内総生産（GRP）[3]が反動で落ち込み，全国との経済成長率の格差が拡大した経緯がある。東北の場合は被災規模やエリアが大きく，復旧・復興に時間を要することで，当面は当該需要が期待できるとの見方もあるが，いずれ一巡することは自明である。大都市圏の兵庫県とは異なり，東北の被災地は中小都市も数多い。将来的なGRPの落ち込みはより大きくなる懸念がある。

このため，基幹的製造業（食料品，エレクトロニクス関連，自動車等，製造品出荷額の多い業種）の落ち込みを食い止め，中長期的に安定〜成長を図ることで，地域経済復興の下支えと牽引を図ることが重要である。

---

[2] エッジ：強み，特徴，先端性など独自の武器となりえるものを総称して表現したもの。先鋭性。

[3] Gross Regional Products

それに加えて，今後の地域の競争力確保のためには，他地域と同様の製品を後追いで生産するのではなく，大学や研究機関との産学連携，地域内外の大手企業との産産連携等による一歩先を行く商品開発が必要である。例えば，自動車（次世代移動体）では，大手企業と地域企業，大学との産産学連携による研究開発が進みつつある。

また，医療機器分野では，わが国有数の医療機器産業集積を有する福島県において，福島県立医科大学や日本大学工学部等と県との産学官の密接な連携により，地域企業の参入促進も含めて医療機器産業振興を積極的に推進してきた。兵庫県が高度研究機能中心の集積を図るとすれば，福島県は既存の集積等を活かしたものづくり産業集積型の展開を目指す方向性が考えられる。例えば日本大学工学部のハプティック技術(4)を生かした医工連携による製品開発等も進んできているなど，当該分野は地域の特色を出し得る分野となろう。

こうした特徴的な"強み"の活用は，東北独自の"エッジ"につながり，復興牽引役となり得る。

(2) 東北の風土，歴史，文化と関連づけたストーリー性ある産業

一方で，東北の風土，歴史，文化を背景とした伝統工芸品や観光ルート，あるいは被災地の企業が地域復興への思いを込め大漁旗を縫い込んだ製品など，"ストーリー性のある"取り組みもまた，東北独自の特色を生かした産業展開に結びつく。

こうした取り組みもまた東北独自の特色を発信する材料となり得る。

中長期的な復興に向けた産業面の多様な取り組みをいかに進めるかが重要であり，それがひいては津波被災地をはじめとする，まちの復興につながるものと考えられる。

米国のハリケーン・カトリーナによる被災後の研究（Vigor 2008）では，当該都市の経済的魅力が低いところでは災害により人口の流出が加速し，逆

---

(4) ハプティック技術：触覚を通じて情報を伝達する技術。医療では触覚センサーによる体外からの内臓診断等に活用。

に経済的な魅力が高い都市は災害による一時的な人口の減少をみても長期的には，回復しかつ増加するとの指摘がなされている。

多様な取り組みがなされることがキーポイントであり，第1次～第3次産業，事業規模の大小，既存産業復興と新産業創出などに関わらず，産業の取り組みのバリエーションが結果的にまちの魅力回復と復興につながるものと考えられる。

IV　総括——叡智を結集した復興へ

人口減少，第1次産業の経営体制等の脆弱さ，第2次産業の集積不足，観光のインバウンドの少なさなど，被災前から存在していた東北の課題は，東日本大震災によって悪化あるいは顕在化した。

人口減少基調の中，東北が単なる復旧にとどまらない"創造的復興"を図るためには，ハードの復旧やそのための資金供給のみでは十分ではない。ハードだけではなくむしろソフト，言い換えれば知見やノウハウを活かして，東北ならではの付加価値を生み出していく努力が復興へのあらゆる取り組みで求められよう。

今般の大震災の被災経験・教訓は東北固有の知見やノウハウとなり得る。それに加えて，今後の東北復興を考えていく上では，地域内外の知見やノウハウを可能な限り結集させることが重要である。また，復興事業や将来的な事業実施において，また防災・災害リスク対策においても，官やその復興予算主体による取り組みから，民間の情報・ノウハウ・資金の活用による効果的な対策構築や事業実施につなげていくことが望ましい。

東北が今後，国内外に何を提示でき，どのような役割を果たしていけるのか，そしてそのためには，どのような切り口で検討し，どのような形で提示するべきなのかを考え実践することが重要である。そのためには，東北一体となった取り組みを"世界の中の東北"の視点で実践していくことが肝要となろう。

東北一体となった復興に向けた提言とその具現化に向けて

1　方向性

(1) "災害リスク対策・バックアップ機能"と"産業の関与・産業復興"から成り立つ，新たな「TOHOKU」の形成

　被災経験と教訓を活かした今後の東北の災害リスク対策の充実は，東北自体の災害対応力の強化の意味で復興の基盤となるとともに，他地域に今後甚大な災害が起きた際のバックアップ機能の構築にもつながる。東北を含む国内外の被災経験・教訓，対応ノウハウ，復興への取り組み情報を結集し，対策等の構築を図ることが重要である。

　東北全体の交通インフラ整備，物流やICT関連産業と各産業の連携，企業の事業継続マネジメント（BCM）強化を軸に，東北自体の災害リスク対策強化を図ること，そして，被災経験や教訓をベースにした多様な産業・事業への取り組みがなされることが東北の創造的復興につながっていくであろう。それが，ひいては他地域が被災した際のバックアップ機能につながる。

　今回の被災では，関西広域連合が構成各府県の広域的な連携の下で，東北の被災各県を個別対応方式で支援する"カウンターパート方式"が効果的だったが，他地域の被災時に東北が地域一体となって支援する体制は構築できていない。

　東北全体の交通インフラ，農産品などの"目に見える"地域資源を東北全体でネットワーク化し，今般の被災経験や教訓という"目に見えない"地域資源を用いて，他地域の被災時に支援を行うことが効果的だが，そのためには個別自治体の対応ではなく，より広域的な連携と協働の下で実施されることが重要である。

　以上，東北自身の災害対応力を高める上でも，他地域をバックアップする機能を整備する意味からも，産業との関わりの中で，また，産業復興の文脈において，**東北一体となって"災害リスク対策充実"と"災害時バックアップ機能構築"に取り組むこと**（新たな「TOHOKU」の形成）を提言する。

⑵　国内外への積極的な情報発信→"世界とダイレクトにつながる東北"へ
　東北は，今般の大震災・津波・原子力発電所事故で，甚大な災害を受けた被災地として世界的に認知されることとなった。
　当面は，被災地という側面から認識される状況が続くものと予想されるが，震災の経験や教訓を語り継いでいくだけでなく，中長期的には「防災・災害リスク対策や復興の先端的情報やノウハウのある地域」，「他地域にはない独自のモノや取り組みを生み出している地域」といった前向きなイメージを地域として創出していくことが重要である。
　その前提となるのは，国内外への積極的かつ継続的な情報発信である。
　東北はこれまで情報発信力が今一つ弱い印象があった。現代は，産業はグローバルな競争の中にあり，情報はICT等で瞬時に世界を駆け巡る。東北の取り組みや地域資源を世界にダイレクトに伝えていくことは可能かつ重要である。
　東北の被災経験と教訓，そして復興への取り組みは，自然災害リスクの高いアジアをはじめとする海外諸国を含めて，今後発生が懸念される国内外のさまざまな災害に際して応用可能なモデルとなろう。
　2015年には国連防災世界会議が東北で開催される。当該会議に向けて，さらにはそれ以降の中長期的な復興フェーズを通じて，**継続的かつダイレクトに世界へ情報発信していくことが重要である。**
　当行は，国際機関と民間企業との防災等に関するパートナーシップイニシアティブへの参画や，防災・減災・復興の取り組み事例集への情報提供等，東北復興の現況や当行の果たし得る機能や活動などについて，情報発信を積極化しているところである。東北から世界への積極的な情報発信に向けては，当行も関係機関と連携しつつ，東北と国内外との結節点となるべく取り組んでいく所存である。

2　体　　制

〈東北一体となった連携プラットフォーム＝"東北連合復興会議"の設置〉
　当行は，2013年4月に，東北一体となり，国内外の多様な主体と協働し，

東北内外の知見を結集して復興へ取り組んでいくための結節点となる受け皿（プラットフォーム）として，"東北連合体（仮称）"の設置を提言した。その具現化として，東北各県の地方公共団体，経済団体，企業，大学，国際機関などの参加を得て，"東北復興連合会議"を2014年3月1日に立ち上げている。

同会議は，東北が抱える課題の解決（災害対応力強化，産業復興等）につなげるべく，東日本大震災の被災経験・教訓をベースとしつつ，オール東北として被災から復旧，創造的復興を目指す東北の取り組みの視点や方策について検討・構築し，具体的なアクションにつなげていくことを目的としている。東北を核にした国内外の多様な主体による緩やかな連携プラットフォームであり，実務者・有識者等による実践的な議論を行う会議体という特徴がある。

当初テーマとして「東北内外の連携・相互協力による災害対応力強化等」を採り上げ，同会議での議論をもとに，災害対応力強化や他地域の災害時バックアップをはじめ，防災施策や地域課題解決等に資する提案を東北から実施することとしている。

2015年の国際防災世界会議を一つの機会として，活動や成果を世界に向けて情報発信することを企図しており，世界会議後も，産業やまちの復興等，多様な分野で議論を展開し，創造的復興に進む東北について国内外へダイレクトかつ継続的に発信することを目指している。

V　おわりに

これまで東北は一定の連携を持ちながらも，市町村や県を超え，また官民が連携した活動体としての取り組みは，必ずしも十分ではなかった感がある。

地域内外の主体による議論を確保し，被災経験・教訓を活かした地域一体的な防災・災害リスク対策の充実を端緒に，中長期的な地域経済の落ち込みや人口減少加速の懸念等，東北の各地に共通する課題を極力払拭し，東北の産業復興やそれを通じたまちの復興に向けた議論と実践を図っていくことが必要である。

そして，被災から復興へと着実に歩む東北の今を，東北が有する多様かつ魅力ある人，モノ，情報を，東北から国内外に向けて，直接かつ積極的に情報発信していくことが重要である。

　大震災や大津波等の被災により大きなダメージを受けた東北だが，厳しい経験や教訓を逆に活かし，復興に向けた歩みを，そして東北発の先進的な取り組みを国内外に伝えていきたい。被災地"東北"から復興のモデル"TOHOKU"へ向けて取り組むことが有意義である。

　そのために当行は，国際機関と連携しつつ，地元自治体や経済界等とともに，東北復興連合会議の活動等を通じて東北一体となった取り組みを推進していきたい。

　本稿作成の背景となった調査・提言に際しては，資料収集やインタビュー等で多くの方々にご協力をいただいた。この場を借りて厚く御礼を申し上げたい。

（蓮江忠男，大沼久美）

参考文献
① (社) 東北経済連合会 (2010)「科学技術を源泉としたわが国の国際競争力確保とナチュラル・イノベーション創出・推進を通じて東北地域が果たす役割について〜第4期科学技術基本計画への東北地域からの提言〜」。
② 関西広域連合 (2011)「関西防災・減災プラン」。
③ (財) 日本不動産研究所 (2005)『季刊 不動産研究』第47巻第1号。
④ 経済産業省「工業統計」。
⑤ 公益財団法人ひょうご震災記念21世紀研究機構 (2011)「災害対策全書1〜4」。
⑥ 安藤元夫 (1999)「震災前の木造密集市街地の実態と被災による市街地建物・住宅被害の構造に関する研究」『日本建築学会計画系論文集』，第520号，287-295頁。
⑦ 北海道・東北未来戦略会議 (2009)「真の分権型社会における広域経済圏の形成に関する調査研究報告書」。
⑧ 経済産業省 (2012)「ソーシャルビジネス・ケースブック (震災復興版) 〜被災地の復興に向けたソーシャルビジネス〜」。
⑨ 世界銀行，GFDRR (2012)「大規模災害から学ぶ」東日本大震災からの教訓概要版。
⑩ 林　敏彦 (2011)『大災害の経済学』PHP新書。
⑪ (株) 日本政策投資銀行 (2011)「大震災が地域経済に与える影響について〜阪神・淡路

大震災をケーススタディとして～」.
⑫（独）経済産業研究所（2012）「大震災と企業行動のダイナミクス」.
⑬大和総合研究所（2011）「第169回日本経済予測（改訂版）」.
⑭（株）日本政策投資銀行（2010）「データから読み取る地域の姿～地域の「強みと弱み」を探る～」.
⑮（株）日本政策投資銀行，（株）日本経済研究所（2010）「データでみる地域経済のポイント2010」.
⑯樋口美雄ほか　内閣府経済社会総合研究所（2012）「統計からみた震災からの復興」.
⑰国土交通省東北運輸局「東北地域における災害に強い物流システムの構築に関する協議会」公表資料.
⑱東北大学地域産業復興調査研究シンポジウム資料（2012）「東北地域の産業・社会の復興と再生への提言─復興過程の現実に向き合い，地域の可能性を探る─」.
⑲内閣府（2011）「東北地方太平洋沖地震のマクロ経済的影響の分析（月例経済報告等に関する関係閣僚会議震災対応特別会合資料）」.
⑳農林水産省東北農政局（2012）「東北農業のすがた2012」.
㉑梶秀樹，塚越功（2007）『都市防災学』学芸出版社.
㉒国土交通省東北地方整備局（2012）「東北の復興を支える国際物流戦略」.
㉓（社）東北経済連合会（2007）「2030年に向けた東北ビジョン～東アジアのイノベーションランドを目指して～」.
㉔（株）三菱総合研究所（2011）「2010～2012年度の内外景気見通し（東日本大震災後の改定値）」.
㉕小長井一男他（2007）「2007年新潟県中越沖地震の被害とその特徴」.
㉖伊達美徳（2008）『初めて学ぶ都市計画』市ヶ谷出版社.
㉗兵庫県（2006）「阪神・淡路大震災の概要と特徴」.
㉘内閣府（2011）「阪神・淡路地域の復興の現状」.
㉙（株）日本政策投資銀行（2012）「東日本大震災1年の記録─検証・エリア別復旧復興データと今後の課題─」.
㉚復興庁「東日本大震災からの復興状況（平成24年12月版）」.
㉛内閣府（防災担当）（2011）「東日本大震災における被害推計について」.
㉜関西社会経済研究所（2011）「東日本大震災による被害のマクロ経済に対する影響─地震，津波，原発の複合的被害─」.
㉝三菱東京UFJ銀行（2011）「東日本大震災の経済的影響について～その1：生産サイドからの分析」『経済レビュー』No.2011-1.
㉞内閣府（2012）「避難区域の見直しの方針について」.
㉟中須正（2009）「復興は，災害にあう前から始まっている」『都市問題』100巻12号.
㊱総務省「平成23年社会生活基本調査」.

㊲朝日ソノラマ編(1995)「ボランティア元年―阪神大震災12人の手記」。
㊳経済産業省(2011)「我が国の工業〜変化を続ける製造業〜」。
㊴World Bank (2011) East Asia and Pacific Economic Update 2011, Vol.1.
㊵UNISDR (2011) Global assessment report on disaster risk reduction.
㊶World Bank (2004) "Natural Disasters: Counting the Cost", press release, March 2.
㊷Journal of Economic Perspectives (2008), "The Economic Aftermath of Hurricane Katrina," Volume 22, Number 4, pp.135-154; Vigor, Jacob.
㊸The International Disaster Database; EM-DAT http://www.emdat.be/.
㊹UNU-EHS (United Nations University Institute of Environment and Human Security) (2012) The Nature Conservancy, World Risk Report 2012．
㊺"The recent earthquake and Tsunami in Japan: Implications for East Asia."; World Bank http://www.worldbank.org/.
㊻World Bank, GFDRR, the Government of Japan, THE SENDAI REPORT_Managing Disaster Risks for a Resilient Future; http://www.preventionweb.net/english/professional/publications/.

あとがき

　東日本大震災・原発事故から3年が経過し，被災地域も，政府，自治体，企業，地域住民，国際機関，NPO，研究機関などの様々なアクターの取り組みによって，復興の道を歩みつつある。しかし大地震，津波に加えて，原発事故による災害を強く受けている福島県の復興への足取りは依然として重いといえる。2013年4月現在でも，約15万3000人の福島県民が避難している。低線量被ばくに対する県民の不安も払しょくされたとは言えず，避難地域以外の福島市，郡山市でも全児童の1割が減少した。さらに風評被害も依然として深刻であり，長期化の様相を示している。

　他方，世界に目を向ければ，大規模災害が毎年のように発生し，経済的損失だけでなく，人的な被害がきわめて大きい。近年の主な自然災害として，経済的損失では，2011年3月の東日本大震災（2100億ドル），1995年1月の阪神淡路大震災（1480億ドル），2005年8月のアメリカ・ハリケーン・カトリーナ（1440億ドル），2008年5月の中国・四川大地震（890億ドル）と日本がワースト1位，2位である。国連によれば，21世紀の自然災害による経済的損失は2兆5000億ドルに達する。

　また死亡者数では，2004年12月のインドネシア・スマトラ島沖地震・津波（22万6000人），2010年1月のハイチ大地震（22万3000人），2008年4月のミャンマー・サイクロン・ナルギス（13万8000人）と，災害に脆弱な開発途上国での人的被害がきわめて大きい。

　この世界の大規模災害に関しては，国連国際防災戦略事務局（UNISDR）により，2002年以降，『国際防災白書』の発行をはじめ，研究の蓄積が一定程度進んでいる。しかし東日本大震災と各国の大規模災害からの復興プロセスを比較し，類型化，体系化するという研究はほとんど行われていない。

　福島大学は，「うつくしまふくしま未来支援センター」を設立し，復興関連の研究と支援にあたっている。我々も国際的な視点で，復興の経験を共有化

し，比較分析することが不可欠であると考え，研究プロジェクトを立ち上げ，中国，タイ，アメリカ，ベラルーシ共和国，ハイチ，インドネシアなど現地調査を進めてきた。各国の復興プロセスにおいて中央政府，地方自治体だけではなく，国際機関，企業，市民，NGO，研究機関などのさまざまなアクターがどのような役割を果たしているのかを明らかにすることを目的としている。

またこれまで研究の成果を社会に還元すると同時に，復興の経験を共有するために，国際シンポジウムを3度開催してきた。「震災復興メカニズムの多様性」(2012年3月)，「大規模災害からの復興戦略」(2012年12月)，「経済地理学から見た東日本大震災」(2013年6月) によって，西南交通大学，四川大学，タイ・チュラロンコン大学，アメリカ地理学会会長，世界銀行，JICAなどの専門家たちと，共同研究に向けた連携を強めている。

本書は，福島大学の研究プロジェクトメンバーと株式会社日本政策投資銀行・東北支店・東北復興支援室とのコラボレーションにより，「国際災害復興学」を構築することを目的としている。大規模災害において，地域をはかる空間スケールを「福島・東北」「全国」「グローバル・国際」の三層からみることで，震災復興の構図を重層的に明らかにしたい。具体的には，①震災が，地域経済にどのような影響を与えたのか，②福島・東北はどのような方向に向かうべきなのか，③復興の先進事例とそこにおける諸アクターの役割は，国際比較の視点でみた場合に如何なるもので，それを如何に福島・東北の復興につなげていくべきなのか，ということを明らかにすることである。

それにより，東日本大震災からの復興に対し国際的な視点から貢献するとともに，世界の防災・減災につながっていくことを願っている。

最後に，本書の刊行にあたっては，福島大学学術振興基金からの助成を受けた。また編集にあたっては，福島大学・共生システム理工学類の藤本典嗣准教授に，多くの労をとっていただいた。記して，感謝する。

「大規模災害からの復興に関する国際比較プロジェクト」
リーダー　佐野　孝治（福島大学経済経営学類教授）

執筆者紹介（執筆順）

蓮江忠男（はすえ・ただお，第1〜5章及び第16章を共同担当）
1965年東京都生まれ。慶應義塾大学経済学部卒業。現在，（株）日本政策投資銀行東北支店次長。調査レポート「災害リスク対策を通じた地域産業振興（日本政策投資銀行，2009）」，提言レポート「東北一体となった復興の方向性（日本政策投資銀行，2013）」を共同執筆。東北の復興・活性化に向け，東北内外の多様な主体の連携プラットフォーム「東北復興連合会議」を組成し活動中。

大沼久美（おおぬま・くみ，第1〜5章及び第16章を共同担当）
1986年宮城県生まれ。東北大学大学院理学研究科地学専攻博士前期課程修了。修士（理学）。現在，（株）日本政策投資銀行東北支店東北復興支援室副調査役。復興支援担当として，多方面から復興支援業務に取り組む。また，同行提言レポート「東北一体となった復興の方向性」（日本政策投資銀行，2013）を企画・共同執筆。国内外での情報発信を行うとともに，「東北復興連合会議」を立ち上げ，提言の具現化に向け活動中。

吉田 樹（よしだ・いつき，第6章担当）
1979年千葉県生まれ。東京都立大学大学院都市科学研究科博士課程修了。博士（都市科学）。現在福島大学経済経営学類准教授。著書に『生活支援の地域公共交通』（共著，学芸出版社，2009年）等。主な論文に「東日本大震災被災地におけるモビリティと避難者のアクセシビリティに関する考察」（単著，『交通科学』Vol.43-1, 2013年）等。

尹　卿烈（ゆん・きょんよる，第7章担当）
1968年韓国ソウル生まれ。高麗大学（韓国），立教大学大学院経済学研究科経営学専攻博士後期課程修了。博士（経営学）。現在福島大学経済経営学類教授。著書に『多国籍企業とグローバルビジネス』（共著，税務経理協会，2012），「スマートグリッドにおける連携活動と事業開発に関する研究」（福島大学地域創造，2012），「再生可能エネルギークラスタにおけるネットワークと形成戦略に関する研究」（福島大学地域創造，2012），「中小企業における連携戦略の状況と成果に関する研究」（福島大学地域創造，2010）等。

中村洋介（なかむら・ようすけ，第8章担当）
1976年山形県生まれ。京都大学大学院理学研究科地球惑星科学専攻博士後期課程修了。博士（理学）。現在福島大学人間発達文化学類文化探究専攻准教授。著書に『東北発災害復興学入門』（共著，山形大学出版会，2013），『海陸シームレス地質情報集「福岡沿岸域」』（共著，産業技術総合研究所，2013），『流域環境を科学する』（共著，古今書院，2011），『家族を守る斜面の知識』（共著，土木学会，2009）等。

厳　成男（げん・せいなん　第9章担当）
1973年中国吉林省生まれ。京都大学大学院経済学研究科博士課程修了。博士（経済学）。現在新潟大学経済学部准教授。主要業績に『中国の経済発展と制度変化』（京都大学学術出版会，2011年），Diversity and Transformations of Asian Capitalisms (Joint work, Routledge, 2012) 等。

後藤康夫（ごとう・やすお，第10章担当）
1951年福島県生まれ。京都大学大学院経済学研究科博士課程単位取得。現在福島大学経済経営学類教授。著書に『いま福島で考える―震災・原発問題と社会科学の責任―』（共著，桜井書店，2012年），『世界経済危機とマルクス経済学』（共著，大月書店，2011年），『21世紀世界経済の展望』（共著，八朔社，2004年）。

佐野孝治（さの・こうじ，第11章担当）
　1963年福井県生まれ。慶應義塾大学大学院経済学研究科博士課程単位取得退学。現在福島大学経済経営学類教授。主要業績に，「グローバリゼーションと韓国の輸出主導型成長モデル」『歴史と経済』第219号，2013年。「世界金融危機以降における韓国経済のV字型回復と二極化」『商学論集』，第80巻第1号，2011年，等。

朴　美善（ぼく・びぜん，第12章担当）
　1978年中国延辺生まれ。中国延辺大学理学院修士課程修了。修士（地理学）。現在福島大学共生システム理工学研究科博士課程。主要業績に「中国東北「辺境」地域における産業立地と産業集積に関する研究」（共著，『福島大学地域創造』第25巻第1号，2013年），「日本における原子力政策と企業単位の調整メカニズム間の矛盾」（共著，『進化経済学論集』第16集，2012年）等。

藤本典嗣（ふじもと・のりつぐ，第13章担当）
　1970年山口県生まれ。九州大学大学院経済学研究科博士課程修了。博士（経済学），現在福島大学共生システム理工学類准教授。主要業績に，「北東地域における県土構造とオフィス立地」（分担著，八朔社『北東日本の地域経済』第8章，2012年），「福島県の地域構造の変遷―震災前と震災後」（分担著，批評社『Fh選書 フクシマ発 復興・復旧を考える県民の声と研究者の提言』，2014年）。

三村　悟（みむら・さとる，第14章担当）
　1964年神奈川県生まれ。東京理科大学工学部経営工学科卒業。修士（学術）。
　現在福島大学うつくしまふくしま未来支援センター特命教授，独立行政法人国際協力機構経済基盤開発部参事役。

吉高神明（きっこうじん・あきら，第15章担当）
　1964年東京生まれ。青山学院大学大学院国際政治経済学研究科博士一貫課程単位取得退学。現在福島大学経済経営学類教授。著書に，"Evaluating the United Nations Peace Operations: A Review of the Existing Literature"（福島大学経済学会『商学論集』，2007年），"Conceptualizing the United Nations Peace Operations"（福島大学地域創造支援センター『地域創造』，2006年），『環境と開発の国際政治』（共著，南窓社，1994年）等。

東日本大震災からの復旧・復興と国際比較
2014年5月1日　第1刷発行

編著者　福島大学国際災害復興学研究チーム

発行者　片　倉　和　夫

発行所　株式会社　八　朔　社
東京都新宿区神楽坂 2-19　銀鈴会館内
Tel 03-3235-1553　Fax 03-3235-5910

ⓒ福島大学国際災害復興学研究チーム，2014　組版・アベル社／印刷製本・シナノ
ISBN978-4-86014-070-0

―― 八朔社 ――

あすの地域論
「自治と人権の地域づくり」のために
清水修二・小山良太・下平尾勲・編著　二八〇〇円

食品の安全と企業倫理
消費者の権利を求めて
神山美智子・著　一五〇〇円

大型店立地と商店街再構築
地方都市中心市街地の再生に向けて
山川充夫・著　四二〇〇円

グローバリゼーションと地域
21世紀・福島からの発信
福島大学地域研究センター・編　三五〇〇円

共生と連携の地域創造
企業は地域で何ができるか
下平尾勲・編著　三三九八円

地域計画の射程
鈴木浩・編著　三四〇〇円

定価は本体価格です